皖籍思想家文库

刘飞跃 主编

方东美卷

FANG DONGMEI JUAN

余秉颐 著

全国百佳图书出版单位
时代出版传媒股份有限公司
安徽人民出版社

图书在版编目(CIP)数据

方东美卷/余秉颐著.—合肥:安徽人民出版社,2019.11

(皖籍思想家文库/刘飞跃主编)

ISBN 978-7-212-10666-9

Ⅰ.①方… Ⅱ.①余… Ⅲ.①方东美(1899-1977)—思想评论
Ⅳ.①C ②B261.5

中国版本图书馆 CIP 数据核字(2019)第 249833 号

皖籍思想家文库·方东美卷

刘飞跃 **主编** 余秉颐 **著**

出 版 人:徐 敏　　**责任印制**:董 亮

责任编辑:王世超　　**封面设计**:陈 爽

出版发行:时代出版传媒股份有限公司 http://www.press-mart.com

安徽人民出版社 http://www.ahpeople.com

地　址:合肥市政务文化新区翡翠路 1118 号出版传媒广场八楼　**邮编**:230071

电　话:0551-63533258　0551-63533292(传真)

印　刷:安徽新华印刷股份有限公司

开本:710mm×1010mm　1/16　**印张**:20.25　**字数**:299 千

版次:2019 年 11 月第 1 版　2020 年 5 月第 1 次印刷

ISBN 978-7-212-10666-9　**定价**:51.00 元

绪　论

安徽这片文化沃土，自古就广袤而绵延。她山水秀丽、历史神奇、文化丰厚，先后孕育了道家哲学、建安文学、魏晋玄学、新安理学、徽派朴学、桐城文学、现代新学等，诞生了许多享誉中外的思想家，他们在中国思想发展史上，乃至世界文明史上，都产生过重大的影响，具有独特的思想文化价值。

安徽省委省政府、省委宣传部及学界，历来十分重视安徽的地域性文化研究、文化宣传和文化建设，提出了“文化强省”的战略，在打造“文化安徽”品牌、努力让安徽文化“走出去”、为提升我国的文化软实力和人类精神文明建设服务的同时，也扩大了安徽文化的对外影响。如已经出版的“徽学丛书”“安徽文化精要丛书”及《安徽文化史》《安徽历史名人辞典》《朱子全书》《方以智全集》《戴震全书》《朱光潜全集》等。这些分别从安徽文化发展史和安徽个别思想家的角度，进行了开拓性的研究和整理，但是集中展示“皖籍”思想家的思想、文化及其研究成果的文献还没有。

“皖籍思想家文库”则填补了这方面的一个空白。

“皖籍思想家文库”首次较为广泛、系统、集中地展现了两千多年来“皖籍”思想家的思想原貌、文化精髓和研究水平，是一个思想长廊，是“文化安徽”的底蕴体现和实现“文化强省”目标的战略举措，也是安徽对外宣传的重大文化品牌，展示了安徽文化自信的源来，更为主要的是落实了习近平总书记系列讲话精神——传统文化是独特的战略资源，是最深厚的文化软实力；中华优秀传统文化是中华民族的精神命脉，是涵养社会主义核心价值观的重要源泉，也是我们在世界文化激荡中站稳脚跟的坚实根基；要认真汲取其中的思想精华，深入挖掘和阐发其“讲仁爱，重民本，守诚信，崇正义，尚和合，求大同”的时代价值。

“皖籍思想家文库”从政治、经济、文化、教育、哲学、美学、宗教、军事等方面，从众多皖籍思想家中选择了管子、老子、庄子、刘安(《淮南子》)、曹操、嵇康、陈抟、朱熹、朱元璋、方以智、戴震、王茂荫、李鸿章、陈撄宁、陈独秀、陶行知、胡适、朱光潜、宗白华、方东美、王稼祥、赵朴初等22位自先秦至近现代在我国思想史上有重大影响和代表性的“皖籍”思想家，以“文化皖军”方阵的形式，从思想研究“本论”和思想原典“文选”两个方面加以整理、研究，既呈现了其经典的思想，又展示了其研究的水平，使资料性、学术性、现代性得以统一，实现了对优秀传统文化的创造性转化、创新性发展。

这也是本文库的两大特色。

“皖籍思想家文库”所谓的“皖籍”，包括祖籍或本籍在皖。如淮南王刘安，其祖籍为江苏沛县，但刘安一生都在淮南，属于本籍在皖；朱熹是福建人，但他的祖籍为当时的徽州婺源，属于祖籍在皖；宗白华的祖籍是江苏常熟，但是他出生及幼年都在安徽安庆市，属于曾经本籍在皖。

“皖籍思想家文库”由安徽省社会科学院组织本院哲学、史学、文学、经济学、社会学等方面的专家学者负责指导、编撰，并特邀部分省内，乃至全国“皖籍”思想家研究方面的专家学者参与，如《老子》研究专家华中师范大学刘固盛教授，《淮南子》研究专家安徽大学陈广忠教授，宗白华研究专家首都师范大学王德胜教授，陈独秀研究专家安庆师范大学朱洪教授，胡适研究专家安徽大学陆发春教授，方以智研究专家陶清研究员，方东美研究专家余秉颐研究员，朱光潜研究专家钱念孙研究员，管子研究专家安徽省管子研究会龚武先生，曹操研究专家亳州市文化与旅游局赵威先生，陈抟研究专家亳州市陈抟研究会修功军先生，王茂荫研究专家黄山市社会科学联合会陈平民先生，王稼祥研究专家中共安徽省委党史研究室施昌旺先生等。

“皖籍思想家文库”是2017—2018年度中共安徽省委宣传部重大文化建设项目，共22册，包括《管子卷》《老子卷》《庄子卷》《刘安卷〈淮南子〉》《曹操卷》《嵇康卷》《陈抟卷》《朱熹卷》《朱元璋卷》《王茂荫卷》《方以智卷》《戴震卷》《李鸿章卷》《陈独秀卷》《陈撄宁卷》《陶行知卷》《胡适卷》《朱光潜卷》《宗白华卷》《方东美卷》《王稼祥卷》《赵朴初卷》等，每册25万~30万字，包含“本论”和“文选”两部分内容，其中思想家思想研究“本论”部分5万~10万字，思想家思想选录“文选”部分20万字以内，共约550万字。

由于时间仓促、课题容量限制，还有一些重要的皖籍思想家，如桓谭、杨行密、包拯、刘铭传、杨文会等，本辑未能收录，期待续集纳入。

“皖籍思想家文库”的申报、编撰、审阅、出版，分别得到中共安徽省委宣传部的主要领导及安徽省社会科学院、安徽人民出版社有关专家学者及编委和多位编辑的大力支持。

在此，表示衷心的感谢！

书中如有不妥不当之处，敬请读者朋友批评指正。

刘飞跃

2018年12月

目　录

前　言

皖籍思想家留下的宝贵精神遗产，是中华民族优秀文化的组成部分，是我们增强民族文化自信和文化建设自觉的重要资源。本书所要阐释的，就是皖籍思想家中的一位现代学者——方东美的学术思想。

方东美出生于“素业儒”的桐城方氏家族，在儒家的家庭气氛中长大。尽管他早年攻读西方哲学，成年后长期研究和讲授西方哲学，但他对以儒家哲学为骨干的中国传统哲学和传统文化，一直是尊崇并且挚爱的，乃至最终“从西方回到东方”，用极大的精力，致力于中国传统哲学和文化的阐释和弘扬。他由此成为现代新儒家的重要代表人物之一。

作为学贯中西的哲学家，方东美留下了丰厚的学术遗产。他对中国现代学术的理论贡献，应该说是多方面的。在哲学领域，他建立了颇具特色的“生命本体论”体系，为现代新儒家重新建立儒家形上学作出了贡献。在文化学领域，他提出和阐明了以精神价值、道德价值为核心的关于文化价值结构的理论，并且对中国文化和西方文化进行了深入的比较研究，为现代新儒家文化哲学的建立作出了贡献。而从方东美的学术生涯来看，他毕生的学术活动最终归宗于对中国传统哲学、特别是儒家哲学的阐释和弘扬。我们应该看到的是，这种阐释和弘扬，不是简单地将包括儒家哲学在内的中国传统哲学加以解释或用现代语言翻译、表述，而是要用现代哲学的理论框架和概念，来重新诠释中国传统哲学。

方东美的学生、美国夏威夷大学成中英教授认为，近代以来面对西方哲学和文化的冲击，中国“老一辈哲学家”梁漱溟、熊十力等人主要致力于“为中国哲学做不遗余力且意涵深奥的辩解”。此后，方东美、唐君毅、牟宗三、徐复观等“新一代的哲学家”，凭借他们对于西方哲学和文化的比老一辈更为深厚的学养，通过对中国哲学的阐释和中西哲学的比较，“得以将中国哲学以哲学面目示人”。我们知道，中国哲学——尤其是儒家哲学——曾经在很长时期内被一些有偏见的西方哲学家轻蔑地说成“仅仅是一套道德信条”。方东美等人则运用现代的哲学理念来诠释中国传统哲学（“现代的”不等同于“西方的”），使之展现出为现代人所理解和接受的哲学理论形态，这就是“将中国哲学以哲学面目示人”。方东美关于东西方哲学和文化的大量著述，包括他“用西方文字讲中国思想”的著作，在这方面作出了重要贡献。

美国当代学者瓦赖特科在评论方东美的英文专著《中国哲学之精神及其发展》时说：“方东美教授能轻而易举地从一场关于中国佛教理论深奥论点的讨论，转移到对存在主义的现代倾向进行评述，在他的评论中又穿插着对印度佛经的详细引证。”诸如中国儒学、道学、佛学，现代西方的存在主义哲学，古老的印度佛教教义等东方和西方的学术思想，都能被方东美汇之于一体，并进而形成自己的学术见解。

综观方东美的学术生涯，学贯中西、思想活跃、善于综摄各家而加以创造——这可以说是方东美学术思想最鲜明的特点，也是他留给后世学人最重要的启示。

余秉颐

丁酉腊月庐州大雪时节

本 论

方东美（1899—1977）

方东美，现代著名学者、哲学家，同时也是一位诗人，早年就被人称为“诗哲”。20世纪三四十年代，他已经享誉于我国哲学界和教育界。四十年代末他去台湾，继续从事哲学教学和研究，并在国际哲学界产生了广泛的影响。改革开放以来，随着中国大陆哲学社会科学研究禁区的突破，方东美思想的研究得以开展，而且不断深入。国家哲学社会科学规划将他列为现代新儒学的重要代表人物。现在，方东美关于东西方哲学和文化的见解正不断受到国内外学术界的关注和重视，他被公认为在现代哲学领域作出了重要贡献的一代大哲。

第一章　出入东西哲学五十年

——方东美的学术生涯

方东美，名珣，字东美，1899 年 2 月 9 日出生于安徽桐城。方姓是桐城望族，“素业儒”，曾经出过方以智、方苞等著名文人。方东美自幼生活在儒家的家庭氛围之中。后来他回忆说，自己三岁就开始念《诗经》，接受儒家思想的熏陶。并且从童年开始，他也很喜欢读庄子的书，很受道家思想的影响。方东美成为现代新儒家学者之后，在人格上遵循儒家的圣贤之道，表现出醇厚的儒者风范；而在个性上又表现出洒脱不羁的道家气质。这与他早在幼年时期就受到儒、道两家思想的影响很有关系。

方东美在桐城读完了新式小学。十四岁那年，他考进桐城中学。1917 年，18 岁的方东美进入金陵大学预科学习，告别故乡到南京求学。次年，方东美正式进入金陵大学哲学系学习。金陵大学是教会学校，学校当局用基督教的一些清规戒律约束学生的言行。对此，追求思想和行为自由的方东美十分不满，曾两次在课堂上带头进行抵制，对学校当局的某些规定提出异议，得到很多同学的响应。学校规定所有的学生都必须像基督徒一样做礼拜，方东美对此尤为排斥，于是他就在做礼拜时偷偷地看小说。他利用做礼拜的时间读完了《红楼梦》《水浒传》《三国演义》等古典名著。不巧的是，有一次当他看小说入迷被当场抓住。学校当局联系他两次在课堂上带头“闹事”的表现，提出了开除方东美的议案，呈送教授委员会通过。幸亏当时在该校任教的美国教授汉密尔站出来为他说话，方东美才免于被开除。令人意想不到的是，由于这件事，方东美反而引起了校方的重视，受到了校长的召见。他便趁机向校长陈述了自己关于革除弊端、办好学校的主张。这件事表现了方东美勇于反抗的精神和敢于直言的品格。

五四运动爆发后，南京的学生热烈响应。方东美是南京地区学生运动的积极组织者之一。此后，他在金陵大学参加了“少年中国学会”。这个学会是由李大钊、王光祈等人在北京发起组织的，于 1919 年 7 月成立。该学会的宗旨是“本科学的精神，为社会的活动，以创造少年中国”，会员的行为准则是“奋斗、实践、坚忍、简朴”。这年 11 月，少年中国学会南京分会成立，方东美是首批会员之一。第二年，他担任学会刊物《少年中国》的编辑和《少年世界》的总编辑。

在金陵大学，方东美发起成立了学术团体“中国哲学社”，并当选社长。当时他的主要学术兴趣在西方哲学，特别是西方的生命哲学。1920 年，他在《少年世界》上发表了评介西方生命哲学的论文《柏格森生之哲学》和《唯实主义生之哲学》。这时，他对实用主义哲学也产生了浓厚的兴趣。美国实用主义哲学家杜威来金陵大学讲演时，方东美代表“中国哲学社”致欢迎词。这期间，他还翻译了英国人莫越撰写的介绍实用主义哲学的小册子《实验主义》。这是他毕生唯一的译著。但是后来，随着方东美在哲学领域中知识的积累和视野的扩大，他认为实用主义是一种“肤浅的哲学”。

大学毕业后，方东美经学校推荐，于 1921 年 9 月乘“中国号”海轮远渡重洋，赴美留学，就读于威斯康星大学。其间适逢英国著名哲学家罗素来该校讲学。罗素在讲课中尖锐、激烈地批评柏格森的生命哲学，这反而激起了方东美进一步研究柏格森哲学的热情。一年之后，他写出了论文《柏格森生命哲学评述》，并获得硕士学位。威斯康星大学和当时的美国哲学界一样，弥漫着反黑格尔的气氛。方东美对此颇为不满，于是他又一次表现出自己独立思考、不随大流的性格：经过与校方反复交涉，他获准赴俄亥俄州立大学读书一年，师从黑格尔研究专家蓝塞教授。一年后，他如约返回威斯康星大学，继续攻读博士课程。不久他便写出了博士论文《英美新唯实论之比较》。他之所以选择这个论题，与当时新实在论哲学在美国哲学界的广泛流行有关。而他利用一年时间专门研读博大精深、代表着德国古典哲学最高成就的黑格尔哲学，对于他后来从事哲学研究具有十分深远的意义。

在留学美国期间，有件事曾引起方东美对于“学问与人生”问题的思考。那是在一年暑假，房东的儿子煤气中毒，幸亏被方东美发现，及时进行抢救，才幸免于死。方东美将这件事与哲学的意义联系起来进行了一番深沉的思考后，得出了如下的结论：学哲学应该是为了救人，哲学是拯救人类的大学问。尽管我们现在无从知道他当时的思考过程，不了解他是如何推出这个结论的，但这件事表明，方东美善于将自己的生活经历、生命感受与所追求的学问结合起来。这体现了他勤于思考、敏于感悟的哲人气质。

1924 年 6 月，方东美结束了近三年的留学生活，回到祖国。他先求职于武昌高等师范学校（武汉大学前身）。当时想获得该校教职的人，必须通过三个程序：在校刊上发表一篇学术论文；进行一次学术讲演；对师生们的质询进行答辩。方东美顺利地通过了这三关，被录用为该校的副教授。但第二年 9 月，他就放弃了武昌高师的教职，应东南大学之聘来到南京，讲授西方哲学课程。当时梁实秋、罗家伦等名人也在东南大学。1927 年，国民党中央党部建立政务学校（后改建为中央大学），罗家伦到该校任职。在他的邀请下，方东美也去政务学校任教。也就在这一年，蒋介石被迫下野，李烈钧成了南京政府的负责人。11 月 22 日，政务学校的一些学生在段锡朋的鼓动下，去国民政府请愿，吁请蒋介石复职。李烈钧竟下令开枪，打死一名学生并打伤五人。段锡朋、谷正纲和方东美三位教授以及学生们抬着死者的遗体，游行到南京政府，将棺材停在门前，高呼口号，要求李烈钧下台。次日，李只得宣布辞职。这次事件，和方东美青年时期组织南京学生响应五四运动那件事，是他一生中两次主要的政治活动。从方东美自己表明的主观愿望来看，他是想超脱于政治斗争之上的。但客观的社会现实，又使他必然地具有一定的政治观点，并且在特定的形势下介入了政治活动，他无法真正地超脱政治。不过，方东美一生始终以教书和治学为业，一直没有步入仕途、跻身政界。

方东美于 1928 年与高芙初女士结婚。次年，他离开政务学校，回到东南大学（此时已改名为中央大学）任教，并担任哲学系主任。他讲授“科学哲学与人生”课程，直至抗日战争前夕。1931 年，方东美发表了论文《生命情调与美感》。此后他将原先作为授课讲义的《科学哲学与人生》增订后，于 1936 年由商务印书馆正式出版。

1937 年，日本帝国主义加紧筹划侵华战争，中国大地呈现“黑云压城城欲摧”之势。这年 4 月，方东美应邀在广播电台发表了关于中国人生哲学的演讲。他连续讲了八次，每次约二十分钟。为了激励青年学生以中国先哲的伟大人格精神武装自己，英勇地投入抗战，方东美对学生们“倾心谈论”中国人生哲学。这个演讲稿，被编辑成书，名为《中国先哲人生哲学概要》（后来更名为《中国人生哲学概要》），由商务印书馆于同年 6 月出版。这可以说是方东美第一部关于中国哲学的专著。这部著作的问世有着特殊的意义——它不单纯是学术研究的结果，更是方东美为抗日战争进行宣传、鼓动的产物。

这一年，方东美还在中国哲学会的年会上宣读了论文《哲学三慧》。所谓“三慧”，是指古希腊、近代欧洲和中国三种不同的哲学智慧。此文对这三种不同的哲学智慧进行了深入的比较研究。文章不仅在内容上多有创见，而且形式上别具一格，行文恣肆汪洋，文笔古朴典雅，当时就被哲学界视为多年难得一见的“奇文”。这篇文章于 1938 年 6 月 19 日在重庆《时事新报》首次刊出，后来被编入方东美的论文集《生生之德》。

抗日战争爆发后，方东美随中央大学西迁入川，来到重庆。他除了担任哲学系教授，还兼任该校哲学研究所所长。

方东美在西迁途中，几乎丢失了所有的藏书，原来的研究项目难以为继。他便在教书之余，研读当时在重庆可以搜集到的佛学资料，而且颇有心得。他曾通过书信往来，与熊十力先生讨论佛学。这段时期，他还致力于《易经》的研究，写出了《易之逻辑问题》。此文运用现代逻辑学的方法，从新的角度对《易经》进行了探讨。因为方东美在哲学研究领域的成绩和影响日益显著，他于 1944 年被推选为中国哲学会第四届理事会理事。

当时尽管国难当头、民族危亡，可是在重庆，一些官僚和富商仍然过着灯红酒绿、纸醉金迷的生活。对此，方东美极为愤慨，然而作为一介书生的他又无能为力。方东美本来就爱好诗词创作，这时的社会现实和生活环境更使他有感于中，不得不发。忧国忧民的一腔悲愤和思念故土的满腹愁绪，促使他在这段时期创作了大量诗词。对日寇的愤恨之情，对抗日军民每一次胜利的欣喜之情，对醉生梦死的达官贵人的鄙夷之情，都被方东美通过诗词创作抒发出来。这一时期的诗词作品，后来都被他收入《坚白精舍诗集》中。当时方东美和家人居住在嘉陵江畔的临时校舍，他将寓所命名为“坚白精舍”，意在昭示自己对于坚韧和清白的追求。他的诗集以此命名，一是再次表明自己毕生追求坚韧和清白的气节，二是因为这本诗集的大量诗词是他在寓居“坚白精舍”期间创作的。

在重庆，方东美将自己的诗作寄赠朱光潜（孟实）先生。他与朱先生是同乡，幼年在同一所新式小学念书，并且在同一年考进了桐城中学。当时朱光潜随武汉大学迁居四川乐山。朱先生读了方东美的诗后，致信给予非常高的评价，说：“尊诗见示，捧读再三，欣喜欲狂。……尝以诗词为中土文艺之精髓，近日士子方竞骛于支离破碎之学，此道或遂终绝。今读大作，兼清刚鲜妍之美。”

在这封信中，朱光潜还邀请方东美同赴成都，游峨眉山。方东美没有应邀前往，这主要有两个原因。其一是他不想耽搁正在进行的佛学研究。方东美在西迁入川途中“藏书丢尽”，几乎散失了所有的学术资料，原来的研究项目难以为继。他便在教书之余，研读当时在重庆可以搜集到的佛学书籍。这期间他曾通过书信往来，与熊十力先生讨论佛学。当时他正在潜心体悟佛家经典，而且渐入佳境、颇有心得。其二是方东美也怕在旅途中触景生情，更增怀乡之痛。不过，方东美此次虽然未能与挚友一聚，这件事却促成他留下七律一首：

孟实约赴成都，同游青城、峨眉，懒散未应，却成：

峨眉皓月峨眉态，峭壁青山峭壁苔。
娟娟艳舞千雯聚，粲粲妍簪万萼梅。

未除玄览遭狂笑，肯写文心娱赤孩。
峡外风烟危客感，鸣鞭怕近望乡台。

在这首表露出深切怀乡之痛的诗中，我们仍然可以领略到朱光潜所指出的方东美诗作的美学特色——“兼清刚鲜妍之美”。

重庆时期，方东美治学的方向开始发生转变。正如他自己所说的，原来“所读的书和所教的书都是西方的”，所研究的是西方哲学。由于抗日战争，他深深感受到民族文化——尤其是自己民族的哲学思想——对于振奋民族精神的重要意义，“觉得应当注意自己民族文化中的哲学，于是逐渐由西方转回东方”。

这期间，还有一件事对方东美治学方向的转变发生了重要影响，用他自己的话说，就是印度著名学者拉达克里希南对他的“挑战”。40年代初，拉达克里希南在重庆访问了中央大学。在谈到当时一些西方学者在他们的著作中介绍中国哲学的情况时，他问方东美：“对于西方人介绍中国哲学，你们中国人是否觉得满意？”方东美明确地回答觉得不满意，因为西方人的心态毕竟是西方的，与中国人的心态总是有一定的差距。他们在介绍中国哲学时往往存在着不准确的情况，以致产生许多误解。拉达克里希南便说，那你们自己为什么不用西方文字向世界介绍中国哲学？我们印度学者正因为不满意西方人对于印度哲学的介绍，所以自己用西方文字来写关于印度哲学的著作，向世界介绍印度哲学。在方东美看来，拉达克里希南这是在向自己“挑战”，是想看看中国哲学家能不能也用西方文字向世界传播本民族的哲学。

方东美处事执着，这件事对他产生了强烈的刺激，他下定决心“用西方文字讲中国思想”。后来，他用英文写出了《中国人的人生观》《中国哲学之精神及其发展》等介绍中国哲学的专著和论文，并且多次在国际哲学会议上用英文发表关于中国哲学的演讲。这固然是由于他精通英文，用英文表述中国哲学思想同样得心应手，而更深刻的原因则是他通过与拉达克里希南的交谈，感受到由中国人自己来向世界介绍中国哲学的必要性。

他认为，这是中国哲学家应当为自己的民族承担的一项义不容辞的职责。

抗日战争胜利后，方东美随中央大学返回南京。这时，他已经具备了深厚的学术积累，并且形成了富于个性的学术风格。

方东美于1947年夏迁居台湾。次年9月起，任台湾大学哲学系教授，并一度兼任系主任。由于教学的需要，他这段时间讲授的课程主要是西方哲学。但是他已经开始将自己“用西方文字讲中国思想”的决心付诸行动。他利用一年的休假时间，写出了《The Chinese View of Life》一书，于1948年出版。此书后来被译成两种中文版本，一本名为《中国人的人生观》，另一本名为《中国人生哲学》。50年代中期，方东美应邀赴美国讲学。行前，台湾大学有人说方东美去了美国就再也不会回来了。方东美十分明确地表示：我一定在一年之内回来，决不食言，因为我还要回来讲中国哲学，要十年、二十年地一直讲下去。在美国，方东美在南达科他州立大学、密苏里大学等学校担任访问教授，并经常去其他一些大学进行学术演讲，介绍中国哲学，发表自己关于东西方哲学和文化比较的见解。一年后，他如约返回台湾大学。

1964年，65岁的哲学教授方东美以自己捍卫中国哲学的热忱和关于东西方哲学的广博学识，引起了国际哲坛的强烈反响。这一年夏天，“第四届东西方哲学家会议”在美国夏威夷大学举行。方东美应邀赴会并宣读论文《中国形上学中之宇宙与个人》，受到与会的东西方哲学家的普遍赞誉。唯有来自英国伦敦大学的哲学教授芬里，抱着对中国哲学的偏见提出挑衅性的质询，并且不无嘲讽之意地说，从方东美的论文看，中国人的世界观无非是一个不切实际的、“令人无法相信的美梦”。这种对中国哲学的轻蔑态度，激起了方东美的愤慨，遭到了他的强烈反击。他通过中国哲学与西方哲学的深入比较，对芬里的质询作出了令人信服的答辩。然后他说，想不到哲学教授芬里关于中国哲学的见解，竟然如同一位完全不懂希腊艺术的青年对于希腊雕像的看法一样幼稚可笑。这种幼稚、浅薄，“不仅在中国古代哲学家的眼光中如此，即便在我方东美的眼光中也是如此！”其凛然之气，溢于言表。后来，方东美的学生、夏威夷大学著名哲学教授成中英回忆此事时，说方东美的这次讲演可以说是“中国哲学家第一次在世界哲坛上就中国哲学的优点发表强有力的宣言”。美国加利福尼亚大学的吴森教授，也称赞方东美在这次会议上，在东西方哲学界诸多名流面前，“以其雄辩、幽默和富于哲理的锋利言词，连同他对中国哲学的热情捍卫，给与会者以极其深刻的印象。”

方东美出席 1964 年的东西方哲学家会议之后，应邀前往密西根州立大学担任两年的客座教授，讲授“东西方比较哲学”和“柏拉图与苏格拉底哲学”。讲座结束时，他谢绝了纽约州立大学哲学系的高薪聘请，按时返回台湾大学。此后，在国际哲坛已经很有影响的方东美，又应邀参加了在夏威夷大学举行的“第五届东西方哲学家会议”（1969 年）和王阳明诞生五百周年纪念会议（1972 年）。

方东美在美国讲学期间，发现一些美国学生不仅对中国哲学感兴趣，而且对中国古代的几位大哲学家如孔子、孟子、老子、庄子颇为了解；相反，回到台湾之后，他觉得台湾青年中“不少人忘本”，他们数典忘祖，对于中国哲学和传统文化“有一种内在的贫乏症”。他认为这是一个十分严重的问题。于是一有机会，他就呼吁台湾教育界积极帮助青年一代学习祖国传统文化。同时他自己决定“放下一切西洋哲学的课程，专门讲授中国哲学”。自 1966 年之后，方东美彻底实现了学术研究“从西方回到东方”的转变。他在台湾大学和辅仁大学专门开设中国哲学课程，从原始儒家、道家哲学讲到魏晋玄学，讲到隋唐佛学，讲到宋明清新儒家哲学。他倾注十年精力，将中国哲学课程系统地讲了三遍。学生们后来整理他这个时期的讲程录音，出版了《原始儒家道家哲学》《中国大乘佛学》《华严宗哲学》和《新儒家哲学十八讲》等学术专著。在讲课的同时，方东美念念不忘二十多年前拉达克里希南对自己的“挑战”，锲而不舍地致力于“用西方文字讲中国思想”的写作计划。继英文专著《中国人生哲学》之后，他于 1966 年开始了另一本英文专著“ Chinese Philosophy：Its Spirit and Development ”（《中国哲学之精神及其发展》）的写作。

1973 年 6 月，方东美从台湾大学退休。这年他已 74 岁，教书生涯已满 50 周年。学生们为他举行烛光告别晚会。在温馨的烛光的辉映下，方东美面对满怀惜别之情的弟子们，语重心长地说：我们要像这烛光一样薪尽火传，通过一代又一代人的努力，让中华民族的哲学智慧传承不绝。退休后，方东美受辅仁大学之聘，讲授“中国哲学之精神及其发展”课程。他晚年投入大量心血的英文专著《中国哲学之精神及其发展》，在历时十载、数易其稿之后，终于在 1976 年 8 月完稿。

就在方东美满怀欣喜地准备赴美国联系该书出版事宜之际，因身体不适去医院检查，不料发现自己竟然已身患肺癌。他只得取消了美国之行，住院治疗。但是，这突如其来的残酷打击，并没有摧毁方东美的意志。这位豁达的哲人自信在精神上已经超脱了生死羁绊。他十分平静地对亲友们说，自己并不畏惧死亡，但是为了尽到作为一个人所应有的责任，还是应该积极地接受治疗。这种态度，体现了他毕生所维护和弘扬的中国哲学中所包含的如下理念：人应当负责任地对待宇宙间的万事万物，包括自己的生命。

在行将辞别人世的日子里，方东美魂牵梦绕的是阔别三十年的故乡桐城。在梦中，他再一次登上了故乡的独秀峰。醒来后，他赋诗一首：

梦登独秀峰

独尊分与群山峻，八面清风脚底来。
为问人间千万士，可曾作意与余偕？

他留下遗言，嘱托亲友们日后将自己的骨灰撒进金门海峡——他以这种方式表达自己对大陆故土的深切怀念之情。1977 年 7 月 13 日，方东美在台北市邮政医院去世，终年 78 岁。亲友们遵嘱将他的骨灰撒入金门海峡，学贯中西的一代哲人以这种方式，宣告自己的一生已经“清清爽爽地结束”。

由方东美先生全集编纂委员会整理、台湾黎明文化事业公司出版的《东美全集》，于 1978 年开始刊行，陆续出版了《坚白精舍诗集》《方东美先生演讲集》《科学哲学与人生》《生生之德》《华严宗哲学》（上下册）、《新儒家哲学十八讲》《原始儒家道家哲学》《中国大乘佛学》，以及英文著作中译本《中国人生哲学》，计四百余万言。《中国人生哲学》的另一中文译本《中国人的人生观》，由台湾幼狮文化事业公司于1980年出版。英文专著《中国哲学之精神及其发展》由台湾联经出版事业公司于1981年出版，该书的中译本（上册）于1984年由台湾成均出版社出版。1987年8月，为纪念方东美逝世十周年并探讨他的学术思想，由方门弟子发起的“国际方东美哲学研讨会”在台北举行。海内外的一些学术机构和团体，也先后开始研究方东美的思想。特别值得一提的是，1987年我国哲学社会科学“七五”规划将“现代新儒学思潮研究”作为国家重点课题立项，方东美被列为现代新儒学的主要代表人物之一，成为该课题的研究对象。这使得方东美学术思想的影响不再局限于海外地区，而开始得到大陆学术界的重视和研究。

第二章　方东美的生命本体论

就方东美本人的哲学理论体系而言，其主要建树是他的生命本体论。

在哲学领域，方东美注重的是形上学，即本体论。他不仅在阐释儒、道、佛诸家哲学时采取形上学的途径，在进行中外哲学比较研究时选取形上学的视角，而且自己建构了一个哲学形上学的体系，这就是他的生命本体论。

第一节　生命本体论的形成

方东美生命本体论的形成，有一个较长的过程。这个过程，就时间上说，从他早年接受西方生命哲学的影响，到晚年完成自己的生命本体论架构，历时数十年。从逻辑上说，则是由提出“生命”的本体意义，到阐明生命本体之功用，遵循着中国哲学“体用不二”的思维路径而落定。

一、确认“生命”为宇宙万物之本体

方东美早年读过柏格森等人的生命哲学著作。1920 年，他在《少年世界》月刊上发表论文《柏格森生之哲学》（见该刊第一卷第七期）和《唯实主义生之哲学》（见该刊第一卷第十一期），介绍西方生命哲学。他于 1921 年夏赴美，就读于威斯康星大学。其间适逢著名哲学家罗素来该校讲学。据方东美传记资料称，罗素对柏格森哲学的激烈批评，反而激起了他进一步研读柏氏生命哲学的热情。他的硕士学位论文，题目就是《柏格森生命哲学评述》。

1931 年，方东美在中央大学《文艺丛刊》发表了《生命情调与美感》一

文（见该刊第一卷第一期）。此文标志着他已经开始形成自己的生命哲学思想。他提出“生命，情之府也”[①]，认为生命乃是“人生情府”。这可以说是他对于“生命”的最初界说。但此文又声明，对于究竟什么是生命“此类纯理问题，姑置不论”，主旨在于“描摹生命神韵”“使人了悟生命情蕴之神奇”“依生命之表现，以括艺术之理法”。因此它主要是一篇美学论文。它描摹了希腊人、近代西方人和中国人在审美方面的不同特点，并指出这些特点根源于不同的“生命情调”。

方东美早年的一本重要哲学著作，是《科学哲学与人生》。此书的前五章，写于 1927 年之前（当时是作为讲稿）。1936 年，他的论文《生命悲剧之二重奏》宣读于中国哲学会南京分会。同年，此文作为《科学哲学与人生》的第六章，与前五章合并出版。对于方东美生命本体论的形成来说，该书的意义在于：第一次提出了“普遍生命”这个概念。书中说：“人天体合，正缘天与人都是普遍生命的流行。”[②]不过，此时方东美还没有明确地将“普遍生命”指认为宇宙万物的形而上的本体，而只是认为，我们对于生命现象，“不能与物质现象等视齐观”。在物质现象中仅有“事理”可寻，而生命现象则包括“情”与“理”两个方面。“生命是有情之天下，其实质为不断的、创进的欲望与冲动。”[③]书中强调“情”对于生命活动的意义。在这些论述中，我们不难看出柏格森的“生命冲动”学说对方东美的影响。

但值得注意的是，在《科学哲学与人生》中，已经表现出方东美正在形成的生命本体论与西方非理性主义生命哲学的区别。方东美在该书中提出“人生的枢要是新价值”，是一种“高贵的情趣”和“意义的实现”。人的生命具有“无穷的价值意味”，“须知人性是活跃的、创造的，不为现实所拘，处处要找着一种美的善的价值世界，为精神之寄托所。……人类一切创造，无论是理论的或是实践的，属于美的或属于善的，都是要把现实世界抬举到理想的价值世界上来”。[④]这种对于生命的“美”与“善”的价值的肯定，预示着他的正在形成的生命本体论，是一种理性主义、道德主义的哲学。

① 方东美：《生生之德》，台湾黎明文化事业公司 1980 年版，第 114 页。
② 方东美：《科学哲学与人生》，台湾黎明文化事业公司 1980 年版，第 223 页。
③ 方东美：《科学哲学与人生》，第 25 页。
④ 方东美：《科学哲学与人生》，台湾黎明文化事业公司 1980 年版，第 223 页。

方东美确认“生命”的本体意义的著作，是1937年6月出版的《中国先哲人生哲学概要》（后更名为《中国人生哲学概要》）。该书从“宇宙观”“人性论”“生命精神”“道德观念”“艺术理想”诸方面谈论中国哲学，而这些谈论同时表明，方东美已经奠定了他自己的哲学理论体系——生命本体论的思想基础。他认为：“宇宙不仅是机械物质活动的场合，而且也是普遍生命流行的境界。这种说法可叫作‘万物有生论’。世界上没有一件东西真正是死的，一切现象里边都藏着生命。”[①] 宇宙“其实包括物质世界和精神世界两方面”，物质与精神浩然同流，“这浩然同流的原委都是生命”。此类论述，表明方东美将原来他指出不能与物质现象“等视齐观”的生命，进一步提升为本体论层次上的生命。同年，他又在为中国哲学会第三届年会提供的论文《哲学三慧》中，再次肯定生命是宇宙万物的形而上的本体。他说“生命苞容万类，绵络大道，变通化裁，原始要终”，生命是终极性的存在，是天地万物的根源。

至此，方东美的生命本体论完成了最基本的一环：确认“生命”的本体意义。此后他的有关思想不断地得到丰富和深化，而这种对生命本体意义的理解和确认，是一直贯穿在他的哲学思想之中的。

二、揭示生命本体之功用

为了完成生命本体论，方东美要对“生命”的本性作出论述。在早年著作中，他已经提出了“普遍生命”即他所理解的作为宇宙万物本体的生命的本性问题，认为普遍生命具有旁通统贯、大化流行、创生不息的性质。而他后期著作中关于普遍生命本性的阐述，则主要是说明这种本性如何通过“功用历程”表现出来。

作为万物本体的生命，必然有其功用。在中国哲学传统中，有着“即用显体”的论证方法，即王夫之所谓“吾从其用而知其体之有，岂待疑哉”！[②] 为现代新儒家哲学奠定了形上学基础的熊十力，也提出“以体用不二立宗”。依据这种方法，阐明了“用”，便证明了“体”的存在与意义。方东美说：

① 方东美：《中国人生哲学概要》，台湾问学出版社1980年版，第13页。
② 王夫之：《周易外传》卷二。

宇宙太初原始阶段之“本体”实乃万有一切之永恒根本（寂然不动）；然自宇宙生命之大化流衍行健不已而观之，“本体”抑又感应而动，元气沛发，遂通万有，弥贯一切，无乎不在，无时或已。本体实性则渗入功用历程（即用显体）。玄真本体乃具现于现象界全域。……本体现象，略无间阂，澈上澈下，旁通不隔。①

这就是说，生命作为宇宙万物的本体，具有“大化流衍、行健不已”的性质。这种生生不已的本性（即“生生之德”），通过其创化万物的“功用历程”而表现出来。因此，倘若仅仅提出生命是宇宙万物的本体，却没有对于此本体之功用的阐述，就不能确证生命本体的存在及其价值，更不能构成“本体论”的理论体系。

在方东美看来，这个“功用历程”，可以通过人的生命精神的层层超升而表现出来，因为普遍生命的创化动力也贯注在人的生命精神之中。

在 1957 年发表的《中国人的人生观》（英文版）中，方东美已经提出人的生命随着宇宙普遍生命的大化流行而创进不息。但系统地论述人的生命如何创进不息，则主要见之于他的后期著作。自 60 年代末之后陆续发表的《从宗教、哲学与哲学人性论看“人的疏离”》《中国哲学对未来世界的影响》《教育与文化》《中国哲学之精神及其发展》等论文和专著中，方东美阐述了他关于人的生命精神层层超升、创进不息的理论（有关内容，将在后文论及）。这个理论，通过人的生命的创化、超升，来进一步确证作为宇宙形上本体的普遍生命的存在及其价值。这就是“即用显体”，通过生命本体之“发用”，说明了生命本体之存在与意义。因此可以说，在完成了关于人的生命精神超升的论述之后，方东美的生命本体论得以形成。

此外，方东美后期著作中关于普遍生命本性的论述，有两个颇具特色的提法值得注意：

其一，他借用《周易》的名词，用“生生之德”四个字高度概括普遍生命的本性。他提出，普遍生命的本性就是“生生之德”，或曰“宇宙大

① 方东美：《中国哲学之精神及其发展》，台湾成均出版社 1984 年版，第 31 页。

化流行中遍在万有的生生之德”。

其二，他借用“双回向”概念，将普遍生命的流行创进过程区分为上、下两个流向，即“上回向”和“下回向”。普遍生命以其生生不已的本性，向着宇宙的最高境界创进，这是“上回向”；普遍生命将创化的动力“分途流贯于世界与人性”，给宇宙万物贯注生生不已的精神力量，这是“下回向”。

从过程上说，方东美生命本体论的形成略如上述。

第二节　生命本体论的理论架构

现在，让我们从理论内容方面来考察方东美的生命本体论。

方东美说：

> 生命苞容一切万类，并与大道交感相通，生命透过变通化裁而得以完成，若“原其始”，即知其根植于无穷的动能源头，进而发为无穷的创造历程，若“要其终”，则知在止于至善。从“体”来看，生命是一个普遍流行的大化本体，弥满于空间，其创造力刚劲无比，足以突破任何空间限制；若从“用”来看，则其大用在时间之流中，更是驰骤拓展，运转无穷。[①]

方东美生命本体论的架构，正是着眼于生命的“体”和“用”两个方面。就“体”的方面说，他提出“五种要义”来说明普遍生命的性质，并进一步将“五种要义”归结为“生生之德”，指出这就是普遍生命的本性。就“用”的方面说，他着重阐明了贯注有普遍生命创化动力的“人的生命”，是如何创进不息、层层超升的。

一、普遍生命的本性：从“五种要义”到“生生之德”

方东美说宇宙万物乃是普遍生命的大化流行。“这普遍生命具有五种

① 方东美：《中国人生哲学概要》，台湾问学出版社1980年版，第13页。

要义”[1]，即：

1. “育种成性义”

作为宇宙本体的普遍生命，以其创造性的生机，“透过个体和族类的绵延，对生命不时赋予新的形式”。此义表明了生命的不断繁衍和更新。

2. “开物成务义”

“生命在其奔进中创造无已，运能无穷。……生命的意义因此愈来愈扩大，生命的价值，也就在这创造过程中，愈来愈增进了”。此义表明了生命在其发展、变化过程中，总是不断地获得新的意义和价值。

3. “创进不息义”

整个宇宙是普遍生命的拓展系统。“前者未尝终，后者已资始，前者正是后者创造更伟大生命的跳板，如此后先相续，波澜壮阔，乃能蔚成生命的浩瀚大海，迈向无穷的完善理想”。此义表明了生命对于理想境界的追求永无止境。

4. “变化通几义”

意谓“生命之流……其营育成化乃是前后交奏，新新不停，更迭相酬，生生相续，如同在时间中有无穷变化，生命在变化中也有着无穷机趣”。此义表明了生命的流变气象万千、富于机趣。

5. “绵延不朽义”

方东美借用《周易》的“未济”概念，解释此义说：“生命历程中所展现的活力，在时间的创进中它是从不萎缩的，即使到了最后还是直奔‘未济’（薪尽而火传），重新发扬新的生机。”此义表明了生命的创进是一种永无终点的运动。

方东美提出上述五种要义，认为它们互相贯通而又各有侧重地表明了普遍生命的性质，而这些要义归结起来，便体现了“宇宙大化流行中遍在万有的生生之德”。所谓“生生”，取自《易·系辞》“生生之谓易”。方东美说：“天大其生，万物资始，地广其生，万物咸亨，合天地生生之大德，遂成宇宙。”[2]他尽管提出了“五种要义”并分别作出论述，但认为归根结底，普

---

① 方东美：《中国人的人生观》，第45页。以下不再注明出处者，均见该书第45—46页。
② 方东美：《中国人生哲学概要》，第44页。

遍生命的本性无非是这“生生”二字。唯其具有生生不已的本性，普遍生命得以成为宇宙万物创化的“无穷的动能源头”，为万物提供永不枯竭的“创造冲力”，他又借用《周易》的名词，将这种“创造冲力”称之为“大生广生”（即“天大其生”“地广其生”）的创造力。所谓“生生之德”，就是这种“大生广生的创造力”。他指出，这就是作为宇宙万物之本体的普遍生命的本性。

二、人类生命的超升：从“自然人”到“道德人”

方东美揭示了普遍生命的本性，并认为“本体实性则渗入功用历程”，因此他要进一步阐明普遍生命生生不已的本性如何见之于“功用历程”。

方东美历来强调“人”在哲学中的地位。他认为，关于“人”的意识，是一切哲学体系得以成立的先决条件。因此，他在创造自己的生命本体论体系时，着眼点和归结点同样是“人”。在他看来，普遍生命作为宇宙本体的意义和价值，归根结底在于它对于人类生命所具有的意义和价值。基于这种认识，他阐明了人的生命境界是如何随着普遍生命的大化流行而创进不息、层层超升的。这些论述，可以称为“人格超升论”。它是方东美生命本体论中十分重要的内容。

1. 人类生命的崇高价值

方东美的人格超升论首先指出，我们必须认识人类生命的崇高价值。尽管近代以来，人类受到了“三大打击”，但我们不应因此而贬低人类生命的价值。所谓“三大打击”，乃是：

“天文学的打击”：哥白尼之前，人类以为地球是宇宙的中心，而人是地球上万物的主宰，所以人处于宇宙的中心并且是宇宙的主宰者。哥白尼的“日心说”却提出，地球围绕着太阳旋转，而太阳在宇宙中亦不过是“一粒微尘”而已。这样一来，人便失去了作为宇宙的中心和主宰者的位置。这是近代天文学给予人类的沉重“打击”。

“生物学的打击”：人类历来以自己是高贵无比的“万物之灵”为自豪，可是达尔文的生物进化论提出了一个不可思议的论断：“人的祖先依次往上推，不过是猴子”，人就其出身来说，不过是“禽兽之一”。这是来自近代生物学对于人类尊严的极大“打击”。

“心理学的打击”：人无疑是有意志、有情感并且富于理性的存在物。但是在近代心理学领域，出现了以下两种“心理学”：一种是“平面心理学”。它用自然科学的方法研究人类心理，用“心理原子”来解释人性，看不到人的意志和情感，看不到人对于更高层次的价值的追求。这样，人就成了仅仅具有平面意义（没有价值和情感追求）的“一束知觉”。另一种是“深度心理学”，即弗洛伊德的精神分析心理学。它专从潜意识、下意识的方面去探究人类心理，认为人性中最后存在的不是理性，而是种种冲动与本能，尤其是所谓“性的本能”，人的行为正是建立在这种本能之上的。这样，原本以富于理性而区别于动物界的人类，竟成了“最不理性的野兽”。可见这两派学说，都从心理学的角度打击了人类。

近代以来的这三大打击，“使人们觉得人不是伟大而是渺小”[①]，人类因此而产生强烈的自悲感。方东美说，为了克服自悲感、认识人类生命的崇高价值，我们必须发展“高度心理学”。所谓“高度心理学”，意思是说怀着一种“崇高感”去研究人性，既不用自然科学的方法“解剖”人性，也不用阴暗的心理贬低人性。它用“立体观”去研究人类的心性，从而发现人性具有创造种种崇高价值的“内在潜能”。方东美认为，中国哲学的人性论充分体现了这种“高度心理学”的精神。例如，儒家极端尊崇“人”的价值，认为人性具有“可使之完美性”；道家的老子也说“天大，地大，人亦大”，认为人类生命的价值与天地同大。这类观点，实际上都是透过“高度心理学”而给予人性、人的生命价值的充分肯定。总之，“如果从高度心理学这一方面看……面临世界的‘人’，是一个伟大的人，是一个可以创造种种伟大文化的‘人’。”[②]

2. 生命精神的不断提升

人性虽然具有“可使之完美性”，具有创造种种文化价值的“潜能”，但为了实现这种完美性和潜能，人必须随着普遍生命的大化流行而不断提升

① 方东美：《方东美先生演讲集》（以下简称《演讲集》），台湾黎明文化事业公司1980年版，第206页。

② 方东美：《演讲集》，第226页。

自己的生命精神。

为了说明人类生命精神的层层提升，方东美设计了一张“人与世界在理想文化中的蓝图”[①]。这张蓝图，首先肯定物质世界是人类生活的基础（方东美认为这是东方哲学、特别是中国哲学的传统观念）。在此基础上，人类不断地提升自己的生命精神。他说：

> 在东方哲学里面，尤其在中国哲学中各家各派，从来不像希腊的末世，也不像在中世纪的若干时期，在宇宙建筑图里面没有物质世界的地位，东方哲学没有西方这个色彩，印度哲学大部分也没有这个色彩。假使我们从形而下的境界上面看，我们在建筑图里面要建筑一个物质世界，把这个物质世界当做是人类生活的起点、根据、基础。把这一层建筑起来之后，才可以把物质点化了变成生命的支柱，去发扬生命的精神；根据物质的条件，去从事生命的活动，发现生命向上有更进一层的前途，在那个地方去追求更高的意义、更高的价值、更美的理想。这样把建筑打好了一个基础，建立生命的据点，然后在那里发扬心灵的精神；因此以上回向的这个方向为凭藉，在这上面去建筑艺术世界、道德世界、宗教领域；把生命所有存在的基础，一层一层向上提高，一层一层向上提升，在宇宙里面建立种种不同的生命领域。所以，在建筑图里面是个宝塔型，以物质世界为基础，以生命世界为上层，以心灵世界为较上层，以这三方面，把人类的躯壳、生命、心理同灵魂都做一个健康的安排。然后在这上面发挥艺术的理想，建筑艺术的境界，再培养道德的品格，建立道德的领域，透过艺术与道德，再把生命提高到神秘的境界——宗教的领域。因之，在我们宇宙的建筑里面要分成这许多境界。[②]

这段话，概括地表述了方东美关于人的生命精神提升的基本思想。而

① 方东美：《生生之德》第 341 页和《演讲集》第 18 页均载有此图。
② 方东美：《演讲集》，第 14—15 页。

具体地说，这种提升的过程要经历以下五种人格，即他所说的“种种不同的生命领域”，才能达到理想的精神境界。

第一种，是“自然人”的人格。这种人格的最大特点就是能够“行动”，因而又称“行动人”或“行能的人”。方东美说，“自然人”能凭自己的行动开辟出物质生活领域，满足自己在物质方面的需要。

第二种，是“创造行为的人”的人格。但作为人类，我们应该“善于行动”，应该在行动中表现出“创造才能”。就此而论，又分为两种情形。有些人虽然具有“创造才能”，但由于受错误的观念支配，他们运用了“不正当的才能”，他们的行动变成了“昏念妄动”。对这种昏妄的人，必须予以点化，使之上升为“第二种在行动上表现创造才能的这么一种人”。这第二种具有创造才能的人，能够“发扬生命精神，把它指点到真相世界、更高的意义境界、更有价值的境界”[①]。这就真正达到了“创造性的生命领域”，成了“创造行为的人”。

第三种，“创造行为的人”要想真正创造出优秀文化，还得进一步地提高自己的生命境界。他们必须“以理性为指导形成各式各样的系统知识”，使自己的创造行为不至于变成“盲目的创造”，而是成为经过“理性考虑、理性支配、理性决定”的创造。由于这种人能够“以知识为基础，把他的生命安排在真理世界上面”，因而他在创造优秀文化的同时，也使自己上升为“知识合理的人”。

方东美说，以上人格行能的人、创造行为的人、知识合理的人，三种人格统一起来，就构成了“完满的自然人”的人格（按：不同于前述第一种有欠缺的“自然人”人格）。“这个自然人的生活有躯壳的健康、生命的饱满、知识的丰富，人生种种方面的高尚成就”。[②]大科学家便是这种人格的典型代表。

但是，“完满的自然人”仍然处于“自然世界”的层次，处于生命的“形而下”层次。从人类文化领域的角度看，则是处于“科学文化”的层次。科学文化的最大特点，是在有关人类生命的精神价值（如艺术价值、道德价值、宗教价值）问题上“守中立”，不对这些价值作出评判。

① 方东美：《演讲集》，第 16 页。
② 方东美：《演讲集》，第 16 页。

第四种，“象征人”。人类生命的本性却是不断创进，“生命除掉物质条件之外，更兼有精神的意义和价值”。[①]人要随着普遍生命的大化流行而追求更高的精神价值。因此，“完满的自然人”还得向上提升自己的精神人格。“这个自然界是形而下的境界，我们站在形而下的里面，各方面的要求都满足了，而且我们还要提升向上，向上去发见形而上的世界的秘密”[②]。其结果，是提升成了“符号运用者的人”。这种人能够运用自己创造的各类符号，去象征美的事物、美的境界，“拿艺术家的才能做更高的创造,创造了艺术上面美的世界所谓艺术世界”。所以,这种人又可以称为“象征人”。艺术家便属于这种人。这第四种人格的特点，在于进入了生命境界的“形而上”层次，“他可以创造种种美的语言、美的符号，把一个寻常的世界美化了，使它变成艺术领域，这是形而上世界的开始”[③]。

第五种,“道德人”或“全人”。不过,艺术既可以表现美,也可以表现丑。因为艺术之美，是通过艺术家的主观感受表现出来的，当艺术家受不健康的意志和情绪支配时，它的艺术创作有可能丧失理性，创造出“疯狂的艺术世界”。可见，在艺术创作中“主观的感受在价值上面不能代表美满”，艺术领域“究竟不是完美的生命领域”。所以“符号人”的人格有待于进一步提升、发展为第五种人格——“那就是具备优美品德、优美人格的这么一种人，是道德的主体”[④]，即“道德人”的人格。方东美说，由于这种“道德人”是经历了生命境界的逐层提升而形成的人格，包容了各种不同生命领域的成就，因此“他整个的生命可以包容全世界”。我们可以称其为“全人”。这种人，就是中国先哲所称道的可以赞天地之化育、与天地参的人。儒家所谓“圣人”、道家所谓“至人”、佛家所谓“觉者”，都属于这种伟大的精神人格。

即使达到了“全人”的境界，人的生命精神仍然要“再超越向上”，因为“人生的枢要是新价值”[⑤]，人的价值追求，总是指向更高的理想境界。

---

① 方东美：《中国哲学之精神及其发展》，台湾成均出版社1984年版，第31页。
② 方东美：《中国人的人生观》，台湾幼狮文化公司1984年版，第45页。
③ 方东美：《演讲集》，第20页。
④ 方东美：《演讲集》，第21页。
⑤ 方东美：《演讲集》，第226页。

方东美说，这正像西方哥特式建筑的尖顶和中国建筑物最高层上的飞檐，总是指向无限悠远的苍天，指向“更高妙的境界”。这个境界，是神而又神、高而又高的“皇矣上帝”的境界，也可以说是宗教的境界，是真善美高度统一的“神明之境”。所谓“皇矣上帝”，意在表明这种境界是人的生命精神的一种“最高价值统会”，是一种没有止境的境界。而人类生命的意义，也正在于“集中他的全体才能与心性去努力提升”自己的生命精神，去追求这种“尽善尽美的神圣境界”。

上述人的生命精神层层超升的过程，是不断提高人的“生命地位、生命成就、生命价值”的过程。作为宇宙本体的普遍生命，将其创化动力“贯注到整个人间世来”，“贯注在宇宙每一个角落里面的人、物、万有”。这是普遍生命大化流行中的“下回向”。正是通过这样的流向，宇宙间最高、最神圣的精神力量得以贯注于人的生命和万物之中。于是，人的生命精神就随着普遍生命大化流行中的另一个流向“上回向”，去不断追求更高的境界、更完善的人格。这表明，人格层层超升的“上回向”之所以能够实现，是由于作为宇宙本体的普遍生命，通过“下回向”将其创化动力贯注于人的生命精神之中。自古以来，人类之所以世代不息地追求更高的生命价值，正是由于“宇宙创造的大力深植在他精神的本性与创造的生命中”。所以，从“自然人”到“道德人”、到永无止境的“最高价值统会”的人格超升过程，乃是作为一种“功用历程”而体现了普遍生命那生生不已的本性。

方东美正是这样以关于普遍生命的“体”和“用”两个层面的论述，构成了其生命本体论的理论系统。

从现代新儒学思潮发展的角度看，方东美生命本体论的建立体现了现代新儒家“重建形上学”的努力。现代新儒学作为一种哲学思潮和文化思潮，其存在和发展有赖于坚实的哲学形上学体系作为其全部理论的基石。现代新儒家前期重要代表人物贺麟说，儒家思想的新开展“应发挥出仁的本体论，仁的宇宙观”。为了重建儒学的本体论，不仅熊十力毕生哲学活动的内容可以归结为替现代新儒家思想奠定哲学形上学基础，而且新儒家的其他代表人物也致力于哲学形上学体系即本体论体系的建立。例如梁漱溟和熊十力一样，提出了自己的“心性论”；冯友兰创造了“新理学”；唐君毅、牟宗三建立了各自以“心性”为本体的形上学体系。可见，方东美的生命本体论是现代新儒学思潮形成、发展过程中的产物，是中国现代哲学发展过程中的产物。

所不同的是，有别于上述诸位沿着宋明道学的传统建立“理本体论”或“心性本体论”，方东美却创立了“生命本体论”。这与以下两个因素有关：

其一，他的求学经历，决定了他的思想受西方生命哲学的影响特别深，这必然反映在他自己的哲学本体论的建立之中。

其二，他认为中国传统哲学的本体论就是“生命本体论”，不仅儒家哲学，而且道家哲学、墨家哲学、佛家哲学，其形上学都是生命本体论的体系，“中国的哲学从春秋时代便集中在一个以生命为中心的哲学上，是一套生命哲学”。[①] 他对此十分赞赏。这种对儒家哲学乃至整个中国传统哲学本体论的理解，当然也影响着他自己的哲学本体论的建立。

这两个因素，导致方东美建立了在现代新儒家阵营中具有一定独创性的“生命本体论”。而这个本体论，无疑是方东美对于现代新儒家哲学的一个重要理论贡献。

方东美的生命本体论，反映了现代新儒家在学术、文化上“挺立自家传统，融会西方新潮”的立场。我们可以从方东美的生命本体论中感受到，西方生命哲学潮流不仅是其重要的思想背景，而且直接影响了它的内容。柏格森等人的“生命欲”“生命冲动”等概念和有关命题，经常出现在方东美的生命本体论中。但从本质上看，方东美的生命本体论则不同于西方非理性主义生命哲学。柏格森等人以“生命本能”作为人类生命活动的基础，把生命活动看成本能和欲望的拓展。方东美则发扬儒家的思想传统，强调人类生命的精神价值、伦理价值，认为生命活动的真谛是对真、善、美的追求，人应该将“物质的生命”提升为“精神的生命”，不断实现人格的超升。这表明方东美的生命本体论，是一种理性主义、道德主义的哲学。他在融会西方生命哲学的某些观念而建立自己的生命本体论时，“挺立”的

---

① 方东美：《生生之德》第341页和《演讲集》第18页均载有此图。

是中国儒家哲学的理性主义传统。方东美的学生张肇祺说：“在西方生命哲学以柏格森为代表，在中国生命哲学则以方东美为代表。”[①] 这至少可以说明，方东美的生命本体论是中国现代哲学中，具有一定特色的生命哲学。而且，虽说同样是生命哲学，方东美的生命本体论却以理性主义区别于柏格森等人的非理性主义。原因就在于，方东美是站在现代新儒家“开新”不忘“返本”、“融会西方新潮”而又“挺立自家传统”的学术、文化立场上，创立他的生命本体论的。

就哲学性质而言，方东美的生命本体论是一种唯心主义哲学，而这种唯心主义也有其特色。他以“普遍生命”作为宇宙万物的本源，认为它是创化天地万物的、无处不在的精神力量，整个世界即是被这种精神力量所造就。他又提出，作为“宇宙大我生命”的普遍生命，其中也包含着“人的小我生命”。在方东美看来，人的生命——确切地说：人的生命精神——也是宇宙创化的精神力量之一。这种精神力量通过上、下两个流向，参赞天地万物之化育。

① 张肇祺：《先师东美先生“生生”之大德》，见朱传誉《方东美传记资料》（一），台湾天一出版社 1985 年版，第 20 页。

第三章　方东美的文化价值观

方东美在其早年著作，如《生命情调与美感》《生命悲剧之二重奏》《科学哲学与人生》《哲学三慧》中，就开始探讨文化问题。这种文化研究的热忱，终其生未尝减退。其结果，是形成了他内容丰富、颇具特色的文化哲学理论。

为了便于探讨，我们将方东美文化哲学理论的内容，相对地区分为两个方面。一个方面，是方东美从研究文化价值结构的角度，对于科学、哲学、艺术、宗教及其相互关系，文化形态的不同价值层次等问题的论述。这些论述，作为方东美的文化价值观而构成本章的内容。另一个方面，是方东美从比较文化学的角度，对于生命精神与民族文化形态、不同民族文化价值系统的形成及其比较等问题所作的论述。这些论述，将作为方东美的比较文化学而构成下一章的研究内容。

第一节　论科学与哲学

——“平面的宇宙观与层叠的宇宙观”

“文化之全体结构至难言也”[①]。1931 年，方东美发表关于文化研究的早期论文《生命情调与美感》，即已表明他不对文化的“全体结构”进行宽泛的研究。此中原因，当然并不在于文化全体结构的“难言”。方东美认为：“任何学说，根本就是生命精神的符号。”[②] 文化研究作为一种“学说”，同样应该是生命精神的符号，或者说应该体现文化中的生命精神。

① 方东美：《生命情调与美感》，见《生生之德》第 117 页。
② 方东美：《演讲集》，第 14—15 页。

因此他研究文化，只注重其精神方面，至于文化的物质方面，则基本上不作为自己的研究对象。现代新儒家普遍认为，近代以来的中华民族的危机从根本上是文化危机，而且这种危机不在文化的物质方面而在它的精神方面。方东美注重精神文化的研究，也体现了现代新儒家的此种共识。

方东美认为，精神文化主要由科学、哲学、艺术和宗教构成。他的文化观，正是通过对于这四个方面及其相互关系、精神文化的不同层次及其价值结构等问题的论述而表现出来。

科学与哲学的关系问题，是“五四”时期中国思想界的一个重要议题。科学作为“五四”先驱所高举的两面大旗之一，其重要地位和对于中国社会的作用，可以说得到思想界相当普遍的认同。但随之出现的“科学主义”思潮，却在思想界激起了不同的反响。现代新儒学思潮的理论特征之一，是作为“科学主义”思潮的对立面而出现的。这反映在方东美的论著中，就是他总是通过科学与哲学的比较，来阐述自己的科学观和哲学观，从而表明他对于“科学主义”的否定态度。因此，我们也就选取科学与哲学相比较的视角，来说明他关于科学与哲学的见解。

方东美认为，科学与哲学的关系，是“平面的宇宙观”与“层叠的宇宙观”的关系。

一、“科学是宝贵的”

方东美认为，从历史的起因看，科学和哲学都起源于远古人类的神话系统。初民们目睹自然界电闪雷鸣、风云变幻等现象，以为有一种类似人格的活力隐伏其中，操纵一切，便编织出种种神话来解释这些现象。此类神话虽极为怪诞，但其解释宇宙万象的功能，却相当于今天文化民族的科学和哲学。后世的科学与哲学思想，即脱胎于此。这些神话流传既久，其中不近情理、不符事实者渐受淘汰，余下精纯的观念便成为人类生活中的“常识”。

随着人类智力的发展，此种常识更上一层，“则有理性的知识”，形成“真理的系统”，“这些真理的系统即是科学与哲学”。可见科学和哲学都是循着“从神话到理性”的演进过程而产生的。“哲学思想发达的源流，同时亦是科学思想进展的步骤”。[1]

方东美说，科学思想产生之后就在人类社会生活中起着重要作用。它“帮助人类征服自然，增加我们物质的享受”，而在此之前，人类只能听命于自然。特别是近代科学“以观察、实验、分析及数理的推证为方法，以完成精密的定律系统”。人类掌握了这些“精密的定律系统”，便能戡天役物，制天命而用之。近代欧洲社会正是在这方面取得了“金碧辉煌”的成就。这种在物质领域中的作用，是科学的主要作用。

再从精神领域来看，科学揭示自然之奥秘，可以“使我们领悟宇宙人生的玄机”。例如近代物理学关于时间、空间的理论，不仅进一步揭示了时间、空间之“理”，而且把人们的宇宙观“从希腊形体有限的宇宙中解放到意味无穷的宇宙里”，拓展了人们的精神天地。

总之，“科学是世界形态的改造者，人生价值的护持者”，它“改造世界，利进人生”的功绩，值得人类赞扬歌颂。但科学虽然如此重要，却并不能解决人生的一切问题。方东美说，各种科学乃是不同的“知识”系统，如果提到“智慧”的高度来看，那么各种科学都有所欠缺。“我们可以拿一种更结实的、更高深的一种智慧，来面临各种科学知识”。[2] 这种智慧，就是哲学。

二、“生命精神才是哲学”

方东美提出，哲学中既有“境的认识”，又有“情的蕴发”。“境”即“宇宙理境”，它是人类的生存环境。境的认识始于“感觉的亲验”，终于“理智的推论”。它只求在时间和空间上对种种事理获得冷静的、系统的了解。因此，如果哲学思想仅仅有境的认识，那么所谓哲学只能是“科学的化身”。哲学应该体现人生对于“理”（即境的认识）和“情”两方面的要求。“治哲学者得了境的认识，当更求情的蕴发（广义的情，除却冷酷的理智活动以外都是情）”。[3]

① 方东美：《科学哲学与人生》，第 18 页。
② 方东美：《演讲集》，第 234 页。
③ 方东美：《科学哲学与人生》，第 15 页。

哲学中所谓“情”，首先它是广义的，不等同于人们日常生活中的“七情六欲”之情。其次，它与“冷酷的理智活动”（指唯求事理、无视价值的理智活动）凿枘不容。方东美说宇宙人生之进程中不仅有“事理”可寻，而且具有“无穷的价值意味”。诗人对自然和人生予以美化，伦理学家对人类行为予以善化，“我们所谓情的蕴发，即是指这些美化，善化以及其他价值化的态度与活动”。[①] 可见方东美所谓“情”，是指人们将宇宙人生予以“价值化”（如美化、善化）的态度、情绪、精神，它根源于人类对真善美的向往。“须知人性是活跃的，创造的，不为现实所拘，处处要找着一种美的善的价值世界，为精神之寄托所”。当“情”蕴藏于人们心中时，是一种价值意识；它抒发出来，则是“价值化的态度与活动”。

方东美提出，“哲学的建筑”有两大支柱，一是“客观的世界”，一是“主体的人类生命精神”。对前者的研究属于“理”，对后者的探讨归于“情”。“‘情’、‘理’为哲学名言系统中之原始意象。……哲学意境内有胜情，无情者止于哲学法门之外，哲学意境中含至理，违理者逗于哲学法门之前。两俱不入。”[②] 他强调情与理在哲学中融贯而不可分割：“情与理原非两截的，宇宙自身便是情理的连续体，人生实质便是情理的集团。哲学对象之总和亦不外乎情理的一贯性。”[③] 情与理“相与浃而俱化”，构成人类生命活动的内容，从而也构成哲学的对象。“总摄种种现实与可能境界中之情与理，而穷其源，搜其真，尽其妙，之谓哲学。”[④] 这就是方东美给“哲学”下的定义。

上述思想，在《科学哲学与人生》中被概括为简明的哲学思想结构图[⑤]：

哲学思想——意境之写真 {
境的认识——时空上事理之了解
情的蕴发——事理上价值之估定

① 方东美：《科学哲学与人生》，第 18 页。
② 方东美：《生生之德》，第 138 页。
③ 方东美：《科学哲学与人生》，第 24 页。
④ 方东美：《演讲集》，第 234 页。
⑤ 方东美：《科学哲学与人生》，第 17 页。

哲学的功能，包括“时空上事理之了解”和“事理上价值之估定”，即“衡情度理”四字。方东美说：“约而言之，哲学的能事尽在于此：（一）本极缜密的求知方法穷诘有法天下之底蕴，使其质相，结构，关键，凡可理解者一一了然于吾心；（二）依健全的精神领悟有情天下之情趣，使生命活动中所逞露的美、善、爱等价值循序实现，底于完成。”①他称前者为“穷物之理”，后者为“尽人之性”，用他的另一句话来说，就是“纵览宇宙理境，发舒人生情蕴”。

值得注意的是，方东美对于“理”和“情”在哲学中的地位虽然同样予以肯定，但他更强调“情”对于哲学建设的意义。此中原因，就在于他认为“生命精神才是哲学”②，而“情”则是生命精神的表征。“情、理虽是一贯的，然从其属性上看起，却可分辨清楚。生命以情胜，宇宙以理彰。生命是有情之天下，其实质为不断的、创进的欲望与冲动。”③因此作为生命精神之体现的哲学，无疑应该突出“情”的地位。他还说，我们之所以肯定“理”在哲学中的地位，是为了认清人类生存的客观环境，以这种认识服务于生命精神之创进。“人类含情而得生，契理乃得存”。人类因其行为契合宇宙之理而得以存在，而人类之所以得“生”——这里应该理解为生生不息、创进不已，则在于其生命精神对真善美价值理想的不断追求。所以在哲学中，“理”归根结底服务于“情”，服务于人类对于价值理想的追求。

方东美在其晚年，随着哲学和文化研究视野的进一步扩大，已不再多谈哲学的对象、功能、结构等问题，但他关于哲学应注重“情”的观念，始终没有改变。例如在1983年出版的《新儒家哲学十八讲》中，他仍然批评：“现代学者尤其是学哲学的人，只是紧紧抓住一个‘理’字，而把‘情’字疏忽了不去发挥。这对任何一个时代的哲学思想而言，都是一个致命伤。”④

---

① 方东美：《科学哲学与人生》，第16页。
② 方东美：《生生之德》，第138页。
③ 方东美：《科学哲学与人生》，第25页。
④ 方东美：《科学哲学与人生》，第24页。

三、“平面的宇宙观与层叠的宇宙观”

基于上述认识，方东美提出：从价值论的角度看，科学是“平面的宇宙观”，哲学是“层叠的宇宙观”。

方东美承认，对于人类文化发展来说，科学和哲学同样不可或缺，“科哲合作，理情交得，然后人类思想与文化乃臻上乘”①。但是他和熊十力、张君劢、冯友兰等人一样，面对“科学主义”思潮，更加强调科学与哲学的区别。

他认为，这种区别主要在于：

1. 科学是“一层同分”的思想体系（hemogeneous thought of Nature②），哲学是“双层异分”的思想体系（heterogeneous thought about the thought of Nature）。所谓“一层”“双层”，是说科学“直接针对自然客境”，哲学则“就科学取象自然所已成就的思想再度推敲其意蕴”。所谓“同分”“异分”，是说科学思想是单质、单相的（hemogeneous），哲学思想则是多质、多相的（heterogeneous）。哲学是批评的知识，它对于科学的成就作更深一层的、形而上的探讨，以寻求宇宙人生之“真源”。

2. 科学只求形成“客观的知识系统”，而哲学则要反观主体，“在人类心性上追求科学所由产生之理性作用的根源”，所以哲学是反省的知识。

3. 科学以分析法为原则，通过“构画各种自然现象的细密结构”而导向综合；哲学则“从一开始，就是以广大和谐的原则来玄览一致性”。因此从方法学来看，科学重分析而哲学重综合。

4. 科学研究特定的领域，各门学科恪遵一定的范围。哲学则会通各类知识，形成统一的“建筑学系统”。因而从理论构成来看，科学是专门的、“局部的知识”，哲学是旁通统贯的、“全体的知识”。

5. 科学将宇宙各境展布在“逻辑平面”上，作事实构造的探讨而不作价值鉴别，表现出“价值学的中立”。哲学则“认宇宙为层叠的构造，所以划分境界之后，即须鉴别各层价值，以求上达至于最高的价值理想”③。因而从价值论来看，科学是“平面的宇宙观”，哲学是“层叠的宇宙观”。

---

① 方东美：《科学哲学与人生》，第 16 页。
② 方东美：《科学哲学与人生》，第 17 页。
③ 方东美：《哲学三慧》，台湾三民书局 1970 年版，第 57 页。

方东美认为，这是科学与哲学最根本的区别。他说："层叠的宇宙的[1]平面的宇宙，在理论上有极大的差别。依此差别，我们可以划分科学的和哲学的宇宙观。"[2]科学"超人生以立论"，它有着对于宇宙之"秩序的信仰"，而无对于人生之"价值的信仰"。哲学则要追究人类生命之价值，"衡论生命的径向，以树立价值的标准"。正因为这样，"科学家的眼光是锐利而冷静的，哲学家的心情是强烈而温存的"。

四、"科学主义是要不得的"

继五四运动之后，"科玄论战"对于中国思想界产生了重大影响。论战中，"科学派"代表人物丁文江、王星拱等人主张"科学方法万能论"，认为科学与哲学并无界限，"科学就是哲学"，科学方法可以解决人生观问题。王星拱在《科学与人生观》中说："科学是凭借因果和齐一两个原理而构造起来的。人生问题无论为生命之观念或生活之态度，都逃不出这两个原理的金刚圈，所以科学可以解决人生问题。"这类观点，无疑混淆了科学与哲学在对象、方法、功能等方面的基本界限。"科玄论战"发生时（1923年），24岁的方东美正求学于国外。他归国后，从初版于1936年的《科学哲学与人生》到其晚年著作，都对"科学主义"持反对、批评的立场。

方东美说，自然科学"特具的方法"不是万能的，它不能用来研究社会人生问题。17世纪的斯宾诺莎用数理上的静性结构来解释人生，认为人的行为如同几何学上的点、线、面一样遵循着机械规则。这种见解，是把"活跃的人生当作死沈的僵尸"。近代欧洲哲学对于自然科学"不但是采取它的方法，而且是接受它的原则"，用"因果律"和"齐一律"来看待社会人生。其结果，是导致"哲学问题被化解成数、量、质"，导致哲学讲"理"不讲"情"，见"物"不见"人"。哲学成了"科学唯物论"、"科学齐物论"。逻辑实证主义者卡尔纳普主张所谓知识的统一（unity of knowledge），要把自然科学、社会科学的语言都统一到物理科学语言的基础上来。方东美认为这是"科学语言的误用""事实上不是讲科学的真正精神，而是讲'科学主义'"。

① 原文如此。后一"的"字，疑为"与"或"和"字之误。
② 方东美：《哲学三慧》，第57页。

用物理科学的语言来表现“人性的心理”，无疑只能导致“错误的哲学”。他说这种“跨越本位的科学主义”把人类的生命现象、精神现象、价值现象统统化作物质现象，认为物质科学的定律“也支配着生命，也支配着人类的心灵”。它运用“冷酷的理智”，“把人生种种活泼机趣都剥落殆尽”。因此，“‘科学’是宝贵的，但‘科学主义’却是要不得的”。[①]

方东美认为，对“人”的意识乃是一切哲学得以成立的先决条件。他说：“哲学思考至少有三种途径：（一）宗教的途径，透过信仰启示而达哲学；（二）科学的途径，透过知识能力而达哲学；（三）人文的途径，透过生命创进而达哲学。”[②] 哲学如果走宗教的途径，“建构出一套附属于神学的观念系统”，那么由于神学“贬抑现世的人类价值”，哲学“也只能促使人们逃避此一玷污的现世”，哲学的本质便成了虚无主义。哲学如果走科学的途径，如同罗素所说“运用精确与固定的科学方法”，从而成为“科学的哲学”或者说“哲学被科学化”，那么哲学便“只能以科学化的形式聊备一格，成为多余的存在”。总之，宗教与科学的途径使哲学“或是成为神学的婢学，作为护教之用”，或是“成为科学的附庸，不谈价值问题”。因而，“实在说来，人文主义便形成哲学思想中唯一可以积健为雄的途径”[③]。哲学植根于人类的生命精神，探究人的心性，弘扬人生价值，因而它是“人生意义的图画”。

可见方东美的哲学观，是一种人本主义的哲学观，更确切地说，是道德的人本主义的哲学观。这种哲学观的形成，一是基于对传统儒家哲学的继承。方东美认为，“强调人性之内在秉彝，即价值”自古以来便是“儒家哲学之骨干”。二是基于对近代以来西方哲学、文化思潮的回应。这种回应，包括肯定的和否定的两个方面。肯定的方面，是对于具有反对科学主义、实证主义传统的西方人本主义哲学、生命哲学的认同。否定的方面，是对于近代西方文化“重科学而轻人文”的价值取向的拒斥。方东美认为，近代西方文化发展了科学技术，但忽视了人文理想，特别是忽视了人的道德

---

① 方东美：《科学哲学与人生》，第 23 页。
② 方东美：《中国人的人生观》，第 1 页。
③ 方东美：《原始儒家道家哲学》，台湾黎明文化事业公司 1985 年版，第 7 页。

价值。结果使人只知致力于戡天役物，注重物质利益而缺乏价值追求，在精神上陷入虚无主义。他视此为“近代西洋民族的不幸”。而且，近代西方文化对中国社会的冲击，无疑影响着中国人的精神面貌和伦理、道德观念，这也促使方东美鉴于“近代西洋民族的不幸”而抵制、反对“科学主义”。这些，可以说是方东美形成以人的伦理价值、道德意识为核心的人本主义哲学观的基本动因。

自熊十力提出科学与哲学“宜各划范围，分其种类，别其方法”，区分科学与哲学，反对“科学主义”，便成为现代新儒家文化哲学理论中一个经久不衰的重要话题。他们有关于此的大量论述已为学界所熟知，这里不必赘引。我们认为，他们的论述归结到一点，就是熊十力借用佛学概念提出的“俗谛”世界和“真谛”世界的区别。后来，牟宗三将其表述为“事实世界”和“价值世界”的区别。他说，科学“只知平铺的事实，只以平铺事实为对象，这其中并没有‘意义’与‘价值’。这就显出了科学的限度与范围。是以在科学的‘事实世界’以外必有一个‘价值世界’‘意义世界’，这不是科学的对象。这就是道德宗教的根源，事实世界以上或以外的真善美之根源”[①]。方东美的以上论述，归根结底也正是主张区分科学所探求的“平面的”物质世界与哲学所探求的“层叠的”价值世界，在此基础上，通过哲学的途径，使人类文化和个人生命从物质层次提升到精神层次，亦即从物质世界提升到价值世界。熊十力、方东美、牟宗三等人的观点，都体现了现代新儒家在科学与哲学关系问题上的此种共识。

第二节　论艺术

——“依生命之表现　括艺术之理法”

作为哲学家的方东美，兼有浓厚的艺术家气质。他不仅著有《坚白精舍诗集》，而且在其学术论著中，也常以优美典雅的文笔，使读者置身于特定的诗意化境而领略其中哲理。而更值得我们从理论上关注的，是他“依

① 方东美：《科学哲学与人生》，第25页。

生命之表现，以括艺术之理法”[1]，提出了自己的艺术见解。

一、“一切艺术都是从体贴生命之伟大处得来”

方东美常说，宇宙“美轮美奂”，人生是“充满纯美的太和境界”。那么，“天地之美”缘何而生？他认为——

1. 美“寄于生命”而“形于创造”

“天地之大美即在普遍生命之流行变化，创造不息。……换句话说，天地之美寄于生命，在于盎然生意与灿然活力，而生命之美形于创造，在于浩然生气与酣然创意”[2]。美即寓于宇宙的普遍生命之中，它是“生意”“生气”“活力”的表现。生命的活力，就在于它的生生不息、创进不已。“生命之本身即是阳刚劲健，充实为美”，“生命的本性就是要不断的创造奔进，直指完美”。这就是说，所谓美，归根结底是生命之美，是充满“创意”的生命精神。这便是“美”的本质。方东美说，倘若没有丰富的生命充塞其间，则宇宙无美可言。

既然美寄于生命、形于创造，则人类的“审美的主要意向都是要直透宇宙中创造的生命，而与之合流同化”[3]。作为人类审美意向之集中体现的艺术，“不论它们是任何形式，都是充分的表现这种盎然生意（一切艺术都是从体贴生命之伟大处得来的）”[4]。例如，形式上注重格律音韵的诗歌，从内容上说则是一种“生命之律动”。抑扬顿挫的音乐，亦在表现“生命之旋律”和“丰富的生命情调”。再如艺术品，以中国的为例，早自仰韶文化中的白陶、殷墟中的骨器玉器，到历代的表铜、陶器、雕刻、翠玉、钟鼎、铜镜、壁画等等，其造形、饰纹和色彩，无不“象征生命的畅然流行与盎然创意”“表现生命的活动力与蕃殖力”。总之，各种艺术形式皆在于表现“生命之美及其气韵生动的充沛活力”。

---

① 方东美：《生命情调与美感》，见《生生之德》第 117 页。
② 方东美：《中国人的人生观》，第 126 页。
③ 方东美：《新儒家哲学十八讲》，台湾黎明文化事业公司 1983 年版，第 96 页，
④ 方东美：《中国人的人生观》，第 132 页。

2. “以精神染色相”

艺术表现生命，不是生命现象的刻板记录，而是“以精神染色相，浃化生命才情，而将万物点化成盎然大生机”①。但方东美提出，这种“以精神染色相”，或曰“以才情点化万物”，并不是西方美学家所说的“移情作用”，不是“将主观的感受投射于外”。他说这种“主观投射论”只能称为主观主义，其前提是“心理与物理的二元论”，结果在主体与客体之间造成了隔阂和鸿沟。那么，“以精神染色相”应如何理解？方东美说：“艺术创作……即以自然之身心投向自然之怀抱；更将宇宙之奥妙摄入一己之灵台。……艺术家之理想，成了大自然之范型，大自然之条贯，转变作艺术家之意匠。艺术创造宇宙形象之美，乃竟契合天然；宇宙泄露艺术神机之秘，适以完成自我。艺术天才之神工鬼斧，可以设想人类，趣令别出新样，剔透玲珑；又能创建世界，使之提升超拔，脱尽尘凡。”②

可见，艺术创作中的“以精神染色相”，既是艺术家对于宇宙万物的“提升超拔”，却又能“契合天然”。其前提是：人与宇宙万物和谐浃化，浑然同体，故而能感受普遍生命流行之机趣。此种机趣，“一方面属于自身本性，二方面则与身外的大化同流”。艺术家透过慧心，将自己的灵感契合于大化生命，深悟宇宙人生之雄奇，乃能在作品中表现普遍生命的机趣。这便是董源所谓“外师造化，中得心源”，李白所谓“揽彼造化力，持为我神通”。这样的“以精神染色相”，就不会“把生命化成单板的死物”，而是“总有一股神妙的机趣贯注其中，点化万物，激励人心”。

二、从中国艺术看理想的艺术形态

方东美认为，“中国人是有史以来所有民族中，最能生活在盎然机趣之中的”③，中国艺术最能表现“天地之大美”。他论述了中国艺术的特性。透过他的充满推崇和挚爱的论述，我们可以看出什么是他心目中理想的艺术形态。

---

① 方东美：《科学哲学与人生》，第 1 页。
② 方东美：《科学哲学与人生》，第 221—222 页。
③ 此处和下面均用 Nature，意为“拟人化的自然”。

方东美说，中国艺术具有下列特性：

1. “玄学性重于科学性”

“玄学”即指哲学。方东美引述怀特海的“哲学与诗境相接”，说明艺术与哲学的相互贯通。他说中国艺术最能与哲学精神融会贯通，艺术境界包含着哲人的“玄妙神思”。至于科学与艺术，它们既然同为人类文化的组成部分，则两者亦不相悖。“科学理趣之完成，不必违碍艺术之意境，艺术意趣之具足亦不必损削科学之理境”。但科学是动用分析法来勾画自然现象的细密结构，艺术如果也采取这样的方法表现生命，那就只能“把生命变成单板的死物”。中国艺术则是“玄学性重于科学性”，而不是“透过科学某些一隅之见来看生命与世界”，所以“不论是那一种中国艺术，总有一股盎然活力跳跃其中”。[①]

2. “象征性”

“所谓象征性，一方面不同于描绘性，二方面接近于理想性”[②]。关于描绘的艺术，方东美举希腊人体雕塑为例。他说希腊人观察自然特具一种敏感力，在雕塑中能把人体的每一部分，以及各部分之间的比例关系，细腻、生动地刻画出来。但其缺陷在于如同景物“在镜中一览无遗”，这种雕刻不能给人以更多的神思遐想。而象征性、理想性的艺术则不同与此。例如西方的哥特式教堂，其尖锋直指苍天，象征着人类灵魂超升的理想。中国绘画更是在精神上犹如“太空人”，提神太虚、俯视万物，咫尺画幅尽可包天含地，寄托无穷玄妙神思，将观画者引至理想胜境。在中国，作品是否具有象征性、理想性，正是高明的画家与只知在技巧上下功夫的“画匠”之分野。

这种“很难传述”的象征性，又被方东美称为艺术的“无言之美”。他引用庄子“天地有大美而不言”，培根“美的最好部分，是笔墨无法形容的”等观念，来说明“至美”难以描绘。唯有象征性的艺术，可以使人在理想的层面鉴赏“至美”。

①《中国人的人生观》，第 132 页。
②《中国人的人生观》，第 133 页。

3.　“中国的艺术方法是真正的表现”

所谓“真正的表现”，是说中国艺术的表现手法不重“形似”，而重“神似”，以“传神来表现事物的真精神、真性情”。方东美说，这表明“中国艺术家贵在表现事物的生香活态”，[①]不重事物的表象而重其精神，就是《梦溪笔谈》所说的“书画之妙，当以神会，难可以形器求也”。这种传神的手法，“不以描绘精确为能事，换句话说，也就是对物质性的超升与否定”。超升于物质性之上，方能表现“生命的活力”和“盎然机趣”，方能“活泼泼地勾画出一切美感对象”。从这个意义上说，能够勾画出事物“生香活态”的中国艺术方法，才是“真正的表现”。

4.　“妙契人文主义的精神”

方东美说此处所称人文主义，不是普罗塔哥拉所谓“人是衡量一切的标准”，也不是希腊艺术的“以人体来设想所有性质”“以人形来表现众神”，而是指：“人，作为创造主体，既是生命创造的中心，足以臻入壮美意境，也能绵延奔进，‘直指天地之心’……怡然体悟万物与我合一，盎然与自然生机同流，进而奋然振作人心，迈向壮美。”[②]中国艺术的人文主义，不是以人的主观尺度为标准衡量一切，也不是宣扬人的感性快乐，而是视人为“生命创造的中心”，认为人与天地万物可以合而为一，浃而俱化，同享生命的喜悦、欢欣、美妙。从这种人文主义看来，“自然是人类不朽的经典，人类则是自然壮美的文字”。

方东美的学生成中英，也谈过中国的人文主义。他是从比较哲学的角度来谈的：“就中国哲学来说，自然被认定内在于人的存在，而人被认定内在于自然的存在，这便是中国人文主义的基础。这样在客观和主观之间、心灵与肉体之间、人与神之间，便没有一种绝对的分歧。”[③]他认为，西方“外在的人文主义”认定人与自然是互相对立的，中国的人文主义则认定人与自然是互相内在、和谐统合的，因而是“内在的人文主义”。在此我们不妨将成中英的见解，视为对于方东美所说的“中国艺术的人文主义精神”的

① 方东美：《中国人的人生观》，第139页。
② 方东美：《中国人的人生观》，第145页。
③ 成中英：《中国文化的现代化与世界化》，中国和平出版社1988年版，第94页。

一种诠释。

方东美认为，中国艺术的以上特性，表现了它的通性："中国艺术的通性，乃在表现盎然的生意。"[①] 他又称此为"中国艺术的基本原则"，甚至在中国佛教的雕塑、壁画中也不例外。唯其如此，中国艺术能够"把宇宙之美表现得淋漓尽致"，中国艺术家以此而"昂然不朽于美的乐园之中"。[②]

值得注意的是，从方东美的论述中可以看出，实际上他认为具有上述特征的中国艺术是一种理想的艺术形态。他还说："中国的艺术精神贵在勾深致远，气韵生动，尤贵透过神奇创意，而表现出一个光辉灿烂的雄伟新世界。这个世界绝不是一个干枯的世界，而是一切万物含生，浩荡不竭，全体神光焕发，辉露不已，形成交光相罔、流衍互润的一个'大生机'世界，所以尽可洗涤一切污浊，提升一切低俗，促使一切个体生命深契大化生命而浩然同流，共体至美。这实为人类哲学与诗境中最高的上胜义。"[③] 无疑，昭显了"人类哲学与诗境中最高的上胜义"的中国艺术，是一种理想的艺术。因此透过方东美关于中国艺术的特性的论述，我们可以更深一层地理解他的艺术观。

三、悲剧的意义

自王国维率先将康德、叔本华等人的美学思想介绍到中国以后，"悲剧之意义"便成为中国近代美学和文艺理论中的一项议题。方东美也由肯定人生的"悲壮性"而论及悲剧的意义。他说："痛苦为生命的根身。"人生具有一种"艺术的悲壮性"，"乾坤一场戏，生命一悲剧"。艺术应当表现这种悲壮之美。因此方东美很看重悲剧艺术。

他认为最能表现人生悲壮之美的，是希腊的古典悲剧。它具有以下三重意义：

1. "启示人生之悲剧意味"，昭示生命历程充满"令人震惊"的灾患。

2. 晓喻如下道理："以痛苦来支持生命庶可取消痛苦"，也就是尼采

① 方东美：《中国人的人生观》，第 132 页。
② 方东美：《哲学三慧》，台湾三民书局 1970 年版，第 57 页。
③ 方东美：《中国人的人生观》，第 138 页。

论希腊悲剧时所称“用痛苦去换取高贵的人生”。对于痛苦，当“挺起心胸，怡然忍受”。对于人生，既不应持“浅薄的乐观态度”，尤不应持“畏葸的悲观态度”。

3. 激励人类“以艰苦卓绝的精神来操持生命”，舍一己之利害，而于精神上超升至“幻美的境界”，此时便会觉得一切忧患痛苦无非都是“美满生命的点缀”。所以，希腊悲剧之终幕常是“同声朗颂生命胜利之歌”。从这个意义上说，“希腊悲剧智慧最后竟得着喜剧精神为之敷彩”。

叔本华认为，悲剧的意义在于展示“生命的可怕”和“人生的不幸”，从而使人们认识到生命不值得追求而毅然“断念”（resignation）。方东美不赞成这种观点。他说“悲观论者叔本华”陷入了自相矛盾：一方面他的“生命哲学”提出“生命欲之确立可以统摄宇宙万象”；另一方面他竟然又认为悲剧之意义在于指出“生命欲之灭绝乃是人类脱离苦海的‘禅门’”。叔本华自知这种见解“颇违反希腊的悲剧精神……便对这种悲剧精神颇致微词”。方东美认为，希腊悲剧体现了大安理索斯（Dionysus，又译狄俄尼索斯，酒神）精神，使人在酣醉中忘却生命的苦难和惊怖，而感受它的崇高和欢悦，焕发出“雄奇壮烈的诗情”。不难看出，方东美对于悲剧意义的理解，与尼采“崇高”（“壮美”）来自“对于恐怖的克服”之说颇为契合。

对悲剧意义的理解，表明方东美也把艺术看成人类精神的一种“解脱之道”。不过这种解脱不是叔本华所谓“断念”，而是指在艺术境界中，睥睨人生的忧患烦恼，感受生命的尊严和力量，从而获得精神的超升与欢悦。正是在这个意义上，方东美说，诗的功能正如歌德所说，乃是“作生命之梦”。在《坚白精舍诗集》的“后记”中，方天华（方东美长子）翻译了方东美关于诗的一段英语演讲词：“生命的现实就是苦难！……诗词的幻象可以帮助我们穿过悲惨生存的圈套，而开垦精神自由的新天地。不仅是希腊的古诗人，现代所有的诗友都应该将生命结束的悲伤，转认为精神的凯旋。”希腊诗人描写英雄之死时，还能唱出精神的凯旋之歌，便是一种悲壮之美。借助于艺术幻象而“穿过悲惨生存的圈套，开垦精神自由的新天地”，可以说是方东美对于悲剧意义的概括。

上述表明，方东美艺术观的基本精神，就是他自己所说的“依生命之表现，以括艺术之理法”。对于“生命”“美”“艺术”三者的关系，他的基本理解是：生命的本性在于创造，美的本质是生命的创造活力，艺术则是人类对于生命创造活力的形象化的表现。方东美提出，“艺术从体贴生命之伟大处得来”，美“寄于生命”，艺术创作应当“以精神染色相”。他由人生的“悲壮性”论及艺术的“悲壮美”，凡此，无不是从“生命”的角度来理解“艺术”。他认为，人类通过艺术活动所表现出来的，是积极向上、充满创造活力的生命精神。无论是把宇宙人生的盎然生意表现得淋漓尽致的中国艺术，还是展示人生苦难而又高唱生命颂歌的希腊悲剧，都是这种生命活力、生命精神的表现。

现代新儒家学者的文化哲学理论中，出于时代文化背景和个人学术兴趣等方面的原因，以对科学和哲学的论述为多，次及宗教问题（对此作出的论述亦有限），对艺术的研究则较少。这就使得方东美“生命正是艺术，艺术富有生命”[①]的艺术观，成为现代新儒家文化哲学理论中一项颇有特色的内容。

第三节　论宗教

——人与神的“内在融通”

作为注重精神追求的哲学家，方东美非常看重宗教与人生的关系。他将宗教理解为一种精神生活方式，认为这种精神生活方式所表达的，是人类对于宇宙创造力的无限虔敬之心。人们保持这种虔敬之心，便能与天地相和谐，与他人相友爱，并参赞宇宙之化育。

方东美说：“作为一种崇高的精神生活方式，宗教乃是人类虔敬之心的表达，人藉着宗教可以发展三方面的关系——首先是与神明之‘内在融通’的关系，其次是与人类之‘互爱互助’的关系，第三是与世界之‘参赞化育’的关系。藉着神，我们得以存在于世，并且提升人性；在神之内，我们得

① 方东美：《哲学三慧》，第57页。

知泛爱万有、尤其普爱人类；经由神，我们更能观照大千世界的无穷义蕴。”[①] 方东美最为注重的，是他所谓人与神明的“内在融通”关系。在他看来，这种关系不仅是人与人的“互爱互助”关系、人与世界的“参赞化育”关系的基础，而且是宗教对于人类生活的作用和意义之所在，是宗教精神的真谛之所在。

对于宗教，特别是中国大乘佛教，方东美很有研究，著有《华严宗哲学》《中国大乘佛学》等。而方东美的宗教观，则可以说是一种“内在融通”的泛神论。

一、“神明”的超越性与内在性

首先需要说明的是，方东美所谓神，不是人格神。他说：“神决非一样事物；它是一种能力，一种创造力；它是一种精神，充满了无限的爱，将宇宙万有消融于爱的汪洋中。”[②]“神”乃是广大悉备、深微奥妙的宇宙创化力，或曰“生生不息的创造力”，是一种充满“爱意”的精神力量。

神作为“深藏在宇宙里面不泄露它的深微奥妙及一切秘密的精神力量”，无疑是一种超越性的存在。所以方东美说：“一切宗教，对神的崇拜，总是从现实推到理想，从时间流变推到永恒，推到超越界。”[③] 同时他认为，神不仅具有超越性，而且具有内在性。

方东美曾描绘一幅“人与世界在理想文化中的蓝图”。在这幅蓝图中，人类以物质世界为基础和起点，发扬创进不已的生命精神，不断地向上追求更高的价值理想，从而使人生超升为理想的生命，宇宙超化为理想的世界。方东美说，人类之所以这样无止境地追求生命境界的提高，“这就是因为宇宙在最高境界里面有一个精神的力量，拿那个精神力量去贯注在宇宙每一个角落里面的人、物、万有。这样，宇宙每一个角落里面的人、物、万有都贯注有神圣的力量在里面，这个世界才可以提升，人类的生命价值才可以增进，人类的愿望才可以满足”。[④] 神既存在于宇宙的最高境界，又内在

① 方东美：《生生之德》，第 323 页。
② 方东美：《生生之德》，第 325—326 页。
③ 方东美：《演讲集》，第 173 页。
④ 方东美：《演讲集》，第 27—28 页。

于人、物、万有之中，成为万物的创化动力。方东美举例说，花之所以开得美妙，就是因为有神奇奥妙的宇宙创化力——即“神”——贯注在花里面。

因此，神并不是“高居皇天的至尊”，而是“贯注下去，变作无所不在”的精神力量，是既超越而又内在的精神力量。“神为原始之大有，挟其生生不息的创化力，沛然充满一切万有，于穆不已，宇宙六合之内因神圣的潜能布了创化的历程。”[①] 方东美说，神明虽不“属于”此世，却能将其创造能力“贯注于”此世。在这类论述中，已经明显地表现出方东美宗教观的泛神论基调。

方东美反对把神描绘成“使人恐惧战栗的超绝对象”。他说神作为宇宙的创化力，充满了对万物的爱。“神明的本质——这本质便是爱”，“神原是仁爱充沛的本源”。[②] 人类生活在神的爱德之中，神对于人来说是亲切、无隔阂的。方东美认为，在现实生活中造成人与神“疏离”的一个重要原因，就是有些宗教传说和神学理论“以恐怖的超绝界来解释宗教的神圣界”，使人对于神有敬畏心而无亲切感。可见方东美否定了神的“超绝性”，他认为对于人和宇宙万物来说，神是既“超越”而又“内在”的。

二、人与神的“内在融通”

既然神对于人不仅是超越的，而且是内在的，则神性与人性亦是相通的。方东美认为，所谓神性乃是“人性典范”。人性中具有“神性本质”，或曰“神性潜能”，人“能把神性的至善美展现于人性的美善品格中”。他说，希伯来教“在人性天赋的伟大中实现神性本质”的观念，中国大乘佛教的“人人皆有佛性”之说，印度教的“梵我一如”思想，都体现了如下的重要启示：“人经由发现自己而发现神。”[③]

人与神的“内在融通”，前提是肯定人性与神性具有共同的本质。费尔巴哈在《基督教的本质》一书中曾提出：神是人的形象，神的本质其实是人的本质。方东美表示赞同费尔巴哈的这种见解。但是费尔巴哈在考察

① 方东美：《生生之德》，第 337 页。
② 方东美：《演讲集》，第 236 页。
③ 方东美：《生生之德》，第 325 页。

人的本质时，从人本学唯物主义立场强调人作为现实的感性存在是肉体和灵魂的统一，肉体是基础，灵魂不能脱离肉体而存在。方东美却因为强调人的本质的精神性，而认为费尔巴哈是“错将整个的人体视为人的本质”。他说除了这一点之外，则可以说费尔巴哈是指出了“迈向宗教的正确途径”——从人的本质来理解神的本质。

方东美说，田立克[①]曾分辨过两种“接近神的途径”。一种途径是“克服隔阂”，即首先把神当作与人有隔阂的某物，然后通过克服隔阂而接近神。另一种途径是“会遇陌客”，即视神如同陌生人，认为从根本上说神与人彼此并不相属，人只能通过“试探与揣测”而接近神、认识神。方东美说，人之发现神，并不是发现“与他隔阂的某物”，也不是偶然地去会遇“一位陌客”。作为“神性精神具体化身”的人，是通过发现并且拓展、实现自身的“神性潜能”，而接近神、认识神的。这正是田立克所没有提到的“最重要的第三种途径”，即人经由自己而发现神的“人性论”的途径，亦即人与神的“内在融通”的途径。

如何实现这种“内在融通”？答案就是方东美所说的“提升人性”。人不断地向更高的境界提升自己的生命精神，提升自己的品性。“人类的智慧发展到最高的阶段同宇宙的最高精神光明化为一体，就是般若与菩提相应。然后，那个人性发展到达那个程度，不仅是人性，而是佛性。”[②]人性的升华，就是神性的实现。方东美认为，西方普罗提诺、奥古斯丁、托马斯·阿奎那等人的神学和哲学，中国原始儒家孔孟荀、原始道家老庄的哲学，以及各派大乘佛学，“最后的目的都是要把人的精神，从自然界的里面提升到达精神的顶点，然后从人类的智能才性上面变做尽善尽美，变做神圣。”[③]可见方东美所谓神性，就是尽善尽美的人性；所谓人与神的“内在融通”，就是人性对于真善美的不断追求、提升，就是人性的“内在超越”。从人性与神性的关系来看，这是一种相互“融通”的过程；从人性本身来看，这是一种自我“超越”的过程。其结果，是使人性上升到“最

①Pall Tillich（1886—1965年），又译“蒂利希”，美国基督教新教神学家。
② 方东美：《中国人的人生观》，第1页。
③ 方东美：《演讲集》，第30页。

高价值统会”的境界，上升到“神明”之境。

由此还可以看出，方东美所谓通过提升人性而达到神性的途径，不仅是宗教的，而且是哲学的。在他看来，在宗教中和在哲学中，人都是通过“内在融通”“内在超越”的途径，而上臻于“最高价值统会”的境界——这个最高境界，在方东美的宗教理论和哲学理论中，都被称之为“神明”之境。

三、宗教的情感性

方东美说：“宗教思想与哲学思想中恒有一种提升的冲力。”[①]他还提出，宗教昭示人类追求“善德”“美德”，这和道德领域是相通的。宗教和哲学、道德，都具有“提升人性”的作用。但哲学和道德提升人性是通过理性的方式，宗教提升人性则是通过情感的方式。

方东美自谓其宗教理论“特别强调宗教的情感性与宗教虔敬的自发表现”[②]。所谓“宗教虔敬的自发表现”，也还是基于宗教情感。因此在他看来，宗教作为一种“精神生活方式”，是以情感性为其主要特性的。这种情感性，又是和宗教的神秘性相联系的。“宗教生活就是以炽烈凝练的情感投入玄之又玄的奥秘之中”[③]，宗教情感是一种“强烈的神秘情感”。

所谓情感性，乃相对于理性而言。“在人类文明的启蒙时期宗教出现稍早，每易混杂过量的情感而与理性格格不入”[④]。就是说，宗教产生于人类文明启蒙、理性水平不高的时期，这就使得它自然而然地依赖于神秘情感而远离理性。这是宗教富于情感性的历史起因。此后宗教在其发展中，由于那“玄之又玄”的宗教奥秘始终是“超乎理性”或者说“内潜于理性”的，而不是理性所能予以解说的，因而宗教作为一种精神生活，便始终不离于情感的方式。

就宗教与哲学而论，方东美说它们本该相辅相成，但实际上二者却争端时起。原因就在于宗教超乎理性，而“这理性却正好构成哲学的本质”。特别是近代以来的哲学，往往与自然科学“深相结纳”。自然科学对于宇

① 方东美：《中国人的人生观》，第 5 页。
② 方东美：《生生之德》，第 325 页。
③ 牟宗三：《关于文化与中国文化》。
④ 方东美：《生生之德》，第 335 页。

宙的精神价值“真、善、美、圣”皆视而不见，它对宇宙进行“理性的解释”，得出科学原理和公式。在自然科学面前，“神明的创化动力显然退处低潮，神性的丰盈价值竟然遭受漠视”。深受自然科学思维方法影响的近代哲学，则重“理”而轻“情”，“以致不时陷于机械的还原论与独断的唯物论，而损及宗教经验中至为重要的精神价值”。[5]这就使得哲学与特别注重情感作用的宗教“争端时起”。

就宗教与道德而论，二者都引导人类追求“美德”。从这个意义上说，宗教领域与道德领域相通。但宗教所追求的美德，往往是黑格尔所指出的“自然灵魂的道德”（Morality of the Natural Soul），而不是“反省的道德”。倘若以理性取代宗教中的神秘情感，将宗教的秘密在理性之光下展示出来，“那么宗教马上就变质……神圣的宗教领域变做理性的道德领域”。这种道德，才是“反省的道德”。方东美说，中国古代的周公正是把握了他那个时代的理性精神，“根据人类的普遍理性，把宗教化成道德”。在《尚书》中，对于“德”有两种讲法。《洪范》篇所讲的是夏殷时代的道德，即“自然灵魂的道德”。周公在《周诰》《康诰》等篇中所讲的，则是一种理性的、反省的道德。因此可以说周公在殷周之际的思想领域“起了一个很大的革命”。他突破了夏殷时代道德观念的眼界——宗教的眼界，建立起新的、理性的道德领域。这也表明，人类（例如中国人）是先产生基于神秘情感的宗教道德观念，然后才形成以理性为基础的道德观念。

通过宗教与哲学、道德的比较，方东美进一步说明了情感性是宗教的主要特征。

方东美的宗教观，否定了人格神的存在，但肯定了作为创化宇宙万物的“精神力量”的“神”的存在。这无疑仍然是一种唯心主义观念。在指出这一点之后，让我们对方东美宗教观的基本特征作一简略分析。

方东美称自己关于宗教问题的论述，“皆与泛神论（Pantheism）的真理相合，就是肯定神明普遍照临世界，肯定圣灵寓居人心深处”[1]。对于泛神论的基本精神，他作如下理解：“泛神论的观点是：神明的本质虽然远

---

① 方东美：《生命情调与美感》，见《生生之德》第117页。

超一切经验界的限度，但仍能以其既超越又内在的价值统会，包通万有扶持众类，深透人与世界的化育之中。……神明的理想虽非人间所有，却生机充盈于此世，且为人类生命之最高指引。”①神作为宇宙万物的创化力，作为“深微奥妙”的精神力量，是超越于经验界之上的；但又正因为它是宇宙万物的创化力，因而又内在于万物化育过程之中。所以，神对于包括人在内的宇宙万物来说，是一种“既超越又内在的价值统会”。人可以通过提升自己的人性，实现与神的“内在融通”。方东美强调神明的超越性与内在性的统一，强调人与神的“内在融通”。所以我们说他的宗教观是一种“内在融通”的泛神论。

方东美的宗教观，与他的哲学观是相通的。他认为，哲学的形而上境界对于现实人生来说，不应该是一种“超绝”的境界（如同西方大多数形上学理论那样），而应该是一种“既超越又内在”“即内在即超越”的境界（如同中国传统形上学理论那样）。泛神论的“神”则同样具有这种内在超越性。因此，“泛神论与哲学精神较为相契。……泛神论的神实乃以理性解说之哲学上的神”。②不同在于，泛神论的“神”是宗教的神，人们对它的认识是基于情感而“超乎理性”的，而哲学的“神”则是“以理性解说”的。共同之处，即二者（泛神论与哲学）的“相契”之处，便在于“内在融通”“内在超越”的精神。依据这种精神，可以使人的生命境界不断地得到提升。宗教作为一种精神生活方式，其作用无非是通过人与神的“内在融通”，使人性上臻于神性，造就崇高的道德人格。方东美之所以看重宗教，正如他推崇哲学一样，是为了通过“内在超越”的途径，解决人在精神方面的安身立命问题。这又体现了现代新儒家共同的致思趋向。

---

① 方东美：《中国人的人生观》，第 126 页。
② 方东美：《生生之德》，第 336 页。

第四节　论精神文化的层次与价值结构

——艺术、哲学、宗教“三者合德”

科学、哲学、艺术、宗教同样作为“精神文化”而区别于物质文化、制度文化。方东美认为，精神文化的这四个方面不是平列的，而是有层次的；文化体系是有一定的价值结构的。因此，在了解方东美的科学观、哲学观、艺术观、宗教观之后，我们还应该了解他关于精神文化的不同层次及其价值结构的理论。这样才能真正把握他的文化观。

一、精神文化的不同层次

方东美认为，科学、哲学、艺术、宗教都是“生命精神的符号”。生命有着形而下境界与形而上境界，精神文化也就相应地区分为“形下文化”与“形上文化”。

1. “形下文化”

人的一切生命活动，都是“以物质世界为基础”。科学的作用，在于认识物质世界之事理，“拿人类的理智征服外物，控御自然”①。方东美说，这就决定了科学文化的意义主要表现在人类生活的物质方面。科学所认识的事物限于自然界，“这个自然界是形而下的境界”②。因此科学文化乃是一种形而下的文化。

科学的主要特点是“价值中立主义”，对于宇宙，它有“秩序的信仰”；对于人生，它却没有“价值的信仰”。对于人类生活中的艺术价值、道德价值、宗教价值，科学一概“守中立”。科学所体现的人类理性，是属于生命形而下境界的“自然理性”，而不是生命形而上境界的“神圣理性”（即道德理性）。方东美认为，近代西方国家由于片面地发展了科学文化，虽然在“戡天役物”方面非常成功，但在人生的价值理想方面却极为贫乏。“艺术才情所欣赏之美，道德品格所珍重之善，哲学宗教所覃思之真，以及其

① 方东美：《中国人的人生观》，第 131 页。
② 方东美：《中国人的人生观》，第 132 页。

他种种价值都失其根据而流为主观的幻想。这却是文化发展上一种极大的危机。”[①] 这种文化，如同德国哲学家凯塞林（Hermann Keyserling）所指出的，只是一种“能力文化”。它使西方文化由古希腊“观念的文化取向”变为“文化中的实感取向”。科学重“利用价值”，这种利用价值在近代以来的西方社会，又变成了纯粹的“商业价值”。这是文化价值取向中的“浅薄的利用主义”。它导致了社会文化生活中的价值危机、精神危机。由此可见，任何民族的文化建设，都不能片面地发展文化架构中属于“形下文化”的科学。

2. “形上文化”

艺术、哲学、宗教是方东美所说的“形上文化”。他说人在形下的境界中即使“各方面的要求都满足了”，其生命精神“还要提升向上，向上去发见形而上的世界的秘密”，进入形上文化的领域。“从历史上面看，许许多多最好的文化，代表文化的优良精神，第一层是宗教，第二层是哲学，第三层是艺术。这些都是高尚的精神构成的形而上境界。”[②]

在形而上境界，生命精神同样处于不断提升之中。

“艺术领域，这是形而上世界的开始”[③]。方东美认为，生命的本性是不断创进，直指完美。艺术则正是“透过种种符号”（指各种艺术手段），表现生命创进之美。但是艺术之美，是通过艺术家的“主观感受”表现出来的。所以它既可以表现美，也可以表现丑，是“美丑杂居的艺术世界”。特别是有些现代艺术，在不健康的乃至丧失理性的情绪和意志的支配下，甚至可以变成“疯狂的艺术世界”。因此，艺术文化“在价值上面不能代表美满”。这就要求“在艺术上面的价值再加上道德的精神”，把艺术境界提升至道德境界。

生命精神由艺术境界臻于道德境界，依靠的是人性进一步的超升，其途径有二：宗教的途径和哲学的途径。宗教可以使人性上臻于神性，造就崇高的道德人格。从这个意义上说，神明乃是“人类生命之最高指引”，宗

① 方东美：《中国人的人生观》，第 140 页。
② 方东美：《演讲集》，第 12 页。
③ 方东美：《科学哲学与人生》，第 221—222 页。

教境界是人生之“最高价值统会”的境界，它体现了“宇宙里面最高的精神价值”。但是宗教所追求的“善德”，往往是“自然灵魂的道德”。而且就情感性而论，宗教与艺术相通。因而正如在艺术领域所可能出现的情况一样，倘若宗教情感偏离了正常的轨道，那么依靠“虔敬之心”和“强烈的精神情感”维系而远离理性的宗教，便有可能进一步将这种偏离推向迷信，导致蒙昧主义。

宗教文化的这一欠缺，可以由哲学来弥补。宗教排斥理性，“这理性却正好构成哲学的本质”。哲学是“生命精神”“生命欲”的表现。但方东美所谓“生命精神”“生命欲”，不同于柏格森非理性主义的“生命冲动”，而是兼综“情”与“理”两个方面，所谓“人生实质便是情理的集团。哲学对象之总和亦不外乎情理的一贯性”。哲学的功能是“衡情度理”，“情缘理有，理依情生，妙如连环，彼是相因”[①]。就提升人性、塑造道德人格而论，哲学情理交融的方式正是对于宗教的自发虔敬和情感方式的补充。另一方面，如同宗教之“咎”是在早期发展中混杂了“过量情感”，哲学（指西方哲学）之“咎”则是在其近代发展中过于注重理智，走向了“科学主义”，用“科学唯物论”（见物不见人）损害了“宗教经验中至为重要的精神价值”，即损害了人的生命精神和价值理想。从这个意义上说，宗教也可以弥补（近代西方）哲学对于人类生命的精神价值的漠视。因此，“宗教与哲学应该相辅相成，才能使整全的宇宙充实圆满”[②]。方东美认为，唯其如此，可以使人类的生命精神由艺术境界提高到道德境界。

二、精神文化的价值结构

上述表明，在方东美看来，最能代表人类文化崇高的精神价值的，是形上文化中的艺术、哲学和宗教（科学已经被他划归于形下文化）。他将这三者的“合德”，视为精神文化的价值结构。而由于方东美通常所说的“文化”或“人类文化”，就是指精神文化而言，因此这种“三者合德”的精神文化的价值机构，就被视之为人类文化的价值结构。他认为，艺术、哲

① 方东美：《生生之德》，第 138 页。
② 方东美：《生生之德》，第 335 页。

学、宗教都是追求形上理想的“价值文化”，是人类创进不已、向往理想人格的生命精神的表征。“宗教、哲学与诗在精神内涵上是一脉相通的：三者同具崇高性，而必藉生命创造的奇迹才能宣泄发挥出来”①。这里所说的“诗”可以广义地理解为“艺术”。方东美注重人类生命的精神方面，强调真善美的价值理想对于人生的意义，所以他将艺术、哲学、宗教视为“文化的决定因素”②，将三者的结合——他谓之“合德”——视为人类文化的价值结构。

而在“三者合德”的形上文化价值结构中，方东美认为哲学又起着主要的决定作用。

哲学以“情的蕴发”与艺术相通相融，以“提升人性”的理性主义方式与宗教相辅相成，从而“与艺术和宗教联成一系，以窥测纯真性，完美性，与宇宙之神圣性”③。这使哲学在“三者合德”的文化结构中处于核心地位。而更为重要的是，在方东美看来，所谓文化归根结底是人类生命精神的表现，而哲学则以“情理交融”的方式，最充分地表现了人类生命精神。正因为这样，任何一个民族文化的形态及其发展，首先取决于这个民族的哲学形态及其发展：“要觉悟到在文化形成，尤其是文化价值的形成里面，主要的决定因素乃是哲学智慧。”④方东美说希腊文化的发展，甚至希伯来宗教之所以流传到近代欧洲，都是凭借了希腊高度的哲学智慧。不同的文化价值取向，如希腊文化之“契理”（契合事物之理）、欧洲文化之“尚能”（崇尚科学技能）、中国文化之“妙性”（注重提升人性），都可以在其哲学形态中找到根据。“哲学之成立，其影响布濩弥漫，普及于全民族，决定整个文化之理论结构”⑤。“哲学实为民族文化生活之中枢”⑥。方东美还提出，正因为哲学最能领悟和表现生命精神，所以它又具有“批导文化生态”的功能。“哲学问题之中心便集中于人类精神工作之意义的探讨，文化创作之价值的评判”⑥。在对“整个文化的价值结构”进行系统的分析之后，方东美作

① 方东美：《生生之德》，第 394 页。
②《中国人的人生观》，第 142 页。
③ 方东美：《生生之德》，第 219 页。
④ 方东美：《原始儒家道家哲学》，第 198 页。
⑤ 方东美：《生生之德》，第 146 页。
⑥ 方东美：《科学哲学与人生》，第 9 页。

出如下论断："构成文化的基本精神，理当在哲学上去追求。"[①]

综上所述可以看出，方东美的文化价值观，是一种以哲学为核心的文化价值观。这种致思趋向，体现了现代新儒家的共识。熊十力在《文化与哲学》中说过："夫言一国底文化，则其所包络者，广漠无垠，一砖一石，亦莫非其文化的表现。然究其根荄，必于哲学思想方面。"近代以来，特别是"五四"以后，来自西方的科学文化猛烈地冲击着中国传统文化。对于这种冲击，一方面，现代新儒家承认它暴露了以道德伦理为本位的中国传统文化的不足。例如，方东美承认中国传统文化应当"从形上与道德的层次落实到自然世界的层次，以学习欣赏现代科学的成就"[②]，即发展科学技术。而另一方面，现代新儒家又坚持认为近代西方文化漠视了人文价值，存在着"科学与人文之间不平衡"的弊病。中国文化在发展科学技术的同时，应避免重蹈此种覆辙。唐君毅在《文化意识与道德理性》中，便声明他写该书的宗旨之一，是"对自然主义、唯物主义、功利主义之文化观，予以一彻底的否定，以保人文世界之长存而不坠"。他所谓"自然主义、唯物主义、功利主义之文化观"，指的就是被现代新儒家视为见物不见人、重"科学利用"轻"人文理想"的近代西方的科学主义文化观。

现代新儒家认为，近代西方科学技术的高度发达给人们带来了物质利益，但西方社会又面临着精神、道德方面的危机。这种弊病使近代西方人只知道"戡天役物"，注重物质利益而漠视价值理想，在精神上陷入虚无主义。方东美说："生活在二十世纪的人类，最大的一个精神危机是什么呢？就是把我们幼弱的心灵、青年的心灵、到壮年的心灵一齐使之色盲，使它再也看不出任何价值理想。"[③]特别是，西方文化对中国社会的巨大冲击、影响，更促使现代新儒家鉴于西方文化"科学与人文之间的不平衡"，而主张中国文化在发展科学技术的同时，坚持人文主义的精神传统。牟宗三在《人文主义的完成》中提出，伦理本位的"儒家式的人文主义"只要适应现代社会的需要，"转出"民主和科学，那就"足以成为文化生命前进之最高原则"。

---

① 方东美：《新儒家哲学十八讲》，第 42 页。
②《中国人的人生观》，第 132 页。
③《中国人的人生观》，第 133 页。

方东美则提出："我们这一个时代，最需要所谓人文学者来谈人生上面各种不同的价值理想。"[1] 他强调科学与哲学的划界，认为"人"的价值问题应是哲学思想关注的中心，提出艺术是人生情趣的象征，宗教的意义在于实现人与神的"内在融通"。他认为精神文化是文化价值的集中体现，并且将精神文化区分为"形下文化"与"形上文化"，将艺术、哲学、宗教的"三者合德"视为文化的价值结构，而以哲学为文化价值的"主要的决定因素"。凡此，都表明了方东美对于文化价值中的人文精神的追求。

在方东美和其他现代新儒家看来，文化的价值主要不在社会生活的物质领域，而在人们的精神世界；不在形而下方面，而在形而上方面。他们所理解的"形而上"，不是知识的，而是道德的，其宗旨，全在于人格之塑造。这种对形而上的理解，不仅决定了他们把科学文化界定在精神文化的形而下层次，而且决定了他们在评价形而上文化的价值结构时，作为依据的，就是艺术、宗教、哲学对于人们道德理性的实现所具有的不同功能。他们将哲学视为形上文化的核心、精神文化的核心，乃至整个文化价值的核心，是由于在他们看来，唯有哲学能使人的精神达到理性的、反省的道德境界，哲学是最能体现道德理性、使人实现道德自我的文化形态。

当然，如此理解的哲学，不是西方传统的自然哲学或近代崛起的认识论哲学，而是"道德的形上学"，是冯友兰先生所理解的这样的哲学："成为圣人就是达到人作为人的最高成就，这是哲学的崇高任务。"[2] 其典型形态，则是中国哲学。正因为这样，当民族文化由于深刻的社会矛盾而出现危机时，当它与同时代的先进文化形态相比，在物质层面和政治制度层面都已经十分落后时，现代新儒家所关注的还是这种文化的精神层面、形上层面，试图通过道德理性的宣扬和人格的塑造，来解救民族文化危机。[3]

我们认为，方东美的文化价值观还可以表明：现代新儒学的"文化保守主义"，从根本上说，正是见之于他们对于文化价值结构的保守主义态度。"全盘西化"派不仅否定中国文化之"体"，而且否定其"用"，彻

① 方东美：《中国大乘佛学》，第 293 页。
② 方东美：《中国人的人生观》，第 139 页。
③ 方东美：《演讲集》，第 27—28 页。

底否定中国文化的价值结构。与之相反，“国粹派”不仅维护中国文化的价值结构，维护其“体”，而且维护其“用”，维护中国文化在其历史发展过程中所形成的一切。现代新儒家则主张“中体西用”。他们以中国文化为“体”，是对中国文化的价值结构的认同和肯定。同时，他们主张在不改变中国文化价值结构的前提下，采纳近代西方文化的成果（基本上就是科学技术和民主制度）为我所用。单就这一点来说，现代新儒家并没有超出张之洞主张的“中学治身心，西学应世事”观念。所不同的是，洋务派作为封建地主阶级的代表，极力反对近代西方的政治制度和学说，谓“泰西一切政事皆不足法”；而现代新儒家作为资产阶级的思想代表，则主张采纳西方资产阶级的民主制度。

不过，这种时代内容和阶级属性方面的不同，并不能否定二者在“中体西用”这个基本的思维框架方面的相同。而从理论思维方面看，现代新儒家真正超越洋务派“中体西用”之说的，是他们对于中学之“体”的维护，不像洋务派那样只能进行“圣人所以为圣人，中国所以为中国，实在于此（引者按：指中国文化之‘体’）”[①]之类的说教，而能运用文化哲学的理论，从物质文化、制度文化、精神文化的作用，形而下文化与形而上文化的区分，形上文化的结构等方面，来论证他们所理解的中国文化价值结构的合理性。

① 张之洞：《劝学篇上·明纲第三》。

第四章　方东美的比较文化学

方东美认为，哲学作为文化价值结构的核心，具有“批导文化生态”的功能。他说：“吾尝端居幽思，觉哲学所造之境，应以批导文化生态为其主旨，始能潜入民族心灵深处，洞见其情与理。”[①] 他运用哲学的理论思维，审视不同民族的生命精神对于民族文化形态的影响，并对这些文化形态进行比较研究，从而形成了注重民族生命精神的比较文化学。这是方东美用哲学“批导文化生态”的理论成果，是他的文化哲学理论中的重要内容。

第一节　生命精神与文化形态

方东美比较文化学最具代表性的著作，是论文《哲学三慧》。此文最初宣读于中国哲学会第三届年会（1937 年），后来被台北三民书局编入论文集《哲学三慧》出版（1970 年），并被台北黎明文化事业公司编入论文集《生生之德》出版（1979 年）。《哲学三慧》同时也是方东美研究比较哲学的重要著作。此外，论文《生命悲剧之二重奏》（1936 年宣读于中国哲学会南京分会成立大会，同年作为《科学哲学与人生》第六章由商务印书馆出版）、论文《生命情调与美感》（1931 年发表于中央大学《文艺丛刊》第 1 卷第 1 期，1970 年被编入论文集《哲学三慧》），都以比较文化学的研究为其重要内容。方东美的其他一些论著，也反映了他的比较文化学思想。

“每种民族各有其文化，每种文化又各有其形态”[②]，不同的民族，具有不同的文化形态。那么，文化形态的差异缘何而起？方东美认为，缘于

① 张之洞：《劝学篇上·明纲第三》。
② 方东美：《生生之德》，第 118 页。

不同的哲学“共命慧”。他说：“哲学智慧生于各个人之闻、思、修，自成系统，名自证慧。哲学智慧寄于全民族之文化精神，互相摄受，名共命慧。”[1]在一个民族之中，除了个人的哲学智慧——“自证慧”——之外，还有整个民族的哲学“共命慧”。“自证慧”通过个人的闻、思、修表现出来，“共命慧”则通过整个民族文化精神表现出来。“自证慧”依赖个人天才，“共命慧”仰仗民族天才，但民族天才由个人天才积聚而成。二者相比，就对于民族文化形态发生的作用而言，“共命慧为根柢，自证慧是枝干”。因此，在探讨哲学智慧对于民族文化形态的影响问题时，方东美“舍去枝干，独详根柢”，专门研究“共命慧”对民族文化形态的影响。

更深一层的问题是：一个民族的哲学“共命慧”缘何而生？方东美认为，缘于不同的民族生命精神。“共命慧意义深密，常藉具体民族生命精神为之表彰”[2]。“生命精神才是哲学”，从根本上说，哲学所表现的是生命精神。不同的哲学“共命慧”，表现了不同的民族生命精神。换言之，不同民族的生命精神，决定了不同的哲学“共命慧”。

由此可见，在民族生命精神与民族文化形态之间，哲学“共命慧”是至关重要的中间环节。一方面，哲学是生命精神的表现；另一方面，哲学又是文化价值结构的核心。这样，不同民族的生命精神，决定了它们具有不同的哲学“共命慧”；不同的哲学“共命慧”，决定了它们具有不同的民族文化形态。可见，是生命精神决定了文化形态。

方东美正是依据这种关于生命精神、哲学智慧、文化形态之间关系的基本理解，对于东、西方不同的文化形态进行比较。他以古希腊文化和近代欧洲文化作为西方文化的代表，以中国文化和印度文化作为东方文化的代表。但他认为，印度文化在某些基本观念（如“原罪”观念）上，与希伯来文化有相通之处。中国文化则不曾受希伯来文化的任何影响。所以，最能代表纯正的东方文化精神的，是中国文化。基于这种看法，方东美的东西文化比较研究，主要考察了古希腊、近代欧洲和中国——即他所谓“三慧”——三种不同的文化形态。

① 方东美：《生生之德》，第139页。
② 方东美：《哲学三慧》，见《生生之德》，第137页。下引该文，仅注书名和页码。

第二节 “希腊如实慧演为契理文化”

在进行民族文化形态的比较研究时，方东美首先对古希腊文化进行了分析。他说：“希腊民族生命之特征可以‘大安理索斯’‘爱婆罗’‘奥林坪’（Dionysius， Apollo， Olympos）三种精神为代表……三者之中以爱婆罗精神为主脑。”① Apollo（又译阿波罗），即希腊神话中主管光明、青春、音乐、诗歌、医药等的神，一说为太阳神。此神代表着理智、理性。爱婆罗精神即“理智精神”。这种理智主义的民族生命精神，决定了希腊民族的哲学共命慧是一种“如实慧”。其特征是“以实智照理”“援理证真”，通过求事物之理而求其真。“希腊如实慧演为契理文化，要在援理证真”②。希腊人“笃信真即是美，真即是善。科学的真确性是希腊人的权衡。他们生命的理想，凡不符合真的标准都是错误，都是腐败。希腊人之根性处处都要把他们所观察证验的事象囊括于几种确凿的原则之下，以明其系统的关系。我们如说希腊文化之各部都是科学的结晶，或不免过分，然而这些文化产品确是一种符合科学精神的民族性之表现。因此，希腊人的理想随在都要运用理性以指导人生”③。求事物之真，即是求事物之理，因此希腊文化是“契理文化”，一切价值在于契合事物之理，运用理性指导人生。“每一个文化体系都有其主要的决定因素”④。希腊文化主要的决定因素，便是“契理”。“太始有名，名孚于言；太始有思，思融于理，是为希腊智慧种子”⑤。“思融于理”是希腊文化的基本特征。

值得指出的是，希腊文化虽然通过“契理”而求“如实”，但其基本的价值取向，却始终不是“实感”的取向，而是“观念的”文化取向，注重的是精神价值的追求。方东美说，在这方面，希腊文化和中国文化一样，“要拿很高的智慧、高超的理想来指导生活”，注重价值理想的追求和人格精

① 方东美：《生生之德》，第 141 页。
② 方东美：《生生之德》，第 140 页。
③ 方东美：《科学哲学与人生》，第 39 页。
④ 方东美：《生生之德》，第 394 页。
⑤ 方东美：《生生之德》，第 140 页。

神的提升，向往真善美的“绝对价值”。尽管希腊文化中存在着价值理想与现实人生相隔离的弊端（这个弊端后来在近代欧洲文化中被扩大、加剧），但这种追求精神价值的文化取向却是坚定不移的。正因为这样，希腊的“契理”文化虽然以科学精神为根基，但在哲学和艺术方面同样都有着高度发展，创造了体大思精的希腊哲学和灿烂辉煌的希腊艺术。我们甚至可以说希腊文化是“以哲学与艺术为其主要枢纽”。希腊文化这种“观念的”而非“实感的”价值取向，被方东美视为正确的文化价值取向。

“希腊慧体为一种实质和谐，譬如主音音乐中之主调和谐。慧相为三叠现。慧用为安立各种文化价值之隆正，所谓三叠和谐性”[①]。对于此种“实质和谐”，方东美说明如下：“一种组织，不论体制大小如何，其形式圆满无缺；其内容充实无漏者，名曰实质和谐。此在希腊谓之宇宙（Cosmos），其式如一体三相太极图。希腊人之宇宙取象‘太极’，太极含三为一，天苞其外，人居环中，国家社会联系于其间，形成一体三相之和谐。”[②]这就是说，希腊人的宇宙是形式圆满无缺、内容充实无漏的，其结构为一体三相，即由天、人、国家社会共同构成，呈现出“三叠和谐性”。这表明，就内容和结构来说，希腊文化是一种和谐性的文化。这也是方东美所推崇的文化。

但方东美认为，希腊文化有其缺陷，这主要表现在：

其一，“希腊全部文化之创造都以物格化的思想为其模范”。[③]希腊民族的“如实慧”，导致“希腊人之世界观只摹仿那种密迩的、极有限的、自满自足的物体”。希腊人的文化创造，正是建立在这样的世界观之上。“希腊思想家（德谟克利塔斯除外）所谓物只是此时此地所习见的具体东西。它们有形态可以识别，有量积可以抚摸，有空间可以转移，有轻重可以升降，有方位可以局限。人类五官所能接遇者多半是具体的、有限的东西。假使物的存在样法亦即是宇宙本身的存在样法，那末，宇宙自不能不是具体的、有限的了。”[④]这种受“物的存在样法”局限的宇宙观，就是“物格化的宇宙观”。

① 方东美：《生生之德》，第 141 页。
② 方东美：《生生之德》，第 118 页。
③ 方东美：《科学哲学与人生》，第 55 页。
④ 方东美：《生生之德》，第 394 页。

它是希腊文化思想的一个缺陷。

其二，也是更为严重的缺陷，就是希腊人过于注重求“真”的思维方式，导致了“本体”界超绝于“现象”界，“形上”界超绝于“形下”界，真善美的价值理想超绝于现实生活。这种思维方法，使希腊文化发展到后期看不起物质世界，认为它是罪恶的渊薮，在精神上逃避它。因此，希腊文化尽管追求“真”，并由求“真”而及于求“善”、求“美”，却使得真善美的价值理想难以在现实世界实现。方东美陈述此种情景如下：

> 现实生存流为罪恶渊薮，不符理想，可能境界含藏美善价值，殊难实现，是现实与可能隔绝，罪恶与价值乖违，人类寄迹现实，如沉地狱，末由游心可能，契会善美，故哲学家之理想，生不如死，常以抵死为全生之途径。
>
> 躯体都为物欲所锢蔽，精神却悬真理为鹄的，身蔽不解，心智难生，故哲学家必须涤尽身体之溷浊，乃得回向心灵之纯真。
>
> 遗弃现实，邻于理想，灭绝身体，迫近神灵，是以现实遮可能，觉此世之虚无，以形骸毁心灵，证此生之幻妄。世宙冥无论，形体非有说，纯属悲观论者之绝命词，哪能准此归趋真理，引发高情，产生智慧？从此可知希腊文化之崩溃，哲学之衰落，实为逻辑之必然结果也。①

希腊文化的最大缺陷，便是理想与现实隔绝。“遗弃现实”，方能“邻于理想”；“灭绝身体”，方能“迫近神灵”。这种理念，最终导致了对于现实人生的虚无主义态度，视此生此世为“幻妄”，认为“生不如死”，人在死后才能在精神上达到真善美的理想境界。方东美说，这种悲观主义的人生态度，表明了希腊文化所含藏的“恶性的二分法”，也就是将本体与表象、形上与形下、理想与现实打成两橛的思想方法。“希腊人深通二方法，遂断言‘存有’高居超越界，不与表象世界相涉”，②将“存有”界（指本体界、形上界、理想境界）与表象世界相隔绝，不仅是希腊文化的主要缺陷，而

① 方东美：《生生之德》，第148—149页。此处略去了原文中每自然段之前的编号。
② 方东美：《生生之德》，第338页。

且对于后来欧洲文化的演变、发展，也产生了消极的影响。

第三节 “欧洲方便巧演为尚能文化”

“欧洲民族生命之特征可以‘文艺复兴’‘巴镂刻’‘罗考课’（The Baroque， The Rococo）三种精神为代表，文艺复兴以艺术热情胜，巴镂刻以科学奥理彰，罗考课则情理相违，凿空蹈虚而幻惑。兼此三者为浮士德精神”[①]。Baroque（又译巴罗克），指欧洲 17 世纪一种注重雕琢的、奇异的建筑形式和艺术风格。Rococo（又译洛可可），指欧洲 18 世纪一种纤巧、烦琐乃至浮华的建筑形式和艺术风格。方东美认为，文艺复兴精神、巴镂刻精神、罗考课精神三者的结合，代表了近代欧洲人生命精神的特征。这种生命精神培育出的典型形象，便是浮士德。他是欧洲中世纪传说中的人物，也是英国文艺复兴时期剧作家马洛和德国诗人歌德笔下的人物。他不乏进取的热情，经历了生活中的爱欲、痛苦、欢乐种种矛盾，并曾为了获取知识和权力，不惜向魔鬼出卖灵魂，失去了自我。

近代欧洲民族的生命精神，决定了欧洲文化“以方便应机，生方便慧。形之于业力又称方便巧”[②]。近代欧洲民族的哲学共命慧是“方便慧”，它表现在欧洲人征服自然、谋取福利的事业中，成为“方便巧”，即能够戡天役物、给人们带来种种方便的机巧。这种以“方便巧”为主导的文化，便成为“尚能文化”。“欧洲方便巧演为尚能文化，要在驰情入幻”[③]。近代欧洲文化主要的决定因素，便是“尚能”，即崇尚人类控御自然的知识、技能。“太始有权，权可兴业；太始有能，能可运力。是谓欧洲智慧种子”[④]。对于“能力”的追求，是近代欧洲文化的基本特征。

“尚能文化”所导致的重要成就，是近代欧洲民族在科学技术方面所取得的“金碧辉煌”的业绩。方东美说：“古代希腊是近代欧洲文化之母，传

① 方东美：《生生之德》，第 141 页。
② 方东美：《生生之德》，第 140 页。
③ 方东美：《生生之德》，第 140 页。
④ 方东美：《生生之德》，第 140 页。

下了一种重要的宝物：科学。”[①] 近代欧洲文化继承和发扬了希腊文化注重求“真”的科学精神，并将科学精神转化为戡天役物的实际技能。这表现为近代以来欧洲科学技术的迅猛发展。欧洲民族的物质生活条件，由此得到极大的改善，生活水准得到大幅度的提高。应该说，这是值得肯定和赞许的。

但是，近代欧洲文化存在着十分严重的缺陷。

首先，近代欧洲文化背弃了希腊文化的基本价值取向——“观念的文化取向”，而代之以“实感的文化取向”。近代欧洲人过于追求“权能”，注重“戡天役物”，突出物质利益而漠视价值理想，漠视人对于崇高的精神价值的追求。科学居于近代欧洲文化的核心地位，其他一切，唯科学之马首是瞻。这种重科学利用而轻人文理想的文化，是一种“崇权尚能”的文化，其形态堪称“权能为里，业力为表”[②]。从近代欧洲文化的形成和发展来看，“科学思想系统确立之后，近代西洋人更据以发挥权能，产生技术，控制自然界之质力以为人用，于是工业文明的成就因之而大显。这……都是我们今日应当诚心向往的。但是此中亦有根本困难我们不能置而不辩。近代科学因为要确守逻辑的谨严，追求方法的利便，重视客观的真实，乃遂剥削自然界之内容，只承认时空数量物质之存在，而抹煞人类心理属性之重要；因此艺术才情所欣赏之美，道德品格所珍重之善，哲学宗教所覃思之真，以及其他种种价值，都失其根据而流为主观的幻想。这却是文化发展上一种极大的危机。”[③] 人类对于真善美的价值理想的追求，在近代欧洲文化中已经失去了存在的根据。在方东美看来，“自然界”（此处即指“宇宙”）不仅包括“时空数量物质”，而且包含“人类心理属性”。近代欧洲文化排除了人类心理对于真善美的向往，使人失去了精神追求，不像希腊文化那样使人于现实生活中向往真善美、注重精神追求。因此他认为：“希腊之悲剧变无入有，故能从心所欲；欧洲之悲剧，运有入无，故不能从心所欲。”[④] 希腊文化虽然使价值理想超绝于现实人生，但毕竟坚持了“观念的文化取向”。近代欧洲文化则以功利主义的“实感取向”替代了“观念

① 方东美：《生生之德》，第 141 页。
② 方东美：《生生之德》，第 150 页。
③ 方东美：《生生之德》，第 140 页。
④ 方东美：《科学哲学与人生》，第 39 页。

取向”，使人在精神上不能“从心所欲”。这是近代欧洲文化最大的缺陷。它表明，近代欧洲文化正是德国哲学家凯塞林（Hermann Keyserling）在其《创造的理解》一书中对之表示不满的“能力文化”。这种能力文化，“缺少浩荡艰深的智慧”，表现出“浅薄的利用主义”。

“欧洲方便巧演为尚能文化，要在驰情入幻”[①]。所谓“驰情入幻”，是说近代欧洲人由于过分追求知识和技能，过分追求人在宇宙中的“权力”，以致企图“发泄这一个权力来支配其他的人类”，结果导致了种种“昏念妄动”。这表现了对于宇宙和人类的一种虚无主义态度。“近代欧洲思想之主要潮流随处都表现驰情入幻的趋势，所以我们不妨称之为虚无主义的悲剧（The Trangedy Of Nihilism）”[②]。不过，由于这种虚无主义是与对于自然界乃至人类的强烈的征服欲望、主宰意识结合在一起的，因此准确地说，应该称之为“进取的虚无主义”。浮士德的精神，就体现了这种“进取的虚无主义”。方东美认为，“驰情入幻”的、“进取的虚无主义”，是近代欧洲文化以“实感取向”替代希腊文化的“观念取向”而招致的结果。

另外，近代欧洲文化继承、加剧了希腊文化的“恶性的二分法”，把它推展到了极端。近代欧洲人的哲学共命慧“方便慧”，其“慧体为一种凌空系统”，“慧相为多端敌对”。[③]对于“凌空系统”，方东美解释说：“一种境界不论范围广狭如何，其性质深秘微密，其内容虚妄假立者，名曰凌空系统，此在欧洲谓之二元或多端敌对系统。”[④]所谓“虚妄假立”，是说近代欧洲思想看似具有一个庞大系统，然而却是“真虚妄，假和合”。在这个“凌空”的思想系统中，就学理而论，下列学说无不体现了二元敌对：①初性次性分别说；②感觉理性功用刺谬说；③精神物质势用相违说；④物质生命理体乖舛说；⑤心身遇合无缘说；⑥现象物如并行相悖说；⑦假相真相变现破产论；⑧质能理体矛盾论；⑨体空相续，断灭和合论；⑩普遍因果似有还无论。总之，在近代欧洲文化中，“一切思想问题之探讨，义取二元或多端敌对，如复音对谱，纷披杂陈，不尚协和。举一内心而有外

① 方东美：《生生之德》，第 394 页。
② 方东美：《中国人生哲学概要》，第 113 页。
③ 方东美：《生生之德》，第 141 页。
④ 方东美：《生生之德》，第 143 页。

物与之交迕，立一自我而有他人与之互争，设一假定而有异论与之抵触，建一方法而有隐义与之乖违。内在矛盾不图根本消除，凡所筹度，终难归依真理”。[①]

在近代欧洲文化中，不仅有源自希腊文化传统的“上界”（真善美的价值领域）与“下界”（世俗生活领域）的对立，而且有笛卡尔的心物二元论所肇始的“内在的心灵世界”与“外在的客观自然界”的对立。人与自然被剖成水火不容的两橛，人是自然界的主宰者、征服者，自然界不过是人类戡役、利用的对象。这种人与自然界极端对立的观念，虽然刺激了科学智慧的发达，但也导致了近代欧洲文化重物理而轻人伦的恶果。

总之，“欧洲人之崇尚权能，熏生业力，虽有精纯智慧，究属方便善巧”。[②] 这个总结性的评价，表明了东方美对于近代欧洲文化的基本价值取向所持的批评态度。他还说：

> 近代整个文化有一种趋势，就是人在自然界中的地位如一粒尘埃，掉落于无底深渊，感到不可言喻的渺小（德国哲学家尼采对于此层曾痛切言之）。假使以纯物质的观点来分析解剖人的构成，而把人的视听嗅觉除掉，试问人类对于世界还有什么兴趣呢？再进一步说，连人类文化中哲学上的真，道德上的善，艺术上的美也给剥夺掉，那么人类还有什么价值？生活还有什么意义呢？[③]

由此可见，方东美否定近代欧洲文化的“实感取向”，否定其“二元甚至多端敌对”的思维方式，从根本上说是因为在他看来，这种取向和思维方式忽略了人类自身的价值，忽略了人生的意义。

---

① 方东美：《生生之德》，第 141 页。
② 方东美：《中国人生哲学概要》，第 113 页。
③ 方东美：《演讲集》，第 193 页。

第四节 “中国平等慧演为妙性文化”

“中国民族生命之特征可以老（兼指庄，汉以后道家趣入邪道，与老庄关系甚微）孔（兼指孟、荀，汉儒卑卑不足道，宋明学人非纯儒）墨（简别墨）为代表。老显道之妙用。孔演易之‘元理’。墨申爱之圣情。贯通老墨得中道者厥为孔子。”[①]中国民族的生命精神，在中国文化形成和发展的初期，以道家、儒家、墨家为代表；在中国文化后来的演进、发展中，则主要以儒家、道家、中国大乘佛家和宋明清新儒家为代表。他们所代表的民族生命精神，从根本上说是一种“爱、悟”精神。“太始有爱，爱赞化育；太始有悟，悟生妙觉，是为中国智慧种子。”[②]由爱、悟精神所决定的哲学共命慧，是一种“平等慧”。“中国人以妙性知化，依如实慧，运方便巧，成平等慧。”[③]对于“如实慧”和“方便巧”，中国人皆有运用，但中国民族生命精神所孕育的哲学共命慧，则是注重人与自然平等和谐的“平等慧”。“中国慧体为一种充量和谐，交响和谐。慧相为尔我相待，彼是相因，两极相应，内外相孚。慧用为创建各种文化价值之标准，所谓同情交感之中道。道不方不隅，不滞不流，无偏无颇，无障无碍，是故谓之中。”[④]中国民族哲学共命慧的特征，便是追求万事万物之间（包括对立的“两极”之间）的充分和谐。

注重人与万物和谐的哲学共命慧，决定了中国文化“天人合一”（或称“天人合德”）的基本精神，或者说最大特色。“中国在遥远的古代，在对外隔绝，未曾受到一点外来文化的影响下，早就发展了一种中国文化最大的特色，就是能观照在人和世界中生命的全面。古代的三大哲学传统，儒、道、墨三家，可说都是致力于人和自然的合一。”[⑤]在此种天人合一精神指引下，中国文化观照宇宙万物，历来采取“同情交感之中道”，反对偏执、武断的“恶

① 方东美：《生生之德》，第142页。
② 方东美：《生生之德》，第140页。
③ 方东美：《生生之德》，第140页。
④ 方东美：《科学哲学与人生》，第55页。
⑤ 方东美：《生生之德》，第258页。

性二分法”。这就是中国文化的“履中蹈和”。“中和之理是中国精神最高深的妙谛，也是要了解中国文化的最高标准。”① 方东美还举例说：

> 此同情交感之中道正是中国文化价值之模范。周礼六德之教，殿以中和……其著例一也。诗礼乐三科之在六艺，原本不分，故诗为中声之所止，乐乃中和之纪纲，礼是防伪之中教，周礼礼记言之綦详，其著例二也。中国建筑之山迴水抱，得其环中，以应无穷，形成园艺和谐之美，其著例三也。六法境界之分疆叠段，不守透视定则，似是画法之失，然位置，向背，阴阳，远近，浓淡，大小，气脉，源流出入界划，信乎皴染，隐迹立形，气韵生动，断尽阂障，灵变逞奇，无违中道，不失和谐，其著例四也。中国各体文学传心灵之香，写神明之媚，音韵必协，声调务谐，劲气内转，秀势外舒，旋律轻重孚万籁，脉络往复走元龙，文心开朗如满月，意趣飘扬若天风，一一深迴宛转，潜通密贯，妙合中庸和谐之道本，其著例五也。②

这五个方面的“著例”，都说明中国文化的“同情交感之中道”是一种和谐之道。而在人与自然的“同情交感”中，人性备受尊崇，人性的机趣淋漓充盈。因此中国文化是“妙性文化”。在中国文化中，科学诚然发展不足。但是，即使在中国发展科学思想，也不会陷入西方文化“人性被贬抑，机趣被斫丧”的困境。“因为我们充分相信人的生命及工作与外在世界必须和谐一致，内外相孚，所以我们中国文化可称为‘妙性文化’……贵在契幻归真，人与自然彼此相因，流衍互润，蔚成同情交感之中道”③。

就此而论，中国文化与同属东方文化的印度文化也有明显区别。印度文化虽然也“视自然、人与历史浑然一体，浩然同流”，但是由于早期受西方文化的影响，内在地含有“善恶二分”的倾向，因而在人性问题上主

① 方东美：《科学哲学与人生》，第 55 页。
② 方东美：《生生之德》，第 145—146 页。
③ 方东美：《中国人的人生观》，第 21 页。

张“神魔同在”。中国文化则主张人性与宇宙最高精神本体“浃而俱化”，人性具有“神性潜能”，人性即是神性。随着宇宙的不断超化，人性也不断得到超升。可见印度文化不能称为“妙性文化”，唯有中国文化是充分肯定人性之美好、充溢人性之机趣的“妙性文化”。至于西方文化，则完全不具备这个特色，“这是因为西方有个恶性二分法”[①]。

中国文化是凯塞林所说的“品德文化”，也可以称为“伦理文化”。这同样是由中国文化的“天人合一”“天人合德”精神决定的。由于主张“天人合一”，中国文化不像近代欧洲文化那样看重外在的“业力”，而是看重人的内在精神，强调“内证圣智”，注重品德修养。这种价值取向，确实一定程度地导致了中国的科学技术没有得到应有的发展，但是却形成了强调人与他人、与社会协调发展的道德主义思想。在方东美看来，这是值得称道的。“从道德生命的立场看，天人合一的学说是极好的”[②]。在中国文化中，“道德是生命的本质，也是生命价值的具体表现，我们本着中国人酷爱生命、尊重生命的民族性，不愿把生命只看作盲目的本能冲动，所以先要慎重地选择高尚理想，并且奋发努力，促使这些高尚理想一层一层地完成实现。换言之，我们不仅仅是为了生活而生活——那是任何野蛮动物都能做到的，我们是要不断地提高生命意义，增进生命价值，再接再厉，以止于至善，我们是为了实现最高的价值而生活。”[③]道德被视为生命的本质和价值所在，人生的意义在于追求道德理想，这确实表明 了中国文化是一种道德文化。

方东美还具体阐述了中国人“道德生活的共同标准”，即孔子所说的“忠恕”、老子所说的“慈惠”、墨子所说的“爱利”，认为孔、老、墨堪称“我们民族的道德发言人”。儒、道、墨“这三家所表现的中国智慧，根据‘广大和谐’或‘一以贯之’的原则看来，正是一种‘三位一体’的道德精神”[④]。可见中国智慧是道德智慧，中国文化是道德文化。关于中国道德文化的形成过程，方东美也作出了论述。这个过程，简言之，即在夏商至成周时期，主

① 方东美：《生生之德》，第148—149页。此处略去了原文中每自然段之前的编号。
② 方东美：《中国人生哲学》，第183页。
③ 方东美：《生生之德》，第338页。
④ 方东美：《中国人的人生观》，第119页。

要是通过宗教精神支撑道德观念。这时的道德，只能是“自然灵魂的道德”。在殷周时期，伴随着政治腐败，宗教也趋于衰微，无力维系人们原有的道德信念，于是出现了“道德革命”。在东周以后，则进一步发生了“哲学革命”。在经过“哲学的制定”之后，原先由宗教精神支撑的“自然灵魂的道德”，便上升为“理性的道德”。道德价值、伦理价值由此便始终是中国文化所追求的基本价值。“由此可见，上古的宗教秘密退隐，显现出来道德的价值理想，而道德的价值理想要根据人性来发挥人类的善性，才可以推广道德价值，变成了广大的人群之中为人人共同遵守的理想标准。所以，中国的文化，在整个的世界上面，平常叫作‘伦理的文化’（Ethical Culture）。”[①] 中国人以这种富于悠久历史传统的“品德文化”、“伦理文化”，区别于近代西方人的“能力文化”“科学文化”。

此外，方东美还提出，中国文化是“早熟的文化”“无罪的文化”。

所谓“早熟的文化”，是说中国文化实现“由宗教到理性”的演变，比其他民族早数百年。中国“在纪元前十一世纪的商周之际，就显现出一个中国的理性文化初期，我们称之为‘早熟的中国文化’，宇宙的秘密好像都在理性之光下被揭开来了”[②]。而这一点，“在其他文化中最需要长时期的演变才能达到的”，如希腊、埃及、印度等民族，“都经过了长时期的神话时代，直到纪元前八九世纪才逐渐升华”[③]。这表明了在中国文化中，理性精神是很早就形成了的。

所谓“无罪的文化”，是相对于西方文化（以及东方的印度文化）中的“原罪”观念而言。西方文化传统中的“原罪”说，基于宗教观点而执意认为人类有先天的罪孽。中国先民固然也有宗教，却从来没有此种观念。而且中国文化因其早熟，“一开始便是以理性开明的伦理文化代替神秘宗教”。因此中国人不把世界看成“罪恶的渊薮”，不把自身看成“先天的罪人”。相反，中国文化历来肯定人性具有“可使之完美性”，坚信人只要尽其本性，就可以远离罪孽，趋向完美。这表明了在中国文化中，“人性”是丝毫不受

① 方东美：《生生之德》，第 141 页。
② 方东美：《原始儒家道家哲学》，第 90 页。
③ 方东美：《生生之德》，第 140 页。

贬抑的。

从上述见解中，我们可以提炼出方东美对于中国文化精神的一种更深层的基本理解。他在谈到自己所设计的“人与世界在理想文化中的兰图”时，曾说过这样的话：“这一张图片中所画的是我所谓的广大悉备的和谐。由于这种和谐，人和世界上的一切生命结成一体，而享受到和平、安宁和妙乐。要把这个理想化为现实，唯一的条件就是我们要确信人和自然（也即是宇宙），都是生元所发，都是中和的，这样才能从根本上拔除矛盾及不幸。”[①]我们不妨借用这段话，来进一步说明方东美对中国文化精神的理解。在他看来，中国文化的“天人合一”精神，从实质上说，归根结底无非就是“确信人和自然（也即是宇宙）都是生元所发，都是中和的”。中国文化的“同情交感之中道”，中国文化的“妙性”和注重道德伦理，中国文化之所以是“早熟的”和“无罪的”，都可以从“确信人和自然都是生元所发”中找到根据。

方东美将“确信人和自然都是生元所发”，视为实现“人与世界在理想文化中的蓝图”的“唯一条件”。就中国文化而论，当然不能说已经实现了这张蓝图。但无疑方东美认为，中国文化的基本精神是符合这个“唯一条件”的。倘若我们要进一步追问：中国文化何以会“确信人和自然都是生元所发”？那么，答案将回溯到前文所说的中华民族的哲学“共命慧”——注重人与自然平等和谐的“平等慧”，回溯到导致这种“平等慧”的中华民族生命精神——以老、孔、墨为代表，基于“爱悟心”的民族生命精神。

上述内容，是方东美所理解的中国文化的特征，同时也是中国文化的长处。关于中国文化的缺陷，方东美曾说：“中国人悟道之妙，体易之元，兼墨之爱，会通统贯，原可轰轰烈烈，启发伟大思想，保真持久，光耀民族。但一考诸史乘，则四千年来智慧昭明之时少，暗昧锢蔽之日多，遂致文化隳堕，生命沓泄。”[②]尤其是近现代的中国文化，终至出现了严重的危机。究其原因，方东美从历史和现实两方面，作出了多项分析[③]。其中属于中国文化自身内在缺陷方面的原因，主要是：“中国哲学家之思想向来寄于艺术

① 方东美：《生生之德》，第263页。
② 方东美：《生生之德》，第154页。
③ 详见《生生之德》，第154—156页。

想象，托于道德修养，只图引归身心，自家受用，时或不免趋于艺术诞妄之说，囿于伦理锢蔽之习，晦昧隐曲，偏私随之。原夫艺术遐想，道德慈心，性属至仁，意多不忍，往往移同情于境相，召美感于俄顷，无科学家坚贞持恒之素德，颇难贯穿理体，钜细必究，本末兼察，引发逻辑思想系统。”[①]这个缺陷，简单地说，就是“艺术遐想”和“道德慈心”在中国文化中得到充分发展，而“贯穿理体”的科学思维则明显不足。用方东美的思路来表述，就是中国文化长于“神圣理性”而短于“自然理性”，亦即长于道德理性而短于科学理性，这是中国文化在其演变、发展过程中日益表现出来的缺陷。这种认识，也正是现代新儒家们的一个基本共识。

第五节　中国文化的复兴与世界文化的重建

在理论阐述之外，方东美还设计了一个戏剧场景，以“希腊人”、“近代西洋人”和“中国人”为剧中人物，通过场景中各方面的不同景象[②]，来形象地“比观三种生命情调”，展示“希腊文化之契理，欧洲文化之尚能，中国文化之妙性”。描绘这一场景的文字，凝练、深沉地表达了方东美关于希腊文化、近代欧洲文化和中国文化的基本理念。

我们接下来要考察的问题是：方东美的这种比较文化研究，归结于一种什么样的见解。

方东美说：

> 希腊思想实慧纷披，欧洲学术善巧迭出，中国哲理妙性流露，然均不能无弊。希腊之失在违情轻生，欧洲之失在驰虑逞幻，中国之失在乖方敷理。矫正诸失，约分两途。一者自救，二者他助。希腊人应据实智照理而不轻生，欧洲人当以方便应机而不诞妄，中国人合依妙悟知化而不肤浅，是为自救之道。抑有进者，希腊人之所以逃禅，欧洲人之所以幻化，中国人之所以穿凿，各有历史

① 方东美：《生生之德》，第 140 页。
② 详见《生生之德》，第 154—156 页。

根由深藏于民族内心，仅凭自救，或难致果，他山取助，尤为切要。希腊人之轻率弃世，可救以欧洲之灵幻生奇，欧洲之诞妄行权，可救以中国之厚重养生，中国之肤浅蹈空，又可救以希腊之质实妥帖与欧洲之善巧多方，是为他助之益。①

希腊文化、欧洲文化、中国文化各有其弊端。希腊文化之弊在于“违情轻生”，也就是“逃禅”，否定现实人生的意义和价值。欧洲文化之弊在于“驰虑逞幻”，也就是“诞妄行权”，追求知识和权能而陷于虚幻妄行。中国文化之弊在于“乖方敷理”，也就是“肤浅蹈空”，过分执着于形而上的道德层面而轻视形而下的自然世界之理（即科学之理）。

如何克服人类文化这三种形态所具有的缺陷，方东美提出的方案是“自救”和“他助”。

所谓“自救”，就是消除本民族文化的弱点和弊端。“古代希腊人——我是指他们的灵魂②——应当纡尊降贵到凡俗世界，以拯救俗世之表象。中国人应当从形上与道德的层次落实到自然世界的层次，以学习欣赏现代科学的成就……现代西方人应当引导群众在人生奋斗中走向较高尚的水准，以明瞭并理解精神价值，那些价值在古典时代是全世界各民族所曾致力实现的。”③所谓“他助”，就是取他民族文化之长以补本民族文化之短。以欧洲人对于生活的“灵幻生奇”态度补救希腊文化的轻率弃世之弊，以中国人对于天地万物的厚重养生精神补救欧洲文化的诞妄行权之弊，以希腊人对于自然界的质实妥帖认识补救中国文化的肤浅蹈空之弊。方东美认为，与“自救”相比，“他助”的作用更为切实、重要。

通过“自救”和“他助”，希腊文化、近代欧洲文化、中国文化可以消除各自的弊端，恢复和发扬各自的优点。当今人类就可以通过这三种文化形态之间的互相补益、互相融合，创造出新的、统一的理想文化。这就是方东美通过比较文化研究而提出的见解、主张。

① 方东美：《生生之德》，第157页。
② 引者按：因为希腊文化已经成为一种历史文化，故方东美如是说。
③ 方东美：《生生之德》，第140页。

他的这一见解，包含着两个前提性的认识：

1. 从历史看，人类社会曾经出现过多元文化相统一的时代。

这个时代，就是德国哲学家雅士裴（Karl Jaspers，又译雅士柏尔斯）所说的人类文化的“轴心时代”。大约相当于中国的先秦时期，“当时各方面的天才都涌现出来，形成各民族里面最高度的文化精神成就。以后的人类还没有第二个时期，像那一时代在希腊、埃及、印度、中国，有那么光辉灿烂的高度的文化同高度的哲学，同时出现”[①]。希腊的哲学、印度的兴都教和佛教、中国的儒家和道家思想、以色列的犹太教等，共同构成了当时人类辉煌的“轴心文化”。既然如此，那么消除了弊端、恢复和发扬了各自优长之处的希腊文化、欧洲文化、中国文化，可以再度共同构成整个人类的“轴心文化”，迎来人类文化的新时代。

2. 从现实看，当今人类文化面临着有待拯救的危机。

方东美历来认为，当今人类处于文化上的“黑暗时代”。近代以来的西方文化，由于过分追求“权能”，导致了科学技术与人文精神发展的失衡，出现了严重的精神和价值危机。作为东方文化典型代表的中国文化，其固有的不足，已经使中国文化在现代世界面临危机。而在西方科技文化的猛烈冲击之下，一些中国人竟认为“西化”乃是中国文化的唯一出路，完全否定了自己民族文化的根基和精神传统。这更使得中国文化陷入严重的危机之中。因此无论从西方文化或东方文化来看，都表明人类已经陷于文化危机。

基于上述看法，方东美认为当今人类必须并且完全可能通过三大主要文化传统之间的互相补益和融合，重建“统一的”理想文化，以克服面临的文化危机，为人类开辟光明的未来。

关于这种理想的人类文化，方东美曾采用尼采的“超人文化”观念加以说明。但他认为，尼采的“超人”理想失之空洞，特别是“据其臆断，超人应鄙夷一切过去人类，毋乃诬妄特甚”[②]。他反对尼采对于历史文化的虚无主义态度，而认为：“希腊人，欧洲人，中国人各在生命领域中创获如许灿烂文化价值，堪受推崇，殊难抹煞。超人空洞理想更当以希腊欧洲中

① 方东美：《中国大乘佛学》，第 8 页。
② 方东美：《生生之德》，第 158 页。

国三人合德所成就之哲学智慧充实之，乃能负荷宇宙内新价值，担当文化大责任……所谓超人者，乃是超希腊人之弱点而为理想欧洲人与中国人，超欧洲人之缺陷而为优美中国人与希腊人，超中国人之瑕疵而为卓越希腊人与欧洲人，合德完人方是超人。试请澄心遐想，此类超人若能陶铸众美，起如实智，生方便巧，成平等慧，而无一缺憾，其人品之伟大，其思想之优胜，其德业之高妙，果何如者！”[①]这里所塑造的“超人”形象，乃是希腊人、欧洲人、中国人三者优点的结合体。所谓“超人文化”，则是希腊文化、欧洲文化、中国文化三种文化形态优秀之处的结合体，方东美称之为“三者合德”。他在对希腊文化、欧洲文化、中国文化这“三慧”进行比较研究之后，提出的重建世界文化的主张，便是这“三者合德”。他认为通过“合德”，可以“形成统一的科学思想系统、统一的宇宙构造理论、完整的哲学思想体系，终至道德、艺术、宗教领域之次第完成”[②]。这样的“陶铸众美”的文化，才是他理解的人类理想的文化，才能担当为人类开辟光明未来的“大责任”。

值得注意的是，方东美认为，从中国文化来看，这一与希腊文化、欧洲文化“合德”而解救世界文化危机、重建人类文化的途径，也正是中国文化复兴的途径。在这一过程中，中国文化既要“自救”——克服自身的不足，又要“他助”——吸纳希腊文化、欧洲文化的长处；既要恢复优良的传统文化精神，又要补充必需的现代文化内容。而这，也就是中国文化的复兴。以复兴了的中国文化参加世界优秀文化传统的重建，就可以克服当前的世界文化危机，为人类开辟新的文化道路。因此中国文化的复兴，与解救世界文化危机、为人类创造理想的文化形态是一致的。“使哲学在我们的时代，尤其是在中国能够复兴，然后拿中国复兴的哲学思想去面对西方，也促使西方衰退的哲学精神能够复兴”[③]。这是方东美关于复兴中国哲学与西方哲学的思考，也是他关于复兴中国文化与重建世界文化的思考。

在这一复兴中国文化、同时亦是重建世界文化的过程中，方东美认为有两点须认识清楚：

---

① 方东美：《生生之德》，第158页。
② 方东美：《原始儒家道家哲学》，第39页。
③ 方东美：《科学哲学与人生》，第39页。

其一，就中国文化与西方文化的关系来说，中国文化的复兴和现代化固然需要“他助”，特别是需要学习西方的科学技术，但我们千万不能“把现代化只看成西化”，不能抛弃中国文化的根基和精神传统。在此，方东美再次表现了现代新儒家在中国文化现代化问题上的基本立场，即以中国文化为本位的立场。“现代化不等于西化”正是现代新儒家的一种反复申明的基本观点。

其二，就中国文化内部各流派的关系来说，我们讲中国文化的复兴，千万不可“卫道统”——卫儒家思想文化之道统。中国文化的根基和优良精神，存在于儒家、道家、墨家、大乘佛家、宋明清新儒家等流派之中。“在现代讲文化复兴，我们要留心中国整个文化的发展。凡是对于这整个民族文化有光荣与伟大贡献的思想，我们须是一体欣赏，千万不能抱持一个偏见，而陷入错误的道统观念。”[①] 这种要复兴中国文化、却又不讲儒家“道统”的观念，则再次表现了方东美与现代新儒家其他代表人物相比所具有的自身特色。

方东美的比较文化学，选择从民族生命精神看文化形态的视角，对希腊文化、近代欧洲文化、中国文化进行了比较研究。他认为这三种文化作为人类文化类型的主要代表，各自都创造了辉煌成就，同时也各有缺陷。在他对于这三种文化形态的评论中，我们可以看出，按照他的文化价值观，“观念取向”的希腊文化和中国文化，在价值上高于“实感取向”的近代欧洲文化。而作为古代欧洲文化的希腊文化之所以在价值上高于近代欧洲文化，或者反过来说近代欧洲文化之所以在价值上反而不如古代希腊文化，是因为近代欧洲文化的“实感取向”，使它没有达到希腊文化的精神高度。这也反映了方东美关于人类文化发展的一种见解：就文化价值而论，现在未必胜于过去——因为文化史不是“直线发展”的。

中国文化作为东方文化最纯正的代表，不仅在精神价值上高于近代西方文化，而且与希腊文化相比，也有胜出之处。那就是，中国文化和希腊文化虽然都推崇真善美的价值理想、注重形而上境界的追求，但中国文化不

① 方东美：《演讲集》，第 119 页。

像希腊文化将价值理想与现实人生、形而上领域与形而下领域相互隔绝，而认为价值理想可以内在于现实人生而实现，形而上“超越”而不“超绝”于形而下。因此，中国文化不赞成对于人生的虚无主义态度，而坚信人性和世界在本质上都是美好的；中国文化表现了比希腊文化更为积极、健康的生命情调。中国文化以其基于“爱悟心”和“平等慧”的广大和谐精神（即天人合一精神），不仅消除了人与自然界的隔阂，而且消除了价值理想与现实人生、形而上领域与形而下领域之间的隔阂。方东美在谈到他的“人与世界在理想文化中的蓝图”时说，“这一张图片中所画的，是我所谓的广大悉备的和谐”。而这种“广大悉备的和谐”，正是他所理解的中国文化的基本精神。因此可以说，方东美所设计的人类未来理想文化，虽然是希腊文化、近代欧洲文化、中国文化的“合德”，同时也是贯穿着中国文化的基本精神的。我们认为，这实际上是方东美的文化哲学的一个重要的基本观念。他关于复兴中国文化与重建世界文化相一致的思想，也是建立在这个基本观念之上的。

应该看到的是，方东美虽然认为中国文化精神是最优良的文化精神，却并不认为在未来的人类理想文化中应当以中国文化为“独尊”。他不像梁漱溟在其《东西文化及其哲学》一书中那样，通过文化的比较研究，得出了全世界的文化发展最终都必须走“中国的路、孔家的路”的结论——“世界未来文化就是中国文化的复兴”[①]。这一思想的“独尊”表述则是：中国文化的复兴就是世界的未来文化。而方东美的看法则有别于此。他尽管将中国文化精神视为人类理想文化的基本精神，却同时认为这种理想文化的形成有赖于三大文化传统的“合德”，东西方文化的“合德”，像人类曾经有过的“轴心文化”那样，而不是某一个文化传统的复兴和“独揽天下”。在这里，也反映了方东美这一代新儒家，与现代新儒家开创人在思想观念方面的差异。应该说，这体现了文化理念的一种进步。

问题在于，在方东美所设计的理想文化建设方案中，如何才能真正实现不同的文化形态之间的融合？按照方东美的文化哲学理论，不同的文化

---

① 梁漱溟：《东西文化及其哲学》，商务印书馆1992年版，第199页。

形态决定于不同的哲学“共命慧”，不同的哲学“共命慧”根源于不同的民族生命精神。那么，不同的民族生命精神怎样才能趋向一致？不同的哲学“共命慧”怎样才能合为一体？倘若不同民族的生命精神和哲学智慧未能统一起来，又如何建立统一的人类文化形态？

这些，在方东美的文化哲学理论中，是并没有解决的问题。这表明，方东美关于通过希腊文化、欧洲文化、中国文化的“三者合德”，重建世界文化的理论，与唐君毅等人关于通过多元文化的融合，建立“天下一家”的人类文化的理论一样，虽然提出了关于当前人类文化建设的方案，却未能真正解决实现这一方案的途径问题，因而表现出强烈的理想主义色彩。

第五章　方东美论中国哲学的一般特征

中国哲学，是方东美学术研究的重心，也是他毕生学术活动的归宿。

方东美早年研究西方哲学，后来逐渐“由西方转回东方”。关于导致这种转变的原因，他本人曾述及两点：一是抗日战争对他思想的影响；二是印度学者拉达克里希南（S. Radharkrishaun）对他的“挑战”。

方东美对中国哲学的阐释，大体包括两方面的内容。一个方面，是他对于中国哲学的一般特征的概括。他关于中国哲学形上学之意蕴、中国哲学之通性与特点的论述，属于这一方面。另一个方面，是他关于原始儒家哲学、原始道家哲学、中国大乘佛家哲学和宋明新儒家哲学的论述。他认为这四家哲学，构成了“中国哲学的四大主潮”。本章拟评介方东美关于中国哲学一般特征的论述。下一章将评介他的中国哲学“四大主潮论”。

第一节　展示中国哲学的“形上智慧”

对于哲学，方东美历来看重的是它的形上学层次，即本体论层次。在评价任何一个哲学体系时，他也总是首先注意把握它的“形上智慧”。他认为，要想理解某个民族哲学的精神实质，首先应该理解这个民族哲学的形上学。

方东美说，中国哲学之形上学有其独创性，“中国哲人乃自辟蹊径，独创典型，孕育出别具一格之形上学体系”[1]。在他看来，中国哲学的形上学智慧，主要体现在以下方面。

一、“以生命为中心”的本体观

首先，方东美明确地将形上学界定为“本体论”：“形上学者，究极之本体论也。”[2]本体论中一个重要的基本问题，是如何理解“自然”。中国和西方的本体论对“自然”的理解并不相同。流传于西方哲学中的“自然”观念，无论是希腊后期哲学所讲的“物质的”宇宙，还是近代西方哲学所讲的“遵从数学、物理定律支配的数量化世界”，都不符合中国人的自然观。对于中国人来说，“自然是最亲切的”。西方只有两种“自然”观念和中国哲学“稍为接近”，那就是：（1）诗人将自然界视为“拟人化的母亲”；（2）斯宾诺莎所说的“活的自然”。但斯宾诺莎将自然设想为一种“永恒的实体”，这样的自然，在本质上趋向于“静”而非趋向于“动”，“这和中国思想上把自然当作生生不已的创造力量是不同的”。因此，这两种“自然”观念仍然有别于中国哲学的“自然”的真意。

“‘自然’对我们来说，是普遍生命流行的境界”[3]。“中国先哲所体认的宇宙，乃是普遍生命流行的境界。天大其生，万物资始，地广其生，万物咸亨，合天地生生之大德，遂成宇宙”[4]。方东美指出，从中国传统形上学来看，自然“不仅是机械物质活动的场合”，而且是活跃的生命领域，这叫作“万物有生论”。他说“近代西洋人”的宇宙观不能称为“万物有生论”，“因为他们往往把宇宙当作物质的机械系统，内中不表现生命”。

简言之，中国哲学的本体论，“是一个以生命为中心的本体论，把一切集中在生命上”[5]。中国哲学的诸家，都以生命作为“本体至真之境”，“所谓的原初存在乃是生命的存在”。儒家所以追原天命、率性以受中，道家所以遵循道本、抱一以为式，墨家所以尚同天志、兼爱以全生，“就是因

---

① 方东美：《中国哲学之精神及其发展》，第 30 页。
② 方东美：《演讲集》，第 192—193 页。
③ 方东美：《中国人的人生观》，第 12 页。
④ 方东美：《生生之德》，第 141 页。
⑤ 方东美：《原始儒家道家哲学》，第 158 页。

为天命、道本、天志都是生命之源。……孔、老、墨三宗的统会，就在生命价值之积极的肯定”[①]。作为中国古代哲学思想之重要源头的《周易》，其首要原理就是“生之理”，即：“生命苞容万类，绵络大道，变通化裁，原始要终……生命本身尽涵万物一切存在。”[②]《周易》提出了“万有含生论”的自然观，即以生命为中心的自然观。而老子的“道之本体”，同样是生命本体。“实则老子本人，参透道体，认为是生生之源，周行宇宙，溥博和同，虚而不竭，动而愈出，无一处失道之本体，无一处缺道之妙用。这个大道真正是普遍流衍的生命。”[③]先秦时期的原始儒家、原始道家以及墨家（尽管墨家“形上学气息比较薄弱些”），都确立了以生命为中心的本体观，“因此中国的哲学从春秋时代便集中在一个以生命为中心的哲学上，是一套生命哲学”[④]。此后中国哲学的全幅发展，就其主流来说，是儒家、道家和大乘佛家“齐声高歌，合唱‘生命之礼赞’”；就其内容来说，“任何思想的体系是生命精神的发泄”。

二、“以我观物”的视角

方东美所谓“普遍生命”，包括“人的小我生命”和“宇宙的大我生命”，两者“浑然同体，浩然同流”。人类不仅是宇宙间各种活动的参与者，而且还是创造者，“人参赞了宇宙的创造力”。因此，中国哲学形上学从来都是“以我观物”，即以“人”观物。

“以我观物”见于王国维《人间词话》（三）：“有有我之境，有无我之境……有我之境，以我观物，故物皆著我之色彩。”方东美用“以我观物”说明中国哲学形上学采取“人参赞了宇宙的创化力”这一基本立场，以“人”为中心观照万物，处处凸显人格的精神和力量。苏格拉底曾称赞伊索格拉底“此人有哲学”，方东美则说，就中国哲学的形上学而论，我们应该将这句话倒转过来，说“其哲学体系内有人”。儒家、道家、大乘佛家、新儒家都是要“借哲学思想的积蓄把人格的精神反映出来”。西方哲学则不

① 方东美：《生生之德》，第140页。
② 方东美：《生生之德》，第66页。
③ 方东美：《中国人生哲学概要》，第59页。
④ 方东美：《生生之德》，第141页。

然，除了柏拉图、奥古斯丁、康德、黑格尔、尼采等“突出的例外”，“西方的思想家要从思想的客观系统中设法把人的性情、品格、情操化除掉”。特别是近代西方哲学在自然科学方法的影响之下，已经背离了文艺复兴时期的人文主义精神而走向“科学主义”，从而使“人”在哲学中失去了应有的位置。它只有对于物质世界的“秩序的信仰”，而没有对于人生的“价值的信仰”。它“以物观物”，不能从物中透视人作为宇宙创化参赞者的地位和力量，以“板滞的物性”掩盖了“活跃的人性”，见物而不见人。

方东美说：“以物观物，故其思想侧重世界；……以我观物，故其思想切近人生。”[①] 哲学形上学视角之不同，导致了中西哲学发展之异趋。在他看来，西方哲学重在“知识论”，但如果我们采取知识论的标准衡量中国哲学，那就“只能了解战国时期的刑名家（惠施、公孙龙）或墨家（别墨）而已”。而刑名家和后期墨家（别墨）又都有“强烈之反形上学倾向”，不足以代表“主要趋势为形上学”的中国哲学智慧。中国哲学的终极关怀在于人，哲学智慧尤其体现在人生哲学。中国哲学从来都肯定物质世界的地位，肯定事物有其自然之“理”，但它不像近代西方哲学那样重“理”而轻“情”，重科学而轻人文。中国哲学既有着“境的认识”，更注重“情的蕴发”，它“纵览宇宙理境，发舒人生情蕴”，而归根结底是“理”服务于“情”，以事物自然之理，服务于人类生命之创进。

梁漱溟在对中西文化作比较研究时，曾提出“理智”与“理性”的区别，认为“理性、理智为心思作用之两面，知的一面曰理智，情的一面曰理性”，“西洋偏长于理智而短于理性，中国偏长于理性而短于理智”[②]。方东美不像梁漱溟这样区分理智与理性，而是从“理”与“情”的角度做出区分，将“理”的一面归于“自然理性”，将“情”的一面归于“神圣理性”。他不认为中国哲学“短于理智”，而认为中国哲学“以我观物”，以“理”服务于“情”，以知识论服务于人生论；西方哲学则“以物观物”，使物质世界与人生“失却密切的联络”，造成“自然理性与神圣理性的绝缘”。

① 方东美：《科学哲学与人生》，第 36 页。
② 梁漱溟：《中国文化要义》，学林出版社 1987 年版，第 127—128 页。

三、“机体主义”的方法

从方法论角度，方东美提出“中国的形上学可以称之为机体形上学”，中国形上学以“机体主义”区别于西方哲学形上学的“分离主义”。

“大体上说，西方希腊、中世纪一部分乃至近代，尤其自形上学方面看，总是透过二分法把完整的世界割裂成为两部分，产生其中严重的联系问题。”[①] 这里的“二分法”，指的就是“分离主义的方法”，方东美又称之为“二元论”的方法。这种方法，把人与自然界划分为两截，采取的是“天人二分”“主客二分”的思维方式。方东美说，中国哲学形上学则与此不同，它视宇宙万物为“不可分割之有机整体”，认为宇宙间的不同领域彼此相因、交融互摄、旁通统贯。“中国哲学上一切思想观念，无不以此类通贯的整体为其基本核心，故可藉机体主义之观点而阐释之。机体主义，作为一种思想模式而论……旨在：统摄万有，包举万象，而一以贯之。”[②] 机体主义摒弃了“二分法”、“二元论”，代之以“一以贯之”的整体观。方东美认为，“中国哲学，不管其内容属于哪一类、哪一派，总是要说明宇宙，乃至于要说明人生，是一个旁通统贯的整体；用儒家的名词，就是‘一以贯之’（Doctrine of pervasive unity）。”[③] 儒家“天下之动贞夫一”，道家“抱一为天下式”，佛家以“真如”作为整个世界的本体，都体现了中国哲学形上学的“机体主义”方法。

机体主义“融贯万有”，归根结底则是融贯天与人，即“天人合一”。方东美说，希腊哲学的天人关系是部分与整体的配合；近代欧洲哲学的天人关系是二元敌对、甚至多端敌对；而中国哲学的天人关系，乃是彼此相因的交感和谐。中国哲学“要把人的生命展开来去契合宇宙，表现‘天人合德’‘天人合一’‘天人不二’。这种说法都是要把哲学体系展开来去证明人与世界可以化为同体。”[④] 在中国哲学形上学看来，宇宙是旁通统贯的生命系统，“人和世界上的一切生命结为一体”，而且人参赞了宇宙的创化。“因此中国哲学家认为，自然与人生虽是神化多方，但终能协然一致，因

① 方东美：《生生之德》，第 143 页。
② 方东美：《生生之德》，第 284 页。
③ 方东美：《演讲集》，第 193 页。
④ 方东美：《演讲集》，第 102 页。

为‘自然’乃是一个生生不已的创进历程，而人则是这历程中参赞化育的共同创造者。所以自然与人可以二而为一。”[①] 这表明，“天人合一”的本体论根据，在于“宇宙是普遍生命的大化流行”。可见方东美关于机体主义的论述，仍然是在阐发中国哲学形上学的“生命精神”。在说明“天人合一”之说与中国哲学的“生命本体论”的内在联系时，方东美特别指出：中国哲学关于人可以“赞天地之化育，与天地参”的观念，是“天人合一”之说的重要依据。换言之，中国哲学“天人合一”思想的一个重要内容，便是充分肯定人类生命具有创造精神、创造能力。正因为人参赞了宇宙的创化历程，所以人与自然不是分离的、对立的，而是“合一”的，即协调的、和谐的。

机体主义“作为一种思维模式”，还表现了中国哲学形上学在思维方法上的高度综合性。方东美认为，西方哲学所追求的理性是“分离型”的，东方哲学（主要指中国哲学）所追求的理性是“融贯型”的。中国哲学讲究理性的“全体大用”，虽然中国哲学派别众多、意趣各异，“但就理性之大用这点来说，却是一致百虑，殊途而同归的”。近代西方哲学受自然科学思维方法的影响，“对于哲学里面重要的因素总是采用分析的方式”，其优点是“不含浑、不笼统”，但由于重分析而轻综合，“透过分析法所了解的对象很容易形成一个孤立系统”。方东美称此为“片面的分析”、“抽象的分析”或“思想孤立主义”。他指出，中国哲学不是没有分析，刑名家、墨家在这方面就有很高的成就，但总的来说，中国哲学确实更加注重“机体的统一”，在作出分析之后“再超越其限制”，求其会通，求其综合。因此中国哲学所把握的对象，是一个“纵之而统、横之而通”的综合系统，用《周易》的名词来说，是“旁通”的系统。正因为采取了这种“机体主义”的方法，中国哲学形上学能够透视“整个宇宙的全体，整个人生精神的全体”。

四、“超越”而不“超绝”的向度

方东美认为，在价值理想与现实人生的关系方面，中国哲学形上学以

① 方东美：《中国人的人生观》，第 14 页。

其“超越”性区别于西方传统形上学的“超绝”性。

“中国形上学表现为一种‘既超越又内在’、‘即内在即超越’之独特形态(Transcendent immanent metaphysics),与流行于西方哲学传统中之‘超自然或超绝形上学’迥乎不同。”① 方东美认为，西方哲学传统中的“超绝形上学”肇始于苏格拉底、柏拉图等人的“精神主义哲学”。这种精神主义哲学的出现,使希腊哲学摆脱了早期“大半属于物理学或自然哲学范围”的状况而成为“真正的形上学”，但却用“二分法”“二元论”割裂了自然界与超自然界、世俗生活领域与价值理想领域。“在柏拉图哲学中最严重的问题是‘分离’，就是形而上与形而下世界中间，很难建一座桥梁加以沟通。于是使绝对的真善美的价值世界很难在这个世界上完全实现。”② 柏拉图提出了至善至美、具有神圣价值的理念世界，但没有从哲学上解决“企求超升的人，究竟能不能达到理念世界”的问题，而是把哲学问题改变成宗教问题，设想出宇宙的创造主德米奥格，借着他的神秘力量，把理念世界的真善美“转运到下层世界里面来”。这种形而上、形而下两界之间的沟通，不是通过哲学智慧，而只是“神化幻想力的结合”。此后“一个上、下隔绝的两层世界，在希腊哲学的发展领域上，可以说始终没有获得解决”，这就导致了西方哲学传统中的“ Look down upon the world ”(蔑视下层世界),认定它是个罪恶的场所。至于近代西方人，他们不再被希腊哲学和中世纪宗教所吸引,而是把兴趣转移到“对自然界的好奇”,哲学的主流变成了科学哲学。近代西方哲学不致力于向“上”（价值理想）追求，而是向“外”（自然界）不断地追求。总之，“西方哲学始终无法解决上下层宇宙对立的问题”，使形而上的价值理想“超绝”于形而下的物质世界，“把另一世界的至善从此一罪恶世界分离”，结果导致人们憧憬天国而鄙弃尘世，导致虚无主义。

方东美说,中国哲学形上学历来注重价值理想的追求,它宣扬宇宙的“超化”,要把现实世界“抬举到理想的价值世界上来”；它宣扬人格的“超升”,将“物质的生命”提升为“精神的生命”。因此,它是一种“价值中心的本体论”,也可以称为“价值学的理想主义”。然而中国哲学形上学的理想主义，“超

① 方东美：《演讲集》，第 102 页。
② 方东美：《原始儒家道家哲学》，第 20 页。

越”而不“超绝”于形而下的现实世界。换言之，对于现实世界与人生，中国哲学形上学表现出“超越”而不“超绝”的向度。方东美说：“哲学上的智慧在中国各种思想发展看来，都是要避免‘超自然形上学’的缺陷，而发展‘超越形上学’，着重价值理想。这种价值理想又当在现实人生中完全实现，如此方可以拯救世界，拯救人生。”①中国哲学形上学的境界是理想主义的，它具有“巍然崇高的道德境界”（指儒家形上学）、“空灵超脱的艺术境界”（指道家形上学）和“虔敬肃穆的宗教境界”（指佛家形上学），总之是“至善完美之最高价值统会”的理想境界。但中国哲学形上学对于理想境界“绝不视之为某种超绝之对象”，而是认为：“在这现实的人间世中，就可以充分完成人类所追求的一切价值。……凭借人类通力合作的创造性生命，不难点石成金，将此现实世界点化超升，臻于理想。”②方东美称此为“即理想即现实主义”或“即现实即理想主义”。儒家无论道德上境界多高，都必须践形尽性，由内圣而外王，使道德理想实现于社会人生。道家固然非常超脱，但在精神达到最高境界后又“回向人间世”，以“道”为出发点向下流注：“道生一，一生二，二生三，三生万物。”道家理想也贯注到现实人生中。大乘佛家主张人的精神沿着“上回向”超升，然后沿着“下回向”返回尘世、普度众生，而中国哲人之所以不赞成小乘佛学，就是因为它只求精神解脱，否定现实人生的意义和价值。可见，正是由于“流行在儒、道、佛、新儒家之中的都是‘超越形上学’”，所以中国哲学“一向没有现实世界与理想世界的鸿沟”。

值得指出的是，方东美还进一步探讨了中国哲学形上学的价值理想实现于人类社会的途径问题。他认为这种途径就是：将价值理想“同人性配合起来，以人的努力使它一步步实现”③。他分析说，西方（以及东方的印度）文化传统中有所谓“原罪”说。很多哲学家基于宗教信仰，而执意认为人性中有先天的原罪。这就使得西方哲学的人性论始终“背负着‘罪戾的文化’的传统”而贬低人性的价值，从理论上否定了价值理想经过人的努力而实

① 方东美：《原始儒家道家哲学》，第 18 页。
② 方东美：《中国人的人生观》，第 14 页。
③ 方东美：《原始儒家道家哲学》，第 16 页。

现的可能性。近代西方哲学则又从“平面心理学”或“深度心理学”的角度来看人。“平面心理学”（指科学心理学）纯粹用自然科学的眼光看待人类心理，“将人类心灵和知能才性放到解剖桌上作平面的分析”，认为人的思维、知觉、情感不过是自然理性层面上的“心理原子”而已，所谓人不过是“心理原子所结合起来的一个机械体罢了”。这自然无法看出人性的崇高价值。“深度心理学”（指弗罗伊德的精神分析心理学）对于人性，则是“从下意识、潜意识种种玄之又玄的深度向下探索”，结果认为人性中最后存在的不是理性，而是种种冲动与本能，“尤其是所谓性的本能”。从这种心理学看人，人成了最不理性的野兽。

方东美对比说，中国文化不像西方文化在其初期有着相当长的宗教神秘体验阶段，而是“一开始便是以理性开明的伦理文化代替神秘宗教”“以理性的道德价值支配人心的情绪”，在人性论上没有“原罪”观念。这种文化背景，使得中国哲学“在人性论上有一个特点，这个特点在全世界都找不到第二个例子，那就是，中国的人性论纯以哲学思考为依据，既未挟有任何宗教痕迹，也未沾有任何遁世思想”①。那么，什么是中国人性论“哲学思考的依据”呢？方东美说，就是“从高度心理学看人”。所谓“高度心理学”，不是指某种心理科学，而是指中国哲学用“立体观”看待人类心性，所看到的“不是平面的表层，也不是黑暗的深度”，而是人性的崇高价值，“人性的可使之完美性”和“人性的潜能”。如同《礼记·中庸》所昭示的：人能尽其性，则能尽人之性、尽物之性，赞天地之化育而与天地参。“我们是完美的，因为我们可以尽性；我们是伟大的，因为我们可以成物。”②成己成物，即是人格超升和宇宙超化的实现，亦即中国哲学形上学价值理想的实现。方东美认为，“高度心理学”这个名词“确实可以代表中国思想上四个大的哲学体系”即原始儒家、原始道家、大乘佛家和宋明新儒家的精神，“所谓性理之学、心性之学，都还是从这么一个崇高的观点来描绘人类崇高伟大的人格精神”。③

① 方东美：《中国人的人生观》，第55页。
② 方东美：《中国人的人生观》，第16页。
③ 方东美：《演讲集》，第228页。

价值理想既然要同人的心性相结合，价值理想就不仅是超越的，而且是内在的，是“既超越又内在”“即超越即内在”的。因此方东美说：“‘超越形上学’在价值理想的完全实现方面来看，又一变而为‘内在形上学’。”[1]或者说，“超越的形上学体系完全实现时，必定转变为内在形上学”。他所谓“内在形上学”，是说从价值理想的实现来看，中国哲学形上学不仅包含着“超越”的层面，而且包含着“内在”的层面。而另一方面，人的心性对于价值理想的追求决不仅仅是为了主观心灵的满足，而是要由内及外“施展到现实生活里”，使价值理想得以实现。这样，心性也就不仅是内在的，而且是超越的，是“既内在又超越”“即内在即超越”的。方东美说，中国哲学有着“对人性潜能的充分了解”，历来肯定“人性的可使之完美性”，并且致力于阐明人性的这种“可使之完美性”，阐明人类应当提升自己的人性、不断追求更高价值理想的道理。

正是基于对于中国哲学的这种认识，方东美把中国哲学看成人性论和价值论相统一的哲学。尽管他并没有使用过这个提法，但我们认为，他关于中国哲学的诸多论述，都表明了他的这一见解。在他看来，近代西方哲学推崇“科学主义”，漠视人的精神价值。古希腊的“精神主义哲学”（苏格拉底、柏拉图等人的哲学）虽然注重人的精神价值，但否定了人在现实世界中可以通过提升自己的人性而实现精神价值的完美。而中国哲学形上学则以其对于价值理想的执着追求和对于人性的充分肯定，达到了价值论与人性论的高度统一。

第二节　阐明中国哲学的“通性与特点”

方东美提出，中国哲学虽分为儒、道、佛诸派，而且各派持论有异，但它们的思想也有相互贯通之处。这些贯通之处，正是中国哲学的“通性”。而“从本身看起来是通性，同其他的思想体系比较起来又构成了特点”。中国哲学诸家的“通性”与其他哲学思想体系（如西方哲学）相比较，就

① 方东美：《原始儒家道家哲学》，第 17 页。

表现为中国哲学的“特点”。

“原始儒家、原始道家与大乘佛学三家……其系统虽然歧异，然却同具三大显著特色：（一）旁通统贯论（二）道论（三）个人品格崇高论。”①方东美将儒道佛三家共同具有的这三项“显著特色”，称之为“中国哲学的通性与特点”。

一、“旁通统贯论”

所谓“旁通统贯论”，是说中国哲学把宇宙万物看成“纵之而通、横之而通”的整体。方东美认为，这是中国哲学各家各派在理论上第一个共同的取向。

从通常的观点看，宇宙人生“是千头万绪，这里面没有统一”。而中国哲学各家各派却都能够从千头万绪中看出统一来。至于如何把宇宙万物看成统而贯之的整体，各家各派的做法有所不同。方东美论述了儒、道、释三家“旁通统贯论”的不同表现形式。用他的话说就是，中国哲学各家都讲旁通统贯，但“怎么样子贯法”，却各有千秋。

儒家的“旁通统贯论”，就是孔子所说的“吾道一以贯之”。这个“道”，方东美说最基本的是“忠恕之道”，即《大学》中所讲的“挈矩之道”。也就是“启发广大的同情心”去看待万物，特别是看待人。人在宇宙中，各有自己所处的位置和角度。如果我们不能依据广大的同情心去理解别人，那就会产生种种偏见。因此儒家的“旁通统贯论”，所采取的形式是：“整个的家庭、社会、宇宙都成为广大同情的领域，每个人都能设身处地以各种观点体察各种人在不同境界中的问题，如此使天下之所有境界纵之而通、横之而通，贯穿起来成为统一的系统。”②我们分析方东美关于儒家“旁通统贯论”的论述，可以看出他认为儒家的“旁通统贯论”基本上是从“人事”的角度来讲的。

道家的“旁通统贯论”，则“不像儒家在这一点上比较平易近人”。也就是说，道家不是从“人事”的角度去建立其“旁通统贯论”的。道家

① 方东美：《中国哲学之精神及其发展》，第36页。
② 方东美：《中国哲学之精神及其发展》，第3页。

要“了解宇宙里面最高的秘密与真相，乃至于最高的价值”，在此基础上，把宇宙看成旁通统贯的整体。对于道家主要代表人物老子和庄子在宇宙论方面的不同，方东美还作了具体分析。他说，老子提出“道可道，非常道，名可名，非常名”，其目的是去追求不可言说、玄之又玄的“众妙之门”，也就是宇宙的最高秘密、最高价值。老子的宇宙论“由无说到有，由有追到无”，“是要将一切表相幻相了解之后再撇开，向内在深处求其真相”。[1]所以老子说“为学日益，为道日损”，认为只有将表相、幻相一层层地剥去，才能发现宇宙的最高真理——“道”。可见老子是一心向上，追求宇宙的最后真相、最高价值。庄子同样追求宇宙的最高价值，但是他“多多少少受了儒家的影响，把老子这一个超越的道，再回徼到变化的世界里面来”[2]。所谓变化的世界，指的是现实的世俗世界，它与永恒的超越世界相对应。庄子将老子所提出的超越价值，拉回到现实世界来体验。“所以庄子的这一种道家的思想是在儒家与道家之间想求一个折衷的一条路”[3]。但不管怎么说，庄子和老子都是在对宇宙最高价值的追求之中，把宇宙看成旁通统贯的整体。这种共同之处，正体现了道家“旁通统贯论”的基本形式。

佛家的“旁通统贯论”，是要消除自我的各种执着和偏见，修炼出“内在的精神之光”，然后“投射到宇宙上面，宇宙才变成光天化日，一切黑暗扫除了，一切迷惘、疑惑丢掉了，而在精神之光照耀之下，全盘的宇宙才赤裸裸地把它最后的真相和最高的真理揭示开来”！[4]这就是说，佛家通过修炼，摆脱各种世俗的寻常见解，使自己的精神和宇宙的“最高真相”化为一体，从而将“全盘的宇宙”看成旁通统贯的整体。方东美认为，在这一点上佛家和道家十分相似，那就是都要将精神提升到超越界，把握宇宙的最高价值、最后真相，从这样的高度，视宇宙为旁通统贯的整体。方东美曾说，正因为道家的思想“先已在精神上面给它（引者按：指佛家思想）铺路”，佛家思想才能在中国生根，从而产生了中国的大乘佛学。在谈到佛家的“旁通统贯论”时，他再次提出了这一观点。总之，无论说佛家与

① 方东美：《原始儒家道家哲学》，第 29 页。
② 方东美：《原始儒家道家哲学》，第 20 页。
③ 方东美：《演讲集》，第 47 页。
④ 方东美：《演讲集》，第 48 页。

道家“相似”，抑或说道家为佛家“铺路”，同样表明在方东美看来，道家和佛家都是在对超越界的追求、对宇宙最高价值的追求之中，形成其“旁通统贯论”的。

儒家、道家、佛家，“这三类哲学都在不同的形式之下，没有把宇宙当作一个孤立的系统……要旁通统贯到宇宙各种真相，把宇宙的各种真相显现出来，把人生各方面的意义与价值显现出来！然后形成一个统一的理论，这就是第一种所谓‘一以贯之’的精神”[①]。“一以贯之”亦即旁通统贯。方东美认为，儒、道、佛诸家的“旁通统贯论”尽管具有不同的表现形式，而其实质则完全相同，即：“总是要把多元对立的系统化成完整的一体”[②]，“总是要说明宇宙，乃至于说明人生，是一个旁通统贯的整体”[③]。宇宙是天地万物浑然一体的境界，人与自然、人与人、人与社会，都处于彼此相因的交感和谐之中。这就是中国哲学的“一贯之道”。

二、“道论”

方东美说，中国哲学把宇宙理解为旁通统贯的整体，“在一以贯之的形式之下，再去追求它的内容”[④]。这就是说，“旁通统贯”是中国哲学的理论形式，而对于宇宙的“根本之道”的追求和探索，即“道论”，则构成了中国哲学的理论内容。

然而，“‘道’之一词，虽为诸家通用，堪称共名，然于各系统之中，意指不一”[⑤]。“道”在中国哲学中虽然是个普遍概念、基本范畴，但“道论”的理论内容，在不同的哲学派别那里却有不同。

1. 儒家的“三极之道”

儒家“道论”的内容，是“讲天道、地道、人道；用周易的名词即所谓三极之道”。方东美说，儒家将包罗宇宙万象的“‘一以贯之’之道”析而为三，即：

① 方东美：《演讲集》，第49页。
② 方东美：《原始儒家道家哲学》，第18页。
③ 方东美：《演讲集》，第45页。
④ 方东美：《演讲集》，第49页。
⑤ 方东美：《中国哲学之精神及其发展》，第37页。

一曰天之道（又名天道或乾道），天道者、乾元也，即原始之创造力，资始万物，复涵盖万物，一举而统摄之，纳于健动创化之宇宙历程之中（易曰：“大哉乾元！万物资始，乃统天”），俾人与天地生命皆能充其量、尽其类、致中和、育万物、位天地，尽性发展，充分实现，臻于最高价值理想之极诣，以完成“继善成性”“止于至善”之使命。

二曰地之道，地道者、坤元也，乃顺承乾元天道之创造力，而成就之，厚载万物，而持养之，使乾元之创造力得以绵延久大，赓续无穷，蕲向无限圆满之境。（易曰：“坤厚载物，德合无疆，含宏光大，品物咸亨。”）

三曰人之道，人道者、参元也。夫人居宇宙之中心位置，兼天地之创造性与顺承性，自应深切体会此种精神，从而于整个宇宙生命创进不息生生不已之持续发展历程中，厥尽参赞化育之天职，其特色也，端系乎一种对个人道德价值之崇高感，对天地万有一切内在价值之同与感，并藉性智睿明，洞见万物同根、天地一体之同一感。①

天道，就是《周易》的乾元所象征的宇宙“大生之德”，即原始的创造力。方东美说，《易·系辞》所谓“夫乾，其静也专，其动也直，是以大生焉”，乃是表明：“乾元就是在宇宙里面一个‘宇宙的创造冲动’（Cosmic Creative impulse），一个有广大性的宇宙的创造精神，有一切事物的根源，为一切生命的根底，而以创造的方式把它发泄出来，这用周易的专门名词来说，这天道就是大生之德。”② 可见，“天道”的提出，体现了儒家对于宇宙的创造力的尊崇。

地道，就是《周易》的坤元所象征的宇宙“广生之德”，即孕育万物的能力。《易·系辞》称：“夫坤，其静也翕，其动也辟，是以广生焉。”这表明，坤元“是维持生命持续的一个孕育力量，这是创造力量的一个辅助力量，所

① 方东美：《中国人的人生观》，第 149 页。
② 方东美：《演讲集》，第 49 页。

谓广生之德！假使宇宙一创造了各种生物，没有这一种资源可以维持它的生命继续存在，这个生命还是要毁灭、死亡，至少是要枯萎”[①]。宇宙不仅创造了万物，而且要让万物得以存在、延续，这就需要以其广袤的大地，为万物提供不竭的生存资源。这就是《周易》所说的“广生之德”，亦即儒家所谓“地道”。

人道，就是孟子所说的“君子所过者化，所存者神，上下与天地同流”。万物承受了天的创造力和地的孕育力，而人以外的其他生命虽然可以存在、可以延续，但是“对于生命不能提高它的意义与价值”。唯有人类，“他在意义同价值上面求真善美，把人类的精神价值向上面发展，向上面提升……在立体的境界中，表现人生的意义同价值！”[②]也就是说，人在精神上面可以而且应该“上下与天地同流”，成为“贯通天与地”的大“人”。这就是人之“道”。

可以看出，方东美所说的儒家“三极之道”，最终落实于“人道”。他说儒家所持的一个基本信念，是“人为万物之灵，人为万物之长”。人凭借昊天之创造、大地之孕育，得以生存繁衍，并执着地追求自己的价值理想，实现人生的意义。“天道”和“地道”，最终落实于“人道”的实现。人承受天的“大生之德”和地的“广生之德”（统称之，即天地的“生生之德”），发扬创进不已的生命精神，追求崇高的价值理想，便是“立人极”。

2. 道家的“超脱解放之道”

谈及道家哲学的“道论”，方东美首先指出它在价值理想方面与儒家的区别。他说儒家看重“六艺精神”，即“诗以道志，书以道事，礼以道行，乐以道和，易以道阴阳，春秋以道名分”。这表明，儒家在价值理想方面所关注的，乃是一种“社会、政治的、和历史的世界；而在这个世界里面所成就的主要价值，是就家庭、社会、国家的制度里面所流行的人类创造出来的价值”[③]。儒家把人看成宇宙的中心和主体，把人类社会的价值看成宇宙的最高价值。道家也承认人类社会的价值，但坚持：“人法地，地

① 方东美：《演讲集》，第 50 页。
② 方东美：《演讲集》，第 50 页。
③ 方东美：《演讲集》，第 51 页。

法天，天法道，道法自然”。人类社会的价值固然重要，“但是在宇宙里面，并不是最高的绝对价值”，而是相对的价值。因为“人性的弱点”决定了在一定的社会中流行的价值理想必然有其缺陷，社会一旦变迁，“流行在一种社会制度里面的价值标准，就表现缺陷出来”。道家不满足于儒家所追求的人类社会的价值系统，不满足于这种相对的、而非最高的价值，而要在儒家所主张的人类社会价值标准之上，“再向上面追求”，不断地“超脱解放向上面寥天一的高度发展”。因此，“道家所讲的道，是超脱解放之道”。鉴于这种区别，方东美说，儒家哲学讲“本体论（Ontology）”，道家哲学则不仅讲本体论，而且讲“超本体论（Me-ontology）”。“透过超本体论看出其隐藏一切表相之后的最后真相，这就是道家之道。”①

方东美在将儒、道两家的“道论”进行比较时，说过这样一段话：“道家所讲的道的内容，不像儒家，儒家一方面也有高度，他是下学上达，上达之后，再下来践形，那么一切理想在人类的家庭、社会、国家、国际的秩序里面，或者是在人类世界里面去兑现。但是不管怎么样子兑现，假使从历史这方面看起来，历史的世界是一个多元的世界，在一个时代认为最好的精神成就，等到世界再以它的创造过程到达很高的第二种境界时，再回顾原来第一种境界里面所流行的价值，我们不满意，在那上面就要求再进一步向上面超升。所以，历代，尤其从汉代以来，一直到宋代以后，我们认为中国最高的智慧只有儒家，这是很偏狭的一个见解，道家的精神至少可以纠正儒家的弊端。所以讲中国文化只讲儒家而抹杀道家，不是智慧。”②这就是说，从道家看来，儒家所追求的价值最终要落实到人类社会，这种价值要受到时代的限制。而道家则追求不受时代限制的、永恒的“最高价值”，这体现了道家的哲学智慧。正是在这种追求不受限制的“绝对价值”的意义上，方东美说道家精神可以纠正儒家的弊端。

3. 佛家的“菩提道”

谈到佛家的“道论”，方东美将它分为两种：“束缚道”和“解脱道”。他说就小乘佛学来看，人生无非是“痛苦愚昧的活动，最后是毁灭、死亡

① 方东美：《原始儒家道家哲学》，第30页。
② 方东美：《原始儒家道家哲学》，第16页。

这一套苦、惑、灭所构成的一套大轮回”。小乘佛学认为人们今生今世只能被束缚在这套轮回之中，将脱离苦海的希望寄托于来生。这就是“束缚道”。大乘佛学则认为，人在生活中之所以感受种种痛苦和困惑，最主要的原因“在于人类的‘愚钝’，缺少知识，更没有智慧”。

因而，大乘佛学教人如何“本着最高的智慧”看待人生，从痛苦和困惑之中解脱出来。这就由“束缚道”上升到了“超脱道”，亦即“菩提道”。方东美以释迦牟尼为例，说他未成道时，“只有诅咒世界、罪恶、痛苦、人类、甚至自己。等到他在菩提树下成道之后，将所经历的烦恼、痛苦、罪恶都体会深切，再以智慧提升，便知道这些都不属于自己，所以不再为其沾染，他的智慧使他出离烦恼、罪恶、痛苦……所谓‘菩提道’，是将一般人认为真实的世界，用‘缘生法’找出它构成的因缘条件。如果不能超出此种束缚，生命必在烦恼圈中永远不止地轮回；如果能够看穿现实世界生命构成的条件，人类生命如何附着在世上的道理，就不再受这套思想（引者按：指小乘佛学把人生看成‘苦、惑、灭所构成的一套大轮回’的思想）的束缚……如僧肇的《般若无知论》看透一切似是而非的知识系统而不再受其束缚，看清现实世界只是似是而非的表层世界，这之后才不会再将生命陷入生死苦海，而得以进入自由的精神世界，得到‘真空论’，像老子所谓‘为道日损’的办法，以否定态度看透宇宙一切表相而得到精神上的解放。”[①] 看透现实人生，但不像小乘佛学那样对现实人生持消极、悲观态度，而是以高度的智慧，勘破“轮回构成的原因及其解放之道”，悟出“人生的理想和价值”，追求精神上的自由和解放。这就是方东美所说的大乘佛家的“解脱道”，亦即“菩提道”。

方东美还说：“在佛学上面我们中国接受印度来的思想，不仅仅局限在小乘佛教里面，而把小乘佛教提高到哲学上面极高的智慧，甚至可同道家的智慧平衡。如此，我们才能了解佛家所讲的道，就是‘菩提道’。”[②] 在方东美看来，在对于最高理想境界的追求方面，中国大乘佛家的“道论”所显示的哲学智慧，可以与道家的“道论”等量齐观。

---

① 方东美：《原始儒家道家哲学》，第31页。
② 方东美：《中国人的人生观》，第55页。

上述表明，儒、道、佛三家对于“道”各有说法。唯其如此，方东美又将“道论”称之为“殊异道论”，以表明三家“道论”内容的区别。但他认为，中国哲学诸家都追求宇宙人生的根本之“道”，诸家哲学理论的基本内容，都是关于“道”的探索和阐发，则是共同的。所以他提出，“道论”是中国哲学的“通性与特点”之一。

三、“人格超升论”（“个人品格崇高论”）

方东美说，中国哲学诸家的“旁通统贯论”和“各种不同的道论”，最终目的“都是要把世界提升到理想的存在平面，人生要配合这个理想的世界，要从人类现实的知能才性培养出来美的人格、善的人格、真诚的人格，这样产生‘理想化与圆满无缺的人格’（idealized personality，integrity of human personality）”①。这就是中国哲学的第三个“通性与特点”——“人格超升论”，又称“个人品格崇高论”。

在如何看待“个人”的问题上，方东美认为中国哲学与西方哲学具有不同的着眼点。他指出：“作为个人而言，人性本质及其功能在哲学中乃一争议主题，聚讼纷纭，莫衷一是。”② 对此，西方哲学中存在着两种极端的倾向。一种是贬低人性，认为“人性悉有原罪”（例如基督教哲学）。其结果是导致人的“自我贬抑，自我否定，甚至自我毁灭”。另一种是抬高人性，认为“个人为自然演进之巅峰”和宇宙万物至高无上的主宰（例如近代西方哲学）。其结果是导致人的“自我贡高，自我赞美”，乃至流于狂妄自负。中国哲学与这两种极端的倾向不同。“其论个人，恒兼顾其可观察之现实性（实然）与理想化之可能性（应然）两方面着眼。由现实至可能，其间原有一种极细密之自我实现历程，一种极艰苦之自我修为功夫，以及全幅自我实现之道。”③ 中国哲学着眼于人性的实然状态与应然状态之间的差别，致力于将人的德性、品格从“实然”状态提升到“应然”状态。这方面的论述，构成了中国哲学的“人格超升论”。

① 方东美：《演讲集》，第 72 页。
② 方东美：《中国人的人生观》，第 16 页。
③ 方东美：《演讲集》，第 228 页。

这种人格超升，在儒家那里表现为如下的途径：常人—士—贤—圣—大圣。儒家追求圣贤理想，认为人应该不断地提升自己的人格境界，朝着“大圣”的目标攀登。尽管并非人人都可以达到这种境界（甚至“以孔子的精神高度而不敢自称为圣”），但人人都应该在精神上确定这么一个目标，并且在行动中为此而努力。原始儒家的这种精神，后来被宋明新儒家所继承和发扬。宋儒从周敦颐开始，就主张“士希贤，贤希圣，圣希天”，大讲“圣者气象”。这正是原始儒家“博厚配地，高明配天”的人格理想。道家所说的人格超升，则是指朝着“博大真人”的理想境界提升自己的人格。这种“博大真人”，就是《庄子·天下》篇所赞叹的：“古之人其备乎！配神明，醇天地，育万物，和天下，泽及百姓，明于本数，系于末度，六通四辟，小大精粗，其运无乎不在！”所谓“不离于宗”，是指向着“天人、至人、神人、圣人”（即“博大真人”）的境界提升自己的人格。佛家讲的人格超升，有一个预设的前提，那就是认为“现实的人是一个颠倒的人、愚昧的人”。因此佛家提出，人须得不断地“自我解放”，脱去尘世的重重束缚，历经《华严经·十地品》所说的种种境界，方能“超凡入圣”，成为阿罗汉、菩萨、大菩萨，然后再成佛。“如此把人性发挥到一个最高的最光明的精神阶段，变作佛性”①。

这表明，儒家、道家、佛家都主张把人性从现实的境界提升到理想的境界。方东美说：“就儒家、道家、佛家乃至于新儒家来看，人生活于这个世界，这个世界是一个塔形的组织。”② 它区分为不同的价值层次，“个人”生命的价值，便在于不断地提升自己的生命精神，追求人格上更高的层次。中国哲学诸家都主张人在现有的知能才性的基础上，努力培养真诚的人格、善的人格、美的人格，即“理想化与圆满无缺的人格”。这种理想化的人格，就是儒家所谓“圣人”、道家所谓“至人”、佛家所谓“觉者”。在这三家看来，人的一生就是向着这种理想人格层层上跻、不断超升的过程。在这方面，三家的致思趋向是一致的。

同时，方东美也指出儒、道、佛三家的“人格超升论”在价值取向上

① 方东美：《演讲集》，第 72 页。
② 方东美：《原始儒家道家哲学》，第 17 页。

有所不同。他说这三家所共同追求的人格，可以说是一种“先知、诗人、圣贤”三重复合的人格，而“这三重复合的人格，有时有单向发展”。就儒家而论，从原始儒家直到宋明新儒家，“儒家真正的精神集中在圣人这一方面”。而且，儒家的圣贤理想要体现在现实人生。“他的圣者气象要在身体力行中表现哲学的智慧。因此儒家的生命焦点集中现在世界的阶段！他的圣者气象属于现在的世界这一个阶段。”[①]可见，儒家的人格精神侧重于“圣贤”。就道家而论，“他是艺术的才情多过圣者气象”。对于现实世界，道家有很多地方“看不惯”。按照道家的价值取向，对于看不惯的东西“可以掉头不顾”，而凭借诗人的“奔放的想象力”，在精神上陶醉于“过去梦呓的时代”和“未来可能的境界”。因此，道家是“ more a poet than a sage ”。可见，道家的人格精神侧重于“诗人”。就佛家而论，为了让世人在精神上走出尘世烦恼、困惑的“泥淖”，佛家不仅讲“缘生论”，讲“轮回说”“业障说”，而且“从事反轮回，在精神上求解脱，找到精神出路”，凭借其宗教家的先知，为世人指点出精神上的光明未来。因此，佛家是“ more a prophet than a mere poet or a sage ”。可见，佛家的人格精神侧重于“先知”。

但方东美强调，尽管诸家的人格精神各有侧重，而追求人格超升则是共同目标。方东美说：“就儒家言，主张‘立人极’，视个人应当卓然自立于天壤间，而不断地、无止境地追求自我实现；就道家言，个人应当追求永恒之逍遥与超放；就佛家言，个人应当不断地求净化、求超越、求解脱，直至各派所企仰之人格理想在道德、懿美、宗教三方面之修养俱能到达圆满无缺之境界为止。”[②]三家的人格理想虽各有侧重，但三家之间不仅不相互排斥，而且共同追求道德修养（儒家所侧重）、懿美修养（道家所侧重）、宗教修养（佛家所侧重）相统一的、圆满的人格境界。方东美说，苏格拉底曾称赞伊索格拉底“其人有哲学”；就中国哲学而论，我们可以反过来说“其哲学体系中有人”。而中国哲学对于“人”的关注，归根结底是关注人格精神的提高、超升。因此，“了解中国哲学一定要透视那一个哲学系

① 方东美：《演讲集》，第 77 页。
② 方东美：《中国哲学之精神及其发展》，第 50 页。

统后面所隐藏的精神人格，把它呼之欲出！就一个人格的精神来看学说的内容，这是中国哲学思想上面的一个特点。”[①] 方东美视此为中国哲学的第三个“通性与特点”——“人格超升论”。

著者认为，方东美关于中国哲学一般特征的阐述，表明了以下几点：

其一，哲学形上学是方东美哲学研究的重心，在中国哲学研究中亦是如此。

方东美曾经这样说：

> 通中国哲学之道，盖亦多方矣。然余于是书（引者按：指《中国哲学之精神及其发展》）则独采形上学途径，旨在直探主脑及其真精神所在。范限既定，余遂得于众多问题或迳置而弗论，或姑及其梗概耳。[②]

方东美不仅在建构自己的哲学理论体系时注重形上学层面（如他的生命本体论），而且在哲学史研究——包括中国哲学研究——中也是如此。他在论述中国哲学“形上智慧”和中国哲学的“通性与特点”时，正是将形上学视为中国哲学的“主脑”和“真精神所在”，而对于中国哲学的其他一些内容则略而不论。这一方面体现了他关于中国哲学的一个重要的基本观点，即他多次说过的——“中国哲学之主要趋势为形上学”。[③] 对于这种研究路径和方法，我们无可非议。但另一方面这也说明，方东美对中国哲学的研究，就内容来说是相对不全面的。

其二，中国哲学是一种自成体系、自有特色的形上智慧。

在近代以来中西哲学乃至文化的碰撞中，中国哲学家现实面临的一个尖锐问题是：中国传统哲学究竟是如某些西方哲学家所称的“一套道德信条”，还是一种真正富于哲理性的智慧？方东美揭示了中国哲学由《周易》贯

---

① 方东美：《演讲集》，第 77 页。
② 方东美：《中国哲学之精神及其发展》，第 21 页。
③ 方东美：《中国哲学之精神及其发展》，第 33 页。

穿下来的万物“生生”之理，凸显了中国哲学的生命精神、人文精神，说明了中国哲学思维的高度综合性，表明中国哲学的价值论和人性论的统一。通过这些方面的阐述，特别是通过其中关于中西哲学形上学之比较的论述，方东美说明了中国传统哲学是一种自成体系、自有特色的形上智慧。

方东美运用自己在西方哲学方面的学养，采用近代以来新的哲学理念（包括新的哲学概念和哲学思维模式）来诠释中国传统哲学。美国夏威夷大学成中英教授认为，近八十年来，面对西方哲学和文化的冲击、挑战，中国老一辈的哲学家如梁漱溟、熊十力等人，致力于中西哲学和文化之比较、儒家形上学之反省等工作，其实质是一种“为中国哲学所做的不遗余力且意涵深奥的辩解”。此后，出现了方东美、唐君毅、牟宗三、徐复观等“新一代的哲学家”。他们凭借自己对西方哲学比前辈更加深入的理解，通过中西哲学的诠释和比较，“为中国传统融铸新形式同时注入新生命”。[①]可以说，方东美对于中国哲学的“形上智慧”和“通性与特点”的阐释，正是体现了一种以西方新的文化理念为中国传统文化融铸新形式、注入新生命的努力。而在这种努力中，体现的是方东美以民族传统文化为本位、同时容纳和会通西方文化的学术立场。这也正是现代新儒家的基本文化立场，即所谓“挺立自家传统，融汇西方新潮”。我们从方东美的论述中，可以强烈地感受到他维护和弘扬中国哲学的热忱。感受到他以民族文化为本位的学术立场。

其三，中国哲学是一种以人类生命的精神价值为中心的、追求“内在超越”的哲学。[②]

方东美提出中国哲学的通性与特点，目的在于说明：“在中国哲学上面，随便哪一派都是以价值为中心的哲学。”[③]他所谓“旁通统贯论”，说的是以生命价值为中心的旁通统贯；所谓“道论”，说的是人类的价值理想实现之“道”；所谓“人格超升论”，说的是个人的人格如何不断地提升到更高的价值境界。他所提出的每一条，都与“价值”观念紧密相连。

---

① 参阅成中英：《中国哲学之再生与挑战》，载《中国文化的现代化与世界化》，中国和平出版社 1988 年版。

② 详见余秉颐:《以生命的精神价值为中心——方东美论中国哲学的“通性与特点”》，载《中国哲学史》2003 年第 2 期。

③ 方东美：《演讲集》，第 104 页。

可见方东美的这些论述，归结起来反映了他如下的观念：中国哲学从根本上说，是一种“以价值为中心的哲学”，是一种“价值学的理想主义”。

在方东美看来，中国哲学的本体论，是“以生命为中心的本体论”。作为宇宙本体的“普遍生命”，以其生生不息的本性，创造、孕育着天地万物。作为万物之灵的人类，以其创进不已的生命精神，参赞着宇宙的创化。在这创化过程之中，世界不断地“超化”而更臻美好，人类不断地“超升”而更臻高尚。这种超升，是人的生命精神——亦即人格精神——无止境地向上提升的过程。生命精神不断地超越各种相对价值而蕲向更高的价值理想，就是人格的超升。值得指出的是，方东美虽然推崇西方的生命哲学并以之诠释中国哲学，但他强调中国哲学致力于将“物质的生命”提升为“精神的生命”，注重人格精神和价值理想的追求。这实际上表明了中国哲学的“生命本体论”以理性主义精神，区别于现代西方的非理性主义生命哲学。

而且，中国哲学对价值理想的追求，不以贬抑、否定现实人生为前提，而恰以现实人生为实现价值理想之领域。中国哲学诸家，其学说虽有歧异，却都是将宇宙视为生命大化流行的旁通统贯整体，而探求其中的真善美价值意涵，“把宇宙的各种真相显现出来，把人生各方面的意义与价值显现出来”。中国哲学总是致力于阐明：任何个人，均应当于现实生活之中不懈地追求更高的价值理想，实现生命精神的“内在超越”。由此可见，中国哲学是一种以人的生命的精神价值为中心的、追求“内在超越”的哲学。方东美认为这是中国哲学的一种基本的价值取向，并对之持完全肯定和热烈赞扬的态度，而未能看到（或者说不愿看到）和指出这种价值取向也有弊端。但方东美的论述作为对于中国哲学基本精神的一种阐释，尤其是这种阐释对于中国哲学基本价值取向的把握，是值得给予肯定的。

第六章　方东美论中国哲学“四大主潮”

方东美认为，中国哲学有“四大主潮”，即原始儒家哲学、原始道家哲学、宋明新儒家哲学和大乘佛家哲学。中国哲学的起源应该从儒家说起，而儒家哲学应该分成原始儒家和宋明新儒家两部分来讲。最能代表儒家精神的，是原始儒家哲学。汉代之后，儒家精神走向衰落。至宋明，新儒家（即宋明理学家）就精神境界而论，已经“难比孔孟”，但应该承认他们在一定程度上复活了原始儒家精神。道家精神的真正代表，是原始道家老子、庄子。战国末期道家思想开始“转向”，汉代以后则更是“趋入邪道”。因此他讲道家哲学，只讲“老子体系”和“庄子体系”。佛学本自印度传入，它借助于道家思想而得以在中国立足和传播，同时也被中国思想所同化。小乘佛学不为中国哲人所认可。大乘佛学则以其对于宗教超越界的精神追求，和同时对于现实人生之价值和意义的肯定而为中国人所接受，并成为中国哲学和文化的重要组成部分。

方东美认为，正是这四家哲学，代表了中国人的生命精神、体现了中华民族的智慧，构成了中国哲学的“主潮”。

第一节　论原始儒家哲学

方东美说，很多人因为老子年长于孔子，便认为道家哲学的产生先于儒家哲学。其实正如孔子自己所说，他“信而好古”，传承了中国古代的思想文化，其中包括中国最早的“哲学宝鼎”——《尚书》和《周易》。

所以讲中国哲学，应该从孔子讲起，从儒家讲起。

中国哲学思想就起源而论，方东美认为有一个特点，那就是不像希腊哲学、印度哲学起源于“一套神话系统”（例如希腊的荷马和赫西奥的神话史诗，印度的《吠陀经》和《奥义书》等）。中国古代虽然也有《山海经》《楚辞》等神话著作，但它们都产生于战国以后，而这时中国的哲学思想已经有了相当的发展，不能用这些神话著作来说明中国哲学思想的产生。

方东美在论原始儒家哲学时，首先说明：

> 兹专欲论列者，乃以孔、孟、荀为代表之原始儒家。就此义观之，所谓原始儒家乃是一方面承受一套洪荒上古时期之久远传统，或如若干解释所言，仅系发挥旧说，同时另一方面，抑又创造出一永久性之传承，垂诸后世为弗竭。合斯二者，遂为全幅中国文化史之长程发展而一举奠定其基型焉。余意盖谓两大哲学文献：一曰《尚书》，一曰《易经》。[①]

可见在他看来，中国哲学思想的真正起源，是《尚书》和《周易》。因此在方东美研究原始儒家、原始道家哲学的专著《原始儒家道家哲学》中，关于原始儒家的论述只有两部分，即《尚书》部分和《易经》部分。

一、“洪范九畴乃上古哲学宝藏”

《尚书·洪范》提出了“九畴”，即治理国家的九种根本大法。方东美在《原始儒家道家哲学》一书中，作《洪范九畴疏解》，对“九畴”逐一进行了解说。他认为，“九畴”中最有意义的，是第一项“五行”和第五项“建用皇极”。

“五行”即水火木金土，是人们生活所需的物质资料，也是“构成宇宙的重要质素”。方东美说在夏商洪荒时代，人们不能采取科学的方法认识宇宙，而只能“就大的元素来说明大的结构”，将宇宙的成分归结为水火木金土五类。这些都是“五官可以观察的元素”。同时人们发现，每种

① 方东美：《中国哲学之精神及其发展》，第58页。

元素各有其内在的属性，即："水曰润下，火曰炎上，木曰曲直，金曰从革，土曰稼穑。"[①] 这是五行的自然属性。人们亲身体验这些自然属性，将它们与人的主观感受相结合，于是又将这些物理、化学方面的性质，转换为人们心理方面的性质，即"润下作咸，炎上作苦，曲直作酸，从革作辛，稼穑作甘"。

方东美提出，对于《洪范》篇的"五行"之说，要看到以下两点：

1. "五行"之说，是产生于中国古代社会初期，接近科学、接近哲学的"初步的宇宙论思想"。

2. "五行"说表明，中国哲学从其产生时起，就"把自然现象与人类本身贯穿起来成为连续体"，将事物的自然性质与人们对这些性质的心理感受相贯通而认识。可见中国哲学"从一开始就是'机体的统一'"。

此后，"五行"说经历了"层层转折"。战国时期的阴阳家邹衍等人将它变为"五行相生相克"的术数，再转变为历史哲学、政治哲学，以事物"相生相克"的观念钳制当时的帝王。战国末年的别墨一派，反对邹衍之说，提出"五行无常胜，说在多"，认为五种自然元素之间不存在固定的谁"克"谁的关系，问题在于一物对于另一物的作用力的大小，亦即作用力强弱的对比。这是"从自然科学的原理"来说明五行之间的关系。西汉董仲舒将"五行"说演绎成"比相生间相胜"的哲学理论。后汉班固则把"五行"说应用到气象方面，将一年分为五季，以之表示生命的循环历程。方东美勾画了"五行"说从产生至汉代的这么几个主要发展阶段，并进而认为："中国后来的科学思想和哲学思想，都可以由流行于夏殷时代的五行之说找出一条线索。"[②]

"洪范九畴"第五项讲的是"皇极"。方东美对此特别重视，认为"'皇极'在洪范九畴里面居于中心地位"，它体现了《尚书·洪范》篇的基本精神，并且是原始儒家思想的起源之一。

方东美对"皇极"作出了异于前人的解释。从《尔雅》直到宋儒，都将"皇"解释为"大"，将"极"解释为"中"，说"皇极"就是"大中"。方东美却认为，这种解释停留于文字上的附会，并且"很牵强"。而更重要的问题在于，"皇极"或曰"大中"的哲学意义究竟是什么，汉儒和宋

①《尚书·洪范》。
② 方东美：《中国哲学之精神及其发展》，第36页。

儒都没有解释清楚。现代比较民俗学的研究发现，每个民族在其建筑物的构造和绘画雕刻乃至宗教仪式中，都有一个象征性的“中心符号”，“以这个中心符号摄取世界的一切”。方东美认为所谓“大中”正是这么一种“中心符号”。《礼记·礼器》篇所谓“升中于天”，就是指宇宙的一切凝聚于一个中心（“大中”），这个中心是宇宙万物和人类生活的价值标准。所以，“《尚书洪范》篇的‘皇极’，就代表了宇宙的最高真相价值”，是“宇宙真相价值之最高的标准”。[①]

方东美还进一步提出了自己对于“皇极”意蕴来龙去脉的理解。他认为，“皇极”概念在其历史演变中具有以下几层意义：

第一层，“皇极”最初只具有宗教意义，它象征着“皇矣上帝”，象征着宗教世界的秘密。

第二层，此后“皇极”概念经过“哲学的制订”，其意义逐渐从宗教方面“转换到哲学的世界里”，成为本体论中宇宙真相价值的最高标准，即所谓“大中”。这个转换和制订工作，正是在《尚书·洪范》篇中完成的。

第三层，用本体论上的真相标准、价值标准，来说明“宇宙与人生之秘密”，使神秘的自然世界转变成为“道德文化的世界”。

第四层，将“皇极”范畴所包含的宗教意义、哲学意义、伦理意义“展开来成为‘中国的早熟文化’，即是成周时代的道德的理想、艺术的观念与哲学的推论”[②]。“皇极”所展开的思想体系，构成了春秋以后的系统哲学，不仅原始儒家的哲学发源于此，甚至原始道家、原始墨家的哲学思想也可溯源于此。而以孔子为宗师的原始儒家，对于使“皇极”概念从最初只具有宗教的神秘意义，到最终转变为在现实生活中具有哲学的理性意义，发挥了重要作用。

方东美此处所论，就严格的哲学史研究来看，应该说是缺乏充分的史料根据的。但上述见解至少表明，作为以文化哲学研究见长的哲学家，方东美在考察原始儒家的哲学思想时，能够将它与中国文化的形成和发展联系起来，试图从一个更为广阔的视野来看待“皇极”和《尚书·洪范》篇

① 方东美：《原始儒家道家哲学》，第78页。
② 方东美：《原始儒家道家哲学》，第99页。

的意义。

二、《周易》“代表儒家、代表孔子”的创造精神

方东美提出，原始儒家哲学有两个思想传统，一是守旧的传统，一是创新的传统。所谓“守旧”，指的是对历史的继承，如孔子所说“郁郁乎文哉，吾从周”。《尚书》“代表夏殷时代传统的思想”，体现了原始儒家对于古代思想文化的继承，因而反映了儒家思想重传统、重继承的一面。但儒家思想还有重创新、重发展的一面，这一面的代表便是《周易》，它“把整个宇宙人类的生命投入时间之流中，不断地看它发展与变化”[①]。《周易》体现的是原始儒家的创造精神。因此可以说，《周易》对于儒家哲学来说尤为重要。

方东美说在孔子之前，《周易》这部书从“六经皆史”的观点看，主要是历史的书，思想意义还仅表现在宗教方面。孔子“晚而好易，韦编三绝”，和商瞿作《十翼》，从而使得“《周易》这部历史的书变为哲学的书”，代表了儒家注重变化与创造的精神，从此便有了“周易的哲学”。其根本精神，是在永不止息的时间之流中看待宇宙万物的生灭变化。因此，孔子及其门弟子堪称代表了“儒家开创的一面”。显而易见，方东美是持孔子删定《周易》之说的。

孔子对儒家哲学最主要的贡献，方东美认为不在《论语》，因此他反对以《论语》作为研究孔子思想的主要依据。[②]研究孔子思想的人历来注重《论语》，方东美却说“格言体”的《论语》固然是“人生经验的结晶”，对于实际人生非常宝贵，但它“没有论及宇宙全体”，尤其是“没有对本体万有的最高根源加以说明”，远不如“到处说明宇宙人生是时间创造、时间变化”的《周易》能够代表孔子和儒家哲学的真精神。方东美之所以这样说，是因为他认为，一种哲学的价值和意义，主要体现于它的形上学方

① 方东美：《原始儒家道家哲学》，第 134 页。

② 此论曾引起台湾学术界的争议。对此，方东美的学生刘述先说：“东美师讲原始儒家，最多独特卓识，但也最容易引起争议。论孔子只据《论语》自不足够，然不用《论语》为主要依据，则又不免引起方法论上之保留与疑虑。”（见《方东美传记资料》第 1 辑，第 17 页。）

面，即体现于“本体论、万有论、价值论”方面。《论语》虽然“有用”，但没有探讨宇宙的本体、真相和价值问题，没有进入形而上的领域，因而不能代表孔子和原始儒家的最高哲学智慧。相反，《周易》之所以能够“代表儒家、代表孔子的精神”，正因为它反映了原始儒家哲学的形而上境界，代表了孔子和原始儒家的哲学智慧，并体现了儒家哲学的重要的基本精神，即创造精神。方东美在谈到“儒家形上学体系的两大基本主要特色”时，认为其第一大特色便是“肯定乾元天道之创造力”，而“表现此种思想形态最重要者莫过于易经”[①]。也就是说，儒家对于“天道”的创造力、宇宙万物（包括人类）的创造精神的肯定，在《周易》中得到了最为充分的反映。这表明，方东美所谓《周易》“代表儒家、代表孔子的精神”，指的就是他所理解的孔子和儒家的“创造精神”。

方东美说，原始儒家从时间的流变来看待宇宙和人生的一切，表明他们是一种“时际人”（Time-man）。而在他看来，正是原始儒家代表了“儒家的真面目”和儒家哲学的“真精神”。因此可以说儒家便是一种“时际人”。在儒家哲学中，宇宙的真相、人生的真相都在时间的流变之中被展开，成为一个创造过程，一切均被诉诸时间之流中的“创造性生命”。一切都处于“生生不已”的变化、创造历程中。可见，“孔、孟、荀原始儒家思想在创造这一方面是很大很大的”[②]。创造精神，被方东美视为原始儒家哲学——他心目中的纯正的儒家哲学——重要的基本精神。

三、“践验高超理想于现实生活”的入世精神

原始儒家哲学另一种重要的基本精神，方东美称之为“践验高超理想于现实生活”，即“极高明而道中庸”的入世精神。

在谈到儒家形上学的特色时，方东美说：

> 儒家形上学具有两大特色：第一，肯定天道之创造力，充塞宇宙，流衍变化，万物由之而出。（易曰：“大哉乾元！万物资始，乃

---

① 方东美：《中国哲学之精神及其发展》，第123—124页。
② 方东美：《原始儒家道家哲学》，第29页。

统天。”）第二，强调人性之内在价值，翕含辟弘，妙与宇宙秩序，合德无间。（易曰：“大人者，与天地合其德，与日月合其明，与四时合其序，与鬼神合其吉凶，先天而天弗违，后天而奉天时。”简言之，是谓“天人合德”。）此两大特色构成全部儒家思想体系之骨干，自上古以迄今日，后先递承，脉络绵延，始终一贯。表现这种思想最重要者莫过于易经。①

儒家形上学不仅肯定了“天道之创造力”，而且肯定了“人性之内在价值”（这两方面都在《易经》中得到充分的反映），肯定了“天人合德”，人可以参赞天地之化育。方东美在论儒家哲学时多次提出：原始儒家哲学的人性论认为，人性具有“内在的潜能”。人们应该将这种潜能充分发挥出来，“践验高超理想于现实生活”，不仅要使自己的生命境界得到“超升”，同时要以“极高明而道中庸”的入世精神，改造这个世界，使宇宙得到“超化”。方东美在此所论，乃是儒家的内圣外王、成己成物思想。

对于原始儒家哲学入世精神的欣赏和赞扬，与方东美对于社会现实状况——尤其是文化状况——的看法紧密相关。他认为，当今人类正处于文化上的“黑暗时代”“灾难的时代”。就连历来积健为雄的中国文化也是“百病丛生”。面对这样的现实，他“实在心有所不甘”，而企求改变之。原始儒家提出的内圣外王、成己成物思想，正符合他改变现实状况的强烈要求。他说：“儒家豁达大度，沈潜高明，兼而有之，其于天人之际，古今之变，处处通达，造妙入微，期能践验高超理想于现实生活。”②儒家强调人应当努力使自己的价值理想实现于现实人生。这种既“高明”而又“沈潜”“极高明而道中庸”的价值追求，使得儒家思想能够在社会现实中发挥利进人生、“治国平天下”的作用。

方东美十分欣赏《中庸》中的这段话：“唯天下至诚，为能尽其性；能尽其性，则能尽人之性；能尽人之性，则能尽物之性；能尽物之性，则可以赞天地之化育，而与天地参矣。”他解释说：“‘惟天下至诚，为能尽

① 方东美：《生生之德》，第288—289页。
② 方东美：《演讲集》，第45页。

其性’，先把自己的生命理想完成了，然后‘能尽其性，则能尽人之性’，再充类扩展，把一切人的生命精神的理想，予以完成。这是人类生命创造精神普遍的完成。而后再发挥同情心，实现到宇宙的万类，也能够‘尽物之性’。把自己生命理想完成了，同类的人类的生命理想也完成了，在宇宙里面一切存在的理想、理由，都实现了……生命不是萎缩的而是开放的，是扩充尽类的创造过程以及它的结果。这一种精神是从孔子到曾子，再由子思到孟子的儒家一贯的精神发展。”[①]这种由孔子到孟子的“一贯的精神发展”，正是指原始儒家哲学的精神：推己及人，成己成物，不满足于个人精神上的自我解脱，而以天下为己任。方东美说，正是在这种思想的长期熏陶之下，中国人从来“不以遗世独立为尚，冀能免于与世界脱节，与人群疏离之大患”。[②]原始儒家哲学这种“践验高超理想于现实生活”的入世精神与“创造精神”，一同被方东美视为儒家思想最重要的特色和基本精神。

原始儒家哲学的主要代表人物，方东美认为是孔子、孟子、荀子。他们具有“大气磅礴的精神气魄”。特别是孔子，在学术上具有宽容大度的心胸和开放精神。“孔子博采众家，不拘于一说；虚心坦怀，不先有成见。他周游列国，到处访求贤人，搜集资料，然后才能删诗书，正礼乐，系周易，作春秋。然而，在孔子现存的言论中，没有一句是攻击别人的！他虚心地面对着过去优美的文化传统，坦然的接受当时代合理的解释与思想，哪里会去排斥‘异端’哩！”[③]孔子所创立的原始儒学，由于对九流之学“无不接纳其中的学术优点……包容百家，汇通众流”，因而成为“博厚高明悠久无疆之学”。

至于孟子，方东美赞赏他的“浩然之气”，但认为论学术心量和器局，已经不如孔子博大。后来汉儒独尊儒术以及宋儒辟佛、辟道，都受到孟子辟杨墨的影响。就此而论，可以说孟子“在中国学术史上，成为‘道统’观念的始作俑者”。但方东美认为，这不过是孟子作为亚圣的“白璧瑕疵”。他说：“孟子……把握这么一个哲学的智慧，形成他的精神人格。这个精

① 方东美：《演讲集》，第 47 页。
② 方东美：《演讲集》，第 47 页。
③ 方东美：《新儒家哲学十八讲》，第 6 页。

神人格实在永远不朽！但是孟子刚气十足，而且有点过分，有时在学术上面，他究竟纵横之气多了一点！他不能像孔子可以容纳道家思想的浑厚气量。近人刘申叔（师培）在《国学发微》中指出儒家的思想可以容纳九流的思想。可是孟子却要辟杨墨，乃至于引起后来汉儒罢黜百家、宋儒辟佛。这是孟子以其极大的人格力量，发挥过分，有点逾越范围。我们从现代人看起来，亚圣在人格里面有时也表现白璧瑕疵。”①

方东美认为，荀子之后，原始儒学的精神趋于衰微。他说：“荀子，在逻辑上是较为严谨了，在理论上也较精细了，但是气魄不及孔孟之大。所以儒家的思想，到荀子而后就要转向了。”②而到了汉儒，器局便变得更加狭小，这是因为董仲舒“建议汉武帝罢黜百家，独尊儒术，而所独尊的儒术是把活跃创造的儒家僵化了”③。此后，儒家的一些代表人物由于“心量狭窄”而宣扬“狭隘的卫道精神”，使儒家丧失了原有的宏大气魄。由原始儒家奠立的儒学基本精神，便日渐走向衰落。

第二节　论原始道家哲学

论及道家哲学，方东美首先强调原始道家与后来的“新道家”以及道教的区别。他说以老、庄为代表的原始道家具有很高的哲学智慧，但是在战国时期，道家的智慧和神仙家、法家的思想混在了一起，从而“变更了智慧的实质”。在秦汉之际，道家学说演变为黄老之学，它“腐蚀了道家高尚的哲学智慧”。魏晋时期，何晏、王弼等“新道家”虽自谓传承道家思想，但所宣扬的其实是黄老之学，而不是原始道家的精神。六朝末期产生的道教，则进一步发展了神仙家的思想，使道家思想“变成迷信”。如汉代张道陵（即张天师）对于“道”的解释，“几乎是不堪入耳”，而他居然也自命为道家。因此，“我们在接触道家思想的时候，一定要划分清楚，老庄的哲学智慧叫道家……但是像神仙之学、方士之学、黄老之术、黄生之学，一直到后

① 方东美：《新儒家哲学十八讲》，第 6 页。
② 方东美：《新儒家哲学十八讲》，第 211 页。
③ 方东美：《原始儒家道家哲学》，第 134—135 页。

汉以后到北魏时代的所谓‘道教’，则是另一种东西，虽然也号称与道家有关，但是没有哲学智慧”。[①] 这就是说，唯有原始道家老子和庄子，真正代表了道家的哲学智慧。所以方东美《原始儒家道家哲学》中的《老子部分》和《庄子部分》，不仅是他关于原始道家哲学智慧的论述，而且是他关于整个道家哲学智慧的论述。

一、老子哲学是一种“超本体论”

方东美将老子哲学的基本范畴“道”，划分为四个层面：“道体”“道用”“道相”“道征”。他对这四个层面逐一进行了分析，说明在老子哲学中，“道”是无限真实存在的“太一”或“元一”，它是天地之根、万物之宗，它周溥万物，遍在一切，其性无尽，其用无穷，既是万物之所由生，也是“万物之最后归趋”。

在对“道”的四个层面进行阐述之后，方东美提出自己关于老子哲学的独特见解：“老子的根本哲学，不能够拿寻常的本体论来概括，而应当在本体论上面再有所谓的超本体论（me-ontology）。”[②] 他说《老子》的第一章讲的就是本体论。他将这个本体论与儒家哲学的本体论相比较，来说明老子哲学讲的是“超本体论”：

> 从这四方面（引者按：指“道”的四个层面）来看……第一章是他的本体论。这个本体论假使从儒家来看，则其根本对象是“有”，因此是就万有这一方面出发，追求万有存在的理论效果。儒家的思想是按顺序找出宇宙的根本里面所涵藏的一切理论效果。老子同儒家的不同在什么地方呢？依老子的说法，儒家是走学问的路径，所以主张“为学日益”，从“有”出发，再以更大的“有”，更深的“有”，更远的“有”，向后面追求。但是老子则是按第四十章所说的“反者道之务”——把它扭转过来，找出另外一个哲学发展的方向。也就是就万有里面，再追求万有之后的根源，这

---

① 方东美：《原始儒家道家哲学》，第 178 页。
② 方东美：《原始儒家道家哲学》，第 204 页。

是反过来追求。换句话说，在哲学上面的根本问题，并不陷在本体论里面，而是自“有”至“无”。把本体论再向上面追求，变做“超本体论”，变做“非本体论”，认为那个宇宙之后、之外、之上，有更深的、更高的、更远的宇宙根本真相。[1]

方东美认为，儒家是从“有”出发追求宇宙的终极本体。在儒家哲学中，万事万物存在的根源和变化的动因都还属于“有”的范畴。儒家哲学正是从这样的视角，诠释宇宙最高精神本体所产生的“理论效果”。道家哲学为了寻求更高、更深、更远的宇宙真相，而由“有”至“无”，超越儒家哲学的本体论而继续追求。因此，老子哲学是一种“超本体论”。方东美说《老子》五千言，讲了宇宙论（“道生一，一生二……”），讲了本体论、万有论，但这并不是老子哲学的最高境界。老子哲学“真正最高的境界是在价值上面‘价值的超升’”，即超越相对价值而追求最高的“绝对价值”。

老子说“天下皆知美之为美，斯恶已；皆知善之为善，斯不善已”，这表明人们平常所谈的价值，只是相对价值。一提到“美”，便有“丑”与其对应；一提到“善”，便有“恶”与其对应。所谓“美”“善”，乃是“相对的美”“相对的善”。在肯定相对价值的同时，老子提出：“道可道，非常道；名可名，非常名。”所谓“常道”“常名”就是无对待、绝言说的永恒的绝对价值。老子就是要求人们从相对的价值领域解放出来。他号召人们追求的，不是具体事物的善和美。具体事物的善和美，还属于本体论中“有（万有）”的领域。老子乃是“自有至无”，从本体论再向更高境界追求，变作超本体论，去探索不可言谈、难以名状的“宇宙根本真相”，追求绝对的善和美。“在这一点上面，道家与儒家的精神，主要的差别是在价值理想的差别。……人在宇宙中，儒家把它看成宇宙的中心，宇宙的主体；而道家则说：‘人法地，地法天，天法道，道法自然！’在人之上还有许多层级，许多不同的很高境界。所以，道家承认 Value of humanity，只能够流行在历史的世界中。人类社会的相对价值，这个相对

① 方东美：《演讲集》，第 142 页。

的价值诚然是重要，但是这只能代表 Aspects of copious wisdom。所以在道家这方面，还要向上面超越，有时对于儒家的价值还要表现微词，因为这只能够代表人类的最高价值；但是在宇宙里面，这并不是最高的绝对价值。”①方东美认为，这是老子哲学的根本精神，也是道家哲学的根本精神。

那么，老子的“超本体论”意义何在？方东美说，在现实世界、经验世界支配人们观念的相对价值，往往是今日以为善，明日以为恶；今日以为美，明日以为丑，随着时间的推移而变化不定。这种相对的价值，无疑是人们所应当了解的，但它们毕竟不是“最高的价值统会”。人类在“把一切相对价值都了解之后”，还应该“直透上层”，到达最高的精神境界，“拿最高的价值统会来支配人类的生命”。而要做到这一点，首先必须通过“超本体论”来认识宇宙的最高价值。在方东美看来，老子“超本体论”对于人生的意义即在于此。

二、庄子的超脱精神“回向人间世”

在原始道家哲学中，可以说，方东美更加看重的是庄子哲学。

他认为，庄子哲学的突出贡献，是消除了老子哲学中的困惑（最主要的是“无”与“有”的对立）。他说：

> 老子哲学系统中之种种疑难困惑，至庄子……一扫而空。庄子将空灵超化之活动历程推至“重玄”（玄之又玄），故于整个逆推序列之中，不以“无”为究极之始点。同理，也肯定存有界之一切存在可以无限地重复往返，顺逆双运，形成一串双回向式之无穷序列。原有之“有无对反”也在理论上得到调和（“和之以天倪”），盖两者均消弭于玄密奥妙之“重玄”之境，将整个宇宙大全之无限性，化成一“彼是相因”、交融互摄之有机系统。②

庄子“作为一位哲学家，他献身于精神生命的高扬”，将老子对于“无”的

① 方东美：《演讲集》，第51—52页。
② 方东美：《新儒家哲学十八讲》，第211页。

追求推展到极点（即“重玄” 的精神境界）。但庄子与老子亦有不同。其中最主要的，是消除了老子哲学中“无”与“有”的对立，提出绝对的价值理想可以在万有中、在人间世转变为现实。因此，庄子哲学“不仅仅精神的上界很高，在那里有绝对的价值理想；同时这种价值理想，回过头来到人间世、现实世界，也可以藉有智慧的人转变了成为现实，而在地球上、在人类社会中，完成现实。……从这点看来，庄子的精神比老子的精神还要伟大，因为老子注重精神向上面的发展，而庄子可以把上回向的精神路径展开来变成下回向，接触现实世界、现实人生，把现实世界、现实人生也美化了。所以他讲‘圣人者，原土地之美而达万物之理’”。[①] 老子哲学只追求精神的向上超升，庄子哲学却既注重精神的“上回向”，又注重精神的“下回向”，使价值理想与现实世界、现实人生相联系。

方东美从“超脱精神”（上回向）和“回向人间世”（下回向）两个方面，来阐发庄子哲学的“双回向”路径：

一方面，“庄子之精神”遗世独立，飘然远引，如同《逍遥游》中的大鹏神鸟，背云气，负苍天，翱翔太虚，“独与天地精神往来”。方东美说：“‘逍遥游乎无限之中，遍历层层生命境界’乙旨，乃是庄子主张于现实生活中求精神上彻底大解脱之人生哲学全部精义之所在也。”[②] 人应该将物质世界上的一切限制“通通都当作藩篱”。打破这些藩篱，人便能“提其神于太虚”。庄子寓言化的思想体系，意义即在于辩明精神解脱的重要，领悟理想生命的崇高意义，使人们的精神升华而与“道体”合一。在这方面，可以说庄子把老子“超本体论”追求价值超升的智慧拓展到了极致。

但另一方面，庄子强调精神沿着上回向超脱解放之后，“还要再回向人间世”，以同情理解的态度看待现实世界、现实人生。人们常诅咒现实世界的黑暗，想逃离现实，并从庄子哲学中为此寻找依据。方东美说，这里存在着误解。庄子固然宣扬精神超升，但他说人的精神超升之后，应该“提其神于太虚而俯之”，从“寥天一”的高处俯视宇宙层层境界。这样便会发现：从天上看人间世，正如从人间世看天上一样，“其视下也，亦若是

① 方东美：《原始儒家道家哲学》，第 134—135 页。
② 方东美：《原始儒家道家哲学》，第 244 页。

则已矣”，原来人间世也是美好的。即使精神超升达到“至人”的境界，当他的精神回向人间世时，也会发现“人间世为其理想实现之自然之地”。因此，庄子哲学宣扬精神超脱解放，并不是为了满足人们在精神上逃避现实的需要，而是因为“唯有献身于最高的理想，这个世界才能从根本上得到改善”。这就是说，庄子的超脱精神并不遗弃现实世界和人生，它的“出世”乃是为了“入世”。庄子哲学所追求的精神自由，固然如同大鹏神鸟“抟扶摇而上者九万里”，但最后也还是要回向现实，“改善”世界和人生。庄子哲学的超脱解放精神，包含着这样上、下两个回向。

三、“道家只是一个超越哲学”

对于原始道家哲学，方东美十分赞赏。就他个人气秉而论，也颇具道家气质。但是，对待人生的入世态度和改变现实状况的愿望，决定了他就学问根本而论，并没有采取道家的基本立场和价值准则。

“道家以人间世的一切都是枉然”[①]。道家形上学可以使人的精神提升到高妙的“寥天一”境界，得到大解脱，但是它不能产生对于现实世界和人生的利进作用。庄子提出的“下回向”，毕竟不像儒家那样能够凭借“六艺精神”而付诸现实世界和人生。方东美将道家与儒家的生命精神作了比较：“儒家在生命精神这一方面最富于现实的精神，把握现实的精神；所以真正的儒家，他的圣者气象要在身体力行中表现哲学的智慧。因此儒家的生命焦点集中现在世界的阶段！他的圣者气象属于现在世界这一个阶段。就道家这一方面看起来，他是艺术的才情多过圣者气象，而儒家却依广大的同情不忍诅咒世界，也不忍舍弃这个世界，因为他的恻隐之心不能够离开这一个世界。但是道家，假使我们把他一下子引到现实世界上面来，有许多地方，他看不惯！在他的价值标准之下，他看不惯他可以掉头不顾，撇开来……庄子代表道家，他是一个超越的精神，这个超越的精神，他是诗人的气质，对现代世界不满意，他可以逃到过去，过去梦呓的时代变做他的黄金时代……再把他的梦呓以诗人的幻想投射到未来可能的

① 方东美：《原始儒家道家哲学》，第178页。

境界里面去！”[①]儒家注重“现实”“现在的世界”，讲究“身体力行”；道家则看重“过去梦呓的时代”“未来可能的境界”，对于现实世界可以“掉头不顾”。这是儒、道两家在人生态度和价值取向方面的不同。显而易见，方东美赞同儒家的人生态度和价值取向。

在此，方东美也批评了庄子。他认为，庄子哲学固然不是消极、出世的（这与庄子“受过孔孟的相当影响”有关），但毕竟过于注重追求精神的无限解脱，以致“轻忽了世俗生活”。庄子的可批评之处就在于“他醉心于离世独立，而轻忽了世俗的生活”[②]。他还说，其实“‘内圣外王’四字，首次出现在《庄子·天下篇》中”，但实际上庄子醉心于精神超脱，忽视了现实人生。而儒家则真正以内圣外王、成己成物立教，结果“内圣外王却完全代表儒家思想的精髓”。因此，尽管方东美认为“春秋战国时代原始儒家、原始道家、原始墨家所创立的最高哲学智慧，可以复兴于今日”，但为了“拯救此世”，他提出的主张是：“我们还是要真正培养儒家的优点成为中国民族精神的重镇。”[③]并且认为“中国思想中，主要是儒家指导中国人的生活；至于道家，像在汉代社会腐化、崩溃之时，也曾出而拯救，使现实可以趋入理想，但真正道家、艺术家却会以此世为无用、为累赘而不愿回顾”。[④]可见，方东美虽然欣赏和向往道家空灵超脱的精神境界，但在面临社会现实与人生问题时，他便将道家视同“艺术家”，认为他们“太超脱”，认为“道家只是一个超越哲学”[⑤]。

根据道家的超脱精神，方东美说他们是“太空人”（Space-man），他们让精神超升到宇宙最高境界，然后从太空观照人间世。因此，可以说道家生存于一种理想的“空间世界”。不过这种空间，不是窒息人的、刻板的“物理空间”和“建筑空间”，而是高旷玄远的“画幅空间”和“诗意空间”，是充满诗情画意的精神境界。道家如同富于才情的艺术家，可以把有限的物理空间点化成无穷的艺术空间。就艺术才情而论，道家远远超过中国哲学

① 方东美：《原始儒家道家哲学》，第 178 页。
② 方东美：《生生之德》，第 273 页。
③ 方东美：《演讲集》，第 268 页。
④ 方东美：《演讲集》，第 49 页。
⑤ 方东美：《演讲集》，第 56 页。

其他诸家，原因就在于道家是精神纵横驰骋、灵性自由翱翔的“太空人”。

第三节　论中国大乘佛家哲学

方东美的佛学研究，始于抗日战争爆发之后。当时他随中央大学西迁入川，来到重庆。由于西迁时丢失了原有的藏书，原来的研究项目难以为继。方东美便在教书之余，研读当时在重庆可以搜集到的学术资料，主要是佛学资料。他很有心得，形成了自己的学术见解。1938年冬，他曾通过书信，与熊十力先生论辩佛学。[①]至70年代，方东美在台湾辅仁大学等校讲授“华严宗哲学”和“中国大乘佛学”课程。他的讲课录音，后来被弟子们整理成《华严宗哲学》《中国大乘佛学》，分别于1981年、1984年出版。这两部书，是东方美研究中国大乘佛家哲学的专著。在其他的一些著作和论文中，方东美也对中国大乘佛家的哲学理论进行了阐发。

一、中国大乘佛学的形成

方东美说，佛学作为一种外来的思想，从传入中国到被中国人的心灵所接受，并且形成中国的大乘佛学，其中至关重要的因素，是印度的佛教思想与中国道家哲学智慧的结合。

在佛教传入中国之前，中国早已具有高度发达的文化。这就使得任何外来的思想，都不可能轻而易举地被当时的中国知识分子所接受。当印度佛教经过西域传入中国时，同样面临着这样一个如何被中国知识分子认可、接受的问题。方东美说，当时“西域的民族文化和中国关内的高度文化简直不能比”[②]。更何况在汉明帝时代，“佛教初到中国的时候，只是宗教的行动、宗教的礼节以及宗教的许多仪式。最初传来的总是有形的制度这一方面，但是有形的制度在宗教上，并不代表很高的哲学智慧。所以中国当时只是平民会接受，士大夫阶级就不肯接受”[③]。佛教仪式在当时甚至被中国

① 参阅方东美：《与熊子贡先生论佛学书》，载《中国大乘佛学》，台湾黎明文化事业公司1984年版，第653页。
② 方东美：《中国大乘佛学》，第5页。
③ 方东美：《中国大乘佛学》，第27页。

的士大夫斥为“淫祀”。佛教虽然传进来了，但是不能在中国的思想、文化里面生根。它缺乏与中国知识阶层的“心灵的接触”。这种情形，直到公元三世纪才由于佛经的翻译而发生改变。

从时间上看，方东美将佛经的中文翻译分为以下三期：

初期（约公元148—316年）。这时翻译的佛经，多为零品断简。主要由安世高、支娄迦谶、支谦、竺法护等人译出，“惜皆过于直译，用语生硬，有欠达畅”[①]。

次期可以分为前后二期（公元317—419年，公元420—617年）。在后期，鸠摩罗什、佛陀跋陀罗、昙无谶、真谛等译家辈出，诸多佛学要籍先后译出，而且“译品优美杰出”。

第三期（公元618—789年），玄奘、窥基等“伟大的翻译家”以极大的努力，“精译经论作品高达一千三百三十卷之多，涉及佛学范围之广，几难可想像”。在这一时期，大乘、小乘佛学的许多重要经典被“正确译出”。

方东美认为，通过上述“把外来的思想翻译成为中国人所能了解的中国文字”的过程，外来的佛教与中国士大夫阶层有了“心灵的接触”。但他指出，具有决定意义的是在这种佛经翻译的过程中，中国的哲学智慧与佛教思想的结合。正是这方面的结合，使得中国大乘佛学得以真正形成。

那么，中国人的哲学智慧是如何与外来的佛教思想结合，从而促成中国大乘佛学产生的？在方东美看来，这种结合主要是“拿道家哲学的思想精神，提升佛学的智慧”[②]。

方东美说，当佛教传入中国时，正面临着当时“道家思想的复兴”。中国从两汉起，在政治上走的是“下坡路”，学术文化也走到“衰退的极端”。汉武帝采纳董仲舒“罢黜百家，独尊儒术”的主张，结果反而窒息了儒家思想的生命力和高度智慧。“中国儒家思想的演变此时已经走到穷途末路，但是道家兴起来了，成为一个新的精神。于是中国拿这个新的道家的哲学精神，去迎接外来的佛学。”[③]当时何晏、王弼等“新道家”（即魏晋玄学家）

① 方东美：《演讲集》，第51—52页。
② 方东美：《中国大乘佛学》，第33页。
③ 方东美：《中国大乘佛学》，第22页。

代表人物，重新建立、发扬了道家的形上学，造成了道家思想复兴的文化局面。正是在这样的文化局面之下，源于印度的佛教理论，实现了与中国道家哲学智慧的结合。

实现这种结合的途径，主要是“用道家的名词”“拿道家的思想”去翻译佛家经典。

方东美说，在当时的佛经翻译中，对于“格义”十分讲究。而“所谓格义之学，就是拿道家、新道家思想里面流行的名词，去翻译佛家思想里面的根本观念”。例如，对于佛经里面的 Buddhatathata，即“真如”，也就是宇宙最高的精神本体，康僧会把它译成“本无品”，“这是拿老子道德经里面本无的思想，去翻译佛教的所谓真如”。[①] 新道家学说的一个重要名词是“贵无贱有”，它体现的是道家的“本无”思想。当时的佛经翻译，就十分注意将佛经中的名词，与从原始道家到新道家一以贯之的“本无”思想相契合。“拿道家本无的观念，来说明佛家里面种种名词：如般若、本体、实际、法身，都是拿本无的思想去翻译。”[②] 在佛经翻译的过程中，从三国时代的支谦、康僧会到西晋的竺法护、道安、支遁、支道林，一直到苻秦时代、姚秦时代的鸠摩罗什，都是用道家的基本名词翻译、解释佛家的经典。他们“一脉相承，皆力倡‘本无’，而视之为与‘真如’相通”[③]。道家的哲学智慧，正是通过这样的方式，对来自印度的佛学发生着深刻的影响。

特别是从汉武帝、汉明帝以降，由于开发西域，打通了天山北路，而亚历山大的东征，从希腊到印度，经过波斯湾，也打开了到西域的道路。这就为当时中国和印度之间的交流，提供了通道。于是，当一些中国学者不满意从西域传来的佛经时，便亲自去印度寻访原典。如朱士行，就先后带领一百多人西行印度取经，然后又导引许多印度佛学大师来到中国。像无罗叉、鸠摩罗什、觉贤（佛陀跋陀罗）等印度佛学家，就是从西域辗转经过天山北路，来到中国的长安等地。在长安，有两千多中国学者环绕在鸠摩罗什身边研习佛经。其中最为著名的“四大弟子”（僧肇、道生、僧叡、道

① 方东美：《中国大乘佛学》，第 28 页。
② 方东美：《中国大乘佛学》，第 30 页。
③ 方东美：《原始儒家道家哲学》，第 241 页。

恒），都是“道家哲学修养最高的大学者”。鸠摩罗什和这些弟子们在一起，形成了当时中国的“佛学的中心”。他们的努力，不仅将初期佛经翻译中的一些错讹纠正过来，而且还进一步将中国的道家哲学智慧与印度的佛学理论结合了起来。

“于是高度的中国文化，根据老庄哲学的精神，把外来的佛典美化了。然后再以老庄哲学结合外来的高度的宗教精神、高度的哲学智慧，在六朝之后的北方产生了佛学的般若学。这般若学就是智慧学，而表达智慧的语言文字就是老庄的哲学文字。……印度的大般若经，在中国同老庄精神结合起来，成为中国式的哲学智慧；这个哲学智慧，就是中国的大乘佛学。”① 在方东美看来，中国大乘佛学产生的过程，从精神实质上说，就是佛学的宗教精神与道家的哲学智慧相结合的过程，就是“道家的思想影响佛学”的过程。基于这种认识，方东美说“道家哲学修养最高的大学者”道安、支遁、僧肇、慧远、道生等人是中国佛学“大乘系统之建立者”，并且说“使佛学与道家哲学相接合（引者按：原文如此，疑‘接’乃‘结’之误）而因以华化者，诸贤与有功焉”②。这表明方东美认为，《大般若经》所代表的印度佛学理论与中国道家哲学相结合而“华化”，便是中国大乘佛学的产生。

在《中国哲学之精神及其发展》一书中，方东美专列一章（即该书第六章），论述“道家对般若哲学之影响”。其立论的根本观点，便是“道家哲学影响中国佛学之发展至深”③。所以，他虽然认为佛学理论同道家哲学接触之后，产生的是“交互作用”——“就是拿道家哲学的思想精神，提升佛学的智慧；再拿佛学的智慧增进道家的精神”④，但是对于学术界关于新道家哲学（即魏晋玄学）受佛学影响的观点，例如陈荣捷的观点，方东美明确地表示反对。他申明：“不是佛家的思想影响道家，而是道家的思想影响佛学。”⑤

对此，我们当然可以质疑方东美：既然承认佛学理论同道家哲学“交

① 方东美：《中国大乘佛学》，第 23—24 页。
② 方东美：《中国大乘佛学》，第 18 页。
③ 方东美：《中国哲学之精神及其发展》，第 214 页。
④ 方东美：《中国大乘佛学》，第 33 页。
⑤ 方东美：《演讲集》，第 56 页。

互作用”，又何以否定佛家思想对道家思想的影响？但与此同时，联系方东美有关“新道家哲学”的论述便可以看出，他之否定佛家思想对当时的道家哲学（即“新道家哲学”）的影响，意在表明新道家哲学在佛教传入中国时已经产生，并非受了佛家思想的影响之后才得以产生。而归根结底，他否认佛家思想影响了道家思想，是为了表达如下的见解：“佛学东来，惟借托庇于中国思想主流影响之下，始能深入人心，诚然，中国佛学之形上学思想所取资于道家精神之激扬与充实者为多，而非道家之仰赖于佛家也，固不待言。”① 这是方东美关于中国大乘佛家哲学的重要的基本理念。

二、中国大乘佛家的哲学智慧

谈及佛学中的“大乘”，必然会联想到“小乘”。关于这个问题，方东美的看法是：“小乘佛学由印度南传之后，到锡兰及其他东亚地区的发展……透过喀什米尔，然后传到中国，而在中国只是以两部重要的论来作它的凭借，一部是成实论，第二部就是俱舍论。所以中国在六朝以前，讲小乘佛学只有两种：一是以俱舍论为根本，叫作俱舍宗；然后以成实论为根本，叫作成实宗。但是这两派小乘佛学在六朝以前还算流行，等到六朝以后大乘佛学充分发展起来，它们在中国就不十分流行了。”② 基于这种看法，方东美论中国佛学，讲的基本是大乘佛学，而他视为“中国哲学四大主潮”之一的，同样是大乘佛家哲学。

方东美认为“宗教同哲学不能够分开”，“离开哲学的智慧，宗教精神无从体验；离开宗教精神，哲学智慧也不能够达到最高的玄妙境界”。③ 他说就中国大乘佛教的“六宗”而论，密宗讲究修持，不立文字；禅宗讲究实际宗教经验，注重参禅。它们“虽然根据哲学，但是它本身还是可以同哲学划分开来”。而大乘佛学的三论宗、天台宗、法相唯识宗与华严宗，则代表了中国大乘佛家高度的哲学智慧。“这四宗佛学里面，哲学智慧的发展都达到最高的层次”④。在这四宗之中，方东美认为“华严哲学可视为集

① 方东美：《生生之德》，第 305—306 页。
② 方东美：《中国大乘佛学》，第 261 页。
③ 方东美：《中国大乘佛学》，第 267 页。
④ 方东美：《中国大乘佛学》，第 267 页。

中国佛学思想发展之大成”[①]，“华严宗系中国大乘佛学发展的最高峰”。[②]就是说，华严宗哲学堪称中国大乘佛家哲学智慧的典型代表。

方东美所理解的华严宗的哲学智慧，主要表现在：

1. “理事圆融”的本体论

就宇宙而论，华严宗哲学消除二元对立，阐明诸差别境界一体俱化、理事圆融。方东美说：

> 佛学之华严宗一派，基于“大方广佛华严经”，既为宗教又为哲学。作为一种宗教，它把原始典型的“毗卢遮那佛”（Buddha Vairocana）视为无限本体，其作用一方面展现于文殊的高超智慧（善知识），他方面印证于普贤的伟大愿行（菩萨行），两者一体俱融、因圆果满，形成善财童子所代表之未来新佛。这种毗卢遮那的璀璨光华，晖丽万有、普照寰宇，构成佛的“法满”，融摄于人的内在本性，使他独昭异彩，自成正觉之核心。
>
> 作为一种哲学，华严宗体系发为一种理想唯实论（ideal realism）。那广大悉备的“一真法界”将佛之正觉精神具现为心灵之普遍存在，分殊为以下四界：①差别的事法界，②统贯的理法界，③交融互摄的理事无碍法界，④密接连锁的事事无碍法界。宇宙之源，起于“无穷”，含赅无数的事与遍存的理，在事揽理成、理由事显之相融相即的历程中成就宇宙万法。进而使诸差别境界一体俱化，摄归于无差别境界之圆满实相，于是万般世界的脉络与一切人生的际遇皆由之取得充实意义，共沐于旁通统贯的谐和之中。[③]

方东美认为，华严宗以求得“一真法界”的“圆满实相”为理想，然而其立论之基础，却是极为平实的理、事关系。因此，华严宗的宇宙论思想，可

① 方东美：《生生之德》，第 311 页。
② 方东美：《生生之德》，第 397 页。
③ 方东美：《生生之德》，第 345 页。

名之为“理想唯实论”。这一套宇宙论，可以分解为“法界缘起”“法界三观”“十玄门”“六相圆融”诸要义，其中包含着“相摄原理”“互依原理”“周遍含容原理”（另一种说法是“彼是相需”“相摄互涵”“周遍含容”“一体周匝”诸原理）。方东美对这些要义和原理一一作了阐述。

华严宗所论，以理、事关系作为贯穿始终的基本线索。方东美认为，对这个问题的探讨，在哲学上本来极易陷入“二元对立”（西方哲学表现得最为典型）。华严宗“首先确定一个构成一切现实世界之所以形成的构成因素，也就是所谓的‘事法界’；然后再将一切的超越真相、一切的超越价值、绝对的价值、绝对的真善美，乃至于真相的圆满性、价值的美满性，都一一地令他们落到理性的这一方面去，这是属于‘理性世界’，又称为‘理法界’”。[①] 这说明，华严宗对“事法界”（现实世界）与“理法界”（价值世界）的区分是明确的。但接着华严哲学便提出了“理事圆融”的观念，认为“差别的事法界”“统贯的理法界”“交融互摄的理事无碍法界”“密接连锁的事事无碍法界”都是宇宙本体“一真法界”的分殊表现，“理”可以摄受一切“事”，“事”也可以摄受一切“理”，因而并不存在“现实与理想的对立、理性与事实的对立”。理、事关系是一种交相融贯、互相对流、一体俱化的关系，可谓“事若无理不成，理若无事不显”。

华严宗“四法界”说的提出，使看似截然区分、相互对立的“事相”与“理体”之间的关系，变成了“一物的两面性”之间的关系，变成了“相显、相成、相即、相遍”的关系。方东美特别指出，“四法界”说所包含的“周遍含容观”（又称“互遍相资义”），是华严宗哲学对大乘佛家哲学的重要贡献。他说：“‘周遍含容观’，谓观万差诸法，相融相即，以显真如理体，周遍含容，事事无碍。……准此类推，部分与全体，一与多，普遍与特殊，无不相摄互涵。”[②] 依照“周遍含容观”，诸多被视为相互对立的范畴之间，都是“相融相即”的关系。这就为人们观察“万差诸法”（包括自然、社会、人生诸方面的一切千差万别的现象）提供了一种避免和消除“二元对立”观念的哲学原则。这样，“依据华严四法界的这一种观念，从关系的结构上，将

① 方东美：《华严宗哲学》，上册第494页。
② 方东美：《生生之德》，第313页。

可以把宇宙里面的一切二元对立性都一一地给沟通起来。”[①] 这就可以消除否认“理”与“事”相互沟通、相融相即的“二元对立”观念。方东美认为，华严宗的基本思想——“理事圆融”学说，反映了哲学思维中的一种“广大和谐性”，是中国大乘佛家哲学智慧的典型代表。

2. “内具圣德”的人性论

就个人而论，华严宗哲学昭示人人内具圣德、固有佛性，皆可顿悟圆成。方东美说：

> 华严要义，首在融合宇宙间万法一切差别境界，人世间一切高尚业力，与过、现、未三世诸佛一切功德成就之总汇，一举而统摄之于“一真法界”，视为无上圆满，意在阐释人人内具圣德，足以自发佛性，顿悟圆成，自在无碍。此一真法界，不离人世间，端赖人人澈悟如何身体力行，依智慧行，参佛本智耳。佛性自体可全部渗入人性，以形成其永恒精神，圆满具足。是谓法界圆满，一往平等，成“平等性智”。此精神界之太阳，晖丽万有，而为一切众生，有情无情，所普遍摄受，交彻互融，一一独昭异彩，而又彼此相映成趣。是以理性之当体起用，变化无穷，普遍具现于一切人生活动，而与广大悉备，一往平等之一真法界，共演圆音。佛放真光，显真如理，灿丽万千，为一切有情众生之所共同参证，使诸差别心法，诸差别境界，一体俱化，显现为无差别境界之本体真如，圆满具足，是成菩提正觉，为万法同具，而交彻互融者。[②]

在这一段关于华严宗要义的概括中，方东美指出华严宗“融合宇宙中万法一切差别境界”，乃是“意在阐释人人内具圣德，足以自发佛性，顿悟圆成”。他认为，正因为华严宗以其理事圆融之说阐明了宇宙万法（包括人类）统统摄之于“一真法界”，统统不过是“一真法界”的分殊表现，因而华严宗得以证明人与“一真法界”相摄相融，人性与佛性相摄相融，或

① 方东美：《演讲集》，第 77—78 页。
② 方东美：《生生之德》，第 273 页。

者说佛性渗入人性，人性表现佛性。

人虽然内具圣德、固有佛性，但要达到“一真法界”这个宇宙间“最神圣的精神领域”，则尚须自觉努力，提升自己的生命精神，“身体力行，依智慧行，参佛本智”。在论及这个问题时，方东美将华严宗与小乘佛学作了对比。他说：“小乘佛学的缺点就是只知道痛恨这个世界、诅咒这个世界，对于这个世界采取敌对的态度，因此便认为现世的生命尽管有价值、有理想，但是这个理想是没法实现。”[①]这样，小乘佛教自然只能使人把世界看成罪恶、黑暗、无知、痛苦的领域，认为理想的世界不在此生此世，而企图另求一个他生他世，从而放弃在现世中对于宇宙间美好、神圣的精神价值的追求。而华严宗则明确提出“此一真法界，不离人世间”。虽然“一真法界”代表了宇宙间最高的“完美的极诣”，看似高不可攀，但人类只要向着美好、神圣的境界不断提升自己的生命精神，“在这一种情形之下，人类的艺术、人类的科学、人类的哲学、人类的宗教，便都能一起贯穿起来，变做‘一真法界’里面极重要的精神构成因素”。[②]也就是说，人的生命精神变作了“一真法界”的极重要的精神构成因素。而且，只要人们自悟内在佛性俱足，不假外求，从而藉上智灵光，直证内慧，便可以当下顿悟，圆成实性。

在中国大乘佛学诸宗之中，多有关于人人具有佛性、皆可顿悟成佛的教义，禅宗在这方面堪称突出。而华严哲学独以“理事圆融”立论，“使诸差别心法，诸差别境界，一体俱化，显现为无差别境界之本体真如”。以这种本体论看待人性，“顿使人人自觉本所固有之佛性妙如印海，一时炳现”。这种从“理事圆融”的本体论到“内具圣德”的人性论的思想体系，被方东美视为华严宗哲学智慧的体现、中国大乘佛家哲学智慧的体现。

简言之，华严宗哲学的本体论和人性论，“使诸差别境界一体俱化，摄归于无差别境界之圆满实相”。天下万“事”万“理”，皆属无差别境界，其中包括人性与佛性，亦可进入无差别境界，“共沐于旁通统贯的谐和之中”。因此方东美认为：“华严宗体系……极能显扬中国人在哲学上所表现之广

① 方东美：《华严宗哲学》，上册第183页。
② 方东美：《演讲集》，第268页。

大和谐性。”[①] 正因为这样，作为“一大机体主义哲学之体系”的华严宗哲学，是中国大乘佛学发展的最高峰，代表了中国大乘佛家高度的哲学智慧。从而，“在佛学上面我们中国接受印度来的思想，不仅仅局限在小乘佛教里面，而把小乘佛教提高到哲学上面极高的智慧，甚至可同道家的智慧平衡。”[②] 在他看来，华严宗所代表的大乘佛家哲学智慧，正是一种可以同道家智慧平衡的哲学智慧。

方东美说，小乘佛教把世界上的一切生命活动看成“昏念妄动”，把整个世界看成无常，认为人在时间的流变之中只有束缚、烦恼、痛苦，永远解脱不了，“只晓得生命在时间之流中轮回”，而看不到生命的永恒境界。因此小乘佛教是“忘掉永恒”。而生命的永恒境界，可以视为一种精神绝对自由的“空间”，所以也可以说小乘佛教“遣空”。大乘佛教则在将人生的束缚、烦恼、痛苦阅历之后，也就是“将轮回的圈套彻底了解之后”，再回过头来观照人生，在时间的生灭变化之中，给世人指出生命的永恒境界。“因此，大乘涅槃经中从不诅咒世界是变化无常的，反而涅槃经所描绘的世界是永恒的。”[③] 大乘佛教超越了生命在时间之流中的生灭变化，即追求永恒而“忘掉变化”，亦即“遣时”。这样，“佛家的精神就大小乘合而言之，可以称为‘交替忘怀的时空人’（Spacetime man with an alternative sense of forgeting）”[④]。无疑，在方东美看来，追求“永恒”而忘掉“变化”，在精神上、智慧上远远高于粘滞“变化”而忘掉“永恒”。也就是说，大乘佛学在精神上、智慧上远远高于小乘佛学。方东美说：“在佛教之领域中，中印大师俱属伟大不凡，而意味不同，各有千秋，借莎士比亚之妙语以喻之：印度之创教大师乃是‘生就伟大’；中国之宏教大师则是‘成就伟大’，然非‘送就伟大’，坐享现成。”[⑤] 他所谓“成就伟大”，正是针对中国大乘佛学而言。中国佛学家不满于小乘而崇尚大乘，他们凭借高度的哲学智慧而创立的中国大乘佛学，具备中国哲学的“形上智慧”，具备中国哲学的“通

① 方东美：《中国哲学之精神及其发展》，第 12 页。
② 方东美：《演讲集》，第 54 页。
③ 方东美：《原始儒家道家哲学》，第 44 页。
④ 方东美：《原始儒家道家哲学》，第 43 页。
⑤ 方东美：《演讲集》，第 56 页。

性与特点”，“直与全部中国哲学之精神妙契无间”。正是基于这种见解，方东美将中国大乘佛家哲学视为“中国哲学四大主潮”之一。

第四节　论宋明新儒家哲学

方东美研究新儒家哲学的著作，主要是《新儒家哲学十八讲》。这部著作，是根据他 1976 年 9 月至 12 月在辅仁大学讲授“宋明清儒家哲学”课程的录音整理而成的。这次授课，由于方东美患病而未能完成，当时只讲到宋儒张载（方东美的英文著作《中国哲学之精神及其发展》对于张载之后的新儒家有所论列）。方东美去世后，《东美全集》编纂委员会将这本著作定名为《新儒家哲学十八讲》。这个命名，突出地表明了方东美关于中国哲学的一个重要的基本观念，即：宋明清儒家哲学是有别于原始儒家哲学的“新儒家哲学”。[①] 也正是基于这样的观念，方东美论中国哲学的流派时，不将宋明清儒家哲学笼统地归属于“儒家哲学”之下，而将其与原始儒家哲学同样列为中国哲学的“四大主潮”之一。

一、新儒家哲学的派系

正如方东美自己所一再表明的，他研究哲学（包括建构自己的哲学理论体系和评论哲学史上的流派），喜欢“采形上学途径，旨在直探主脑及其真精神所在”。对于新儒家哲学的研究，方东美同样如此。他认为，新儒家哲学包含以下三派形上学思潮：

1. “唯实主义的新儒学”

这一派新儒家哲学，包括北宋五子（周敦颐、邵雍、张载、程颢、程颐）和南宋朱熹的哲学思想。

方东美说，周敦颐的太极图得自道教中人，其《太极图说》宣扬的是

① 著者在此表达的是：用《新儒家哲学十八讲》作为书名，比用课程原名“宋明清儒家哲学”更能体现方东美本人的思想。至于用“新儒家哲学”这个概念来指称宋明至清初的儒家哲学是否精当，则有待推敲。对此，可参照刘述先的见解：“东美师采用西方学者‘新儒家’一词，其好处在能广赅宋明清初之儒学。但宋明儒学主要为内圣之学的规模，清初之自然主义否定超越心性，已由这条线索脱略了开去，转关之处不容易看得明白。”（见《方东美传记资料》第 1 辑，第 17 页）。

道家思想。即以宇宙发生论而言，《太极图说》采取的不是儒家的“向前创进”说，而是道家的“先天向下流衍说”。它杂糅了道家（如魏伯阳）和阴阳家、杂家的学说。就周敦颐的哲学思想来说，《太极图说》只具有次要的意义，其哲学的要义在于《通书》。这部对《周易》进行阐述、发挥的著作，以“诚”囊括天道与人性，在本体论和人性论上都力求达到“永恒”与“变易”之间的融会贯通。这才是周敦颐哲学思想的精华所在。就哲学思想的杂糅来说，邵雍可以说更为明显。但是他提倡“大心体物”，认为人应该气量宏大。他充分肯定自然世界和人文世界的意义和价值，主张人在精神上“囊括自然天地之种种层界”。他倡言“人心之灵，备天地，兼万物，合德乎太极”，这对于后来宋儒所表现出的心量狭窄之弊，当是一剂良药。

张载具有“与天地万物同体之襟怀”，他所说的“天地之塞，吾其体；天地之帅，吾其性；民吾同胞，物吾与也”，表现出生命之胜情。他的宇宙论是一套生机哲学，反对释氏将宇宙万物归于“空”，反对老子以“无”作为宇宙之本。不过张载提出“知太虚即气则无无”，把“太虚”视为宇宙本原，则有违于原始儒家思想。但张载注重《易》和《礼》，传扬古代圣贤之学。他还提出“为天地立心，为生民立命，为往圣继绝学，为万世开太平”。这表明，张载毕竟承受了孔孟真传，而且在学向上可谓规模宏大。

程颢虽为一代儒宗，但也深受老庄和大乘佛学的影响。他的“机体一元论”认为人与宇宙同体，普遍生命旁通统贯，人之心灵无处不在。因此人应尽心体证万物一体，适应万变而无穷。他的此类思想，不仅包含着道、佛两家的哲学智慧，而且实为陆王心学之先声。

程颐也具有程颢的这些思想，但个性偏执，过度相信抽象理性的作用，因而思想上常陷于逻辑矛盾。他自以为深通《易经》的微言大义，但实际上他深受新道家王弼“贵无论”的影响，对《易经》多有误解。他的“拟人的本体论”注重“情”未发生时人的秉性之“中”，将这种深心内证之“中”化作与天理同体，以此来实现天人合一，使人性臻于完善。但是程颐的人性论“依旧未能免于善恶二元论之困惑”[①]。因为将人性分割为相互对立的“义理之性”和“气质之性”，这表明程颐的人性论摇摆于孟子的“性善论”和荀子的“性恶论”之间。

朱熹则汇聚了周、张、二程和李侗等前辈的学说，而将以下五种观念贯穿其中：①天道之体统；②歧义之理性；③人性之生成；④“中”之内省体验；⑤心灵之主宰。方东美说，这虽然构成了一个形上学系统，但常使朱熹的哲学思想“陷入逻辑矛盾性”。他排斥道家，但实际上他接受了道家思想，以来源于道家的太极图作为建立形上学体系的出发点。他将《周易》当作卜筮之书，不去区分其中不同层次的文化价值。董仲舒提出“天不变，道亦不变”，已经违背了原始儒家的思想，而朱熹的宇宙论却吸纳了董仲舒的思想。在人性论方面，朱熹和程颐一样，将人性分割为“义理之性”和“气质之性”，这正如他在宇宙论中分割“理”与“气”一样，采取的是二元论的立场。不过，朱熹在论“心”时采取了张载的“心统性情”观点，并且将“人心”与“天心”相贯通，讲的是一元论。

以上简介的方东美对于北宋五子和南宋朱熹的评论并不全面，而且有些评价，似乎并未以全面、审慎地斟酌有关思想资料为前提，故未必精当。但我们现在所关注的，主要不是这些评论的具体内容的是非得失，而是这样一个需要思考的问题：方东美为什么将北宋五子之学和朱子学称为“唯实主义的新儒学”？在我们看来，方东美所谓“唯实主义”新儒学，是相对于陆象山、王阳明的“唯心主义”新儒学而言的。宋明清儒学的程朱一派，虽然和陆王派同样认为知识乃人先天所固有，但他们不像陆王派那样认为人们只要向内“格心”就可以获得良知，而认为人们必须通过向外“格物”，方可获得知识。“格物”即通过外界事物去体认“天理”。程朱说“即物”才能“穷理”，而且“须是今日格一物，明日格一物”，然后才能致知。正是基于程朱这种主张通过外界的实在事物而求知（即体认“天理流行”）的知识取向，方东美将程朱一派的新儒学称为“唯实主义的新儒学”（又称“实在主义的新儒学”）。

① 参阅方东美：《与熊子贡先生论佛学书》，载《中国大乘佛学》，台湾黎明文化事业公司1984年版，第653页。

2. “唯心主义的新儒学”

这里指的是陆象山、王阳明的哲学思想。方东美说：“陆王两氏同以心体为万物之支点，视一切知识、存在与价值等概属心灵真相之展现。”① 这正是陆王“唯心主义新儒学”的立足点。

陆象山的哲学思想，被方东美概括为下列主要原理：①万有同心论；②人性平等论；③人心上跻天道论；④仁义彰显心性论；⑤理想价值超越论。对陆象山的哲学思想，方东美提出的一个主要批评是：“象山主张‘超越理想性原理’（ThePrinciple of Transcendental Ideality），视超越之理想界与卑陋之现实界犹属‘二元对峙’，未能浃而俱化。”② 他认为陆象山虽然将天地万物统一于“心”，但仍然把超越的价值理想与现实世界看成相互对峙的两极。

王阳明则“据价值统一原理为主干，而着手建立人与万物同体之机体主义哲学系统”。这个“机体主义哲学”认为身、心、意、知、物是相互连锁、一体融通、不可分割的，以广大同情心显示圣人备天地、兼万物之情怀，“以存在与价值、心智与物象、知识与行动、人心与人性、人性与天道，两相浃化，一体不分”。③ 方东美说，这表明王阳明哲学与陆象山哲学相比，“实已百尺竿头，超迈前贤……将‘超越理想性原理’迻化为‘内在理想性原理’（The Principle of Immanent Ideality），价值之最高统会充分呈显于吾心，同时也呈露于遍在万有之‘心体’，而为一切万有之所同具者”。④ 这样，王阳明就把陆象山的超越理想性转化成了内在理想性，更加彻底地将天地万物统一于“心”。王阳明的“心统万物”、“知行合一”和“致良知”等学说，表明他的唯心一元论哲学和朱熹的唯实二元论哲学正相反对。方东美正是基于陆、王哲学“视一切知识、存在与价值等概属心灵真相之展现”的知识论取向，将陆王一派的新儒学称为“唯心主义的新儒学”。

3. “自然主义的新儒学”

方东美说自明代中叶之后，尤其是王阳明以后，心学大盛，显现了很

① 方东美：《中国大乘佛学》，第 5 页。
② 方东美：《从历史透视看阳明哲学精义》，见《生生之德》第 369 页。
③ 方东美：《中国哲学之精神及其发展》，第 17 页。
④ 方东美：《中国大乘佛学》，第 27 页。

多的弊端。在这种情况下，“产生了一种反响，这种反响，我称之为‘Neo—Confucianism of the matteralistic type’（自然主义的新儒学）”[①]。在阳明心学的影响登峰造极之时，出现了王廷相的“唯气论”自然主义哲学，它“一方面反对阳明心学，另一方面亦反对朱子及其学派”。此后，自然主义哲学不断发展，形成了王夫之的“功能派自然主义”、颜元和李塨的“实用派自然主义”、戴震的“物理派自然主义”。

这种自然主义的新儒学，其主要理论兴趣在宇宙论和人性论，力图证明人性纯善，召唤哲学家们“自天上回到人间，努力以求人性之发展，藉使至善之理想得以完成实现”。方东美将新儒家的自然主义哲学与西方的自然主义哲学作了比较，认为西方自然主义哲学“标榜价值中立”，而中国哲人在宇宙论和人性论上，都是“无不以价值为枢纽”。这是他对于“自然主义新儒学”的肯定和称赞。但同时他认为，这种自然主义哲学“对于先秦儒家的形上的精神而言，多多少少都是一种贬抑；对宋儒的形上精神而言，也多多少少是一种贬抑。经过这层贬抑之后，哲学的精神被从高远的境界，拉到现实世界上面来。一旦哲学拉到现实世界，固然是切合现实世界的条件而较易解释了，但哲学的精神也从此毁灭了！”[②]在方东美看来，宋明清儒家哲学中的自然主义，有损于儒家哲学原有的形上精神。而方东美对于哲学，历来所推崇的正是其形上精神。因此，这个评价表明了他对于“自然主义新儒学”的批评。

新儒学的这三派，相互辩驳不已。这自然是由于见解歧异。导致他们见解歧异的原因，方东美认为主要是下列三点：

（1）“《尚书·洪范》篇所含藏之永恒哲学与《周易》生生不已根本义尚未调和”[③]。方东美认为，《尚书·洪范》代表了儒家精神注重传统、追求永恒的一面，《周易》代表了儒家精神注重创造、追求变易的一面。这两部著作，是儒家哲学思想的源头。由于这两个不同的方面未能很好地调和，后世的儒家哲学在传承上也就有了区别，易于形成不同流派。宋儒正是如此。

---

① 方东美：《新儒家哲学十八讲》，第100—101页。
② 方东美：《新儒家哲学十八讲》，第101页。
③ 方东美：《中国哲学之精神及其发展》，第13页。

（2）新儒家的各派，都不同程度地受过道家以及佛家的影响，因而都不同程度地存在着“变乱儒家宗旨”的情况，而不是各派都恪守儒家宗旨。这也难免使得各派持论有异。

（3）新儒家们所处的时代不同，社会状况有别，因而“对于指陈时弊及挽救人心之主张见解，兀自不同”。

方东美提出的这三点，从学术渊源、道家和佛家思想的影响以及时代背景方面，解释了宋明清儒家在学术上见解歧异的原因。由于这种歧异，宋明清儒家各立门户，形成了“唯实主义的新儒学”、“唯心主义的新儒字”、“自然主义的新儒学”三大流派。方东美说正是这三大流派，构成了自北宋时期至清代中叶的新儒家哲学体系。

二、新儒家哲学的理论归趣

新儒家哲学虽然分为三派，而且相互“攻讦不已”，但方东美认为三派哲学在立论上也有共同之处，那就是：①主张“于宇宙万物感应天理”；②“思想结构旁杂不纯”；③力倡“精神物质合一，人为宇宙枢纽”；④“秉持人性至善理想，发挥哲学人性论”。[①]他所说的这些“共同点”，是否确实为三派新儒家哲学所共有，应该说尚有待推敲。例如就第①点而论，阳明心学就并不主张通过宇宙万物感应天理，而认为“致吾心良知之天理于事事物物，则事事物物皆得其理焉”[②]。但总的说来，他的上述见解，表明了新儒家哲学在思想内容方面的一些共同点。

而更为根本的共同点，则表现在三派新儒家哲学的理论归趣方面。方东美认为：“三派理路虽殊，然其大要仍以归趣孔、孟、荀之古典传承为主旨，则其致一也。”[③]不过他指出，在归趣孔孟原始儒学的同时，新儒家哲学也吸收了道家和佛家哲学的思想。

方东美说：“宋儒发挥‘备天地，府万物’的精神，而把它在生命上面表达出来，成为所谓‘以天地万物为一体之仁’。这是儒家的根本精神——

① 方东美：《新儒家哲学十八讲》，第 100—101 页。
② 王阳明：《答顾东桥书》。
③ 方东美：《中国哲学之精神及其发展》，第 14 页。

是从‘天人合德’、‘天人合一’、‘天人不二’等观念中产生出来的。”[①]宋儒之学传承了原始儒学“天人合一”的精神，对这一点，方东美从来都予以肯定。他对宋儒的“道德文章”作出的概括性评论是：“宋儒做人方面在建立道德人格，以挽人伦隳丧之弊；于为学方面在恢复学术正统，企求衔接先秦之儒家思想，成立所谓‘道统之传’。即所谓‘新儒家哲学’。”[②]可见，宋儒在生命境界和学术思想方面，均以归趣孔孟原始儒家为宗旨，而且历来以此自诩。

但另一方面，“新儒学亦多少染上了一层道家及佛学色彩”。方东美说，现在人们往往透过宋以后新儒家的思想来研究孔孟的思想，这实际上已经有了出入，“因为宋明新儒家的思想，在历史的背景上面，已经有了若干道家的思想成分在内，尤其是有若干佛家的思想”[③]。在谈到宋儒对先秦儒家经典的解释时，方东美认为“新儒家哲学乃是透过老庄道家的子学来了解经学”，因而这种解释往往“援道证儒”。在谈到周敦颐的哲学思想时，方东美说濂溪唯有《通书》渊源于《周易》，渊源于先秦儒家，而他的《太极图说》则来源于道家思想，“所以从这一点来看，我们设若不了解道家与宋儒的关系，宋儒的许多学说不能了解”。[④]凡此，皆表明宋儒学说受道家以及佛家思想影响之深。

总之，新儒家哲学归宗孔孟原始儒家哲学，但同时也吸纳了道家和佛家的哲学思想。对于这样的理论归趣，方东美并不反对。因为他历来提倡学术思想上的兼收并蓄。宋儒绍承先秦儒家而兼容道、佛，应该说正符合方东美所极力提倡的学术精神。但问题在于，尽管宋儒之学实际上深受道家和佛家思想的影响，宋儒却偏要“辟道、辟佛”，显出“固陋狭隘的心量”。这就难免受到方东美的严厉批评。

方东美对新儒家的批评，有两方面的内容。一个方面，是批评新儒家“固执于道德理性”。他认为宋儒在道德理性问题上过于偏执，以致走向了戴震所尖锐指责的“以理杀人”。他说：“宋儒过分执着于偏颇的理性，而

① 方东美：《新儒家哲学十八讲》，第 73 页。
② 方东美：《新儒家哲学十八讲》，第 71 页。
③ 方东美：《中国大乘佛学》，第 33 页。
④ 方东美：《中国大乘佛学》，第 22 页。

对于人类具有善性的欲望，情绪，以及具有善性的情感，情操，都一概抹煞了。这是一个偏颇的哲学，它不能够同文学、诗歌、艺术以及一般的开阔的文化精神结合起来。这样一来，很容易造成一种萎缩的哲学思想体系。”① 对于宋儒从“偏执的道德理性”出发而提出的“存天理，灭人欲”之说，方东美指出其结果是“对于人类的欲望、情绪、情感这方面都不敢沾染，于是乎他们的生命不是开放性的而是萎缩性的”。

方东美对于新儒家更为严厉的批评，是在“执着于道统观念”这一方面。方东美历来提倡“学统”、反对“道统”。他说原始儒家具有“大气磅礴的精神气魄”。特别是孔子，对于九流之学“无不接纳其中的学术优点……包容百家，汇通众流”。孟子的“浩然之气”值得赞赏，但是他辟杨墨，其心量已经逊于孔子。汉代的董仲舒建议汉武帝“罢黜百家，独尊儒术”，其结果是“斫伤了西汉以来蓬勃发展的文化精神，也削弱了我民族思想的创造活动，封闭了宽宏大度的民族心胸；即使所谓三代以来至于春秋战国期间，活活泼泼的学术生命，也几乎一起断送了！”② 在方东美看来，自从“董仲舒提出这样一种‘道统’的观念”之后，一部儒学史成了以孔孟为代表的儒家精神日渐萎缩的历史。

到了宋儒，他们实际上深受道家和佛家思想的影响，“我们细看宋儒每一个人的历史，几乎都受道佛的影响。比如程颢受华严宗的影响，朱子受禅宗的影响”。③ 但宋儒却偏要攻伐异端，标榜自己是儒家之“正统”。在讲授“宋明清儒家哲学”（即新儒家哲学）课程时，方东美开讲即批评“宋儒之自居正统与排斥异端”。他说：“从北宋起，经南宋、明代，以迄于清之乾嘉时代，在这么一个漫长的时期里，有一个很怪异的现象，而两宋诸儒尤其如此。就是都称为孔孟真传，而不免互斥异端，彼此攻讦起来，丝毫不留余地。比如说朱陆异同、程朱陆王之争，同是儒学，皆宗孔孟，而自诩真传，争夺正统。这种情形，扰攘了好几百年，而互有消长，依然是争端未决。在这些‘道学家’们的心中，都横亘了一个根深蒂固的观念——

① 方东美：《新儒家哲学十八讲》，第 78 页。
② 方东美：《中国大乘佛学》，第 28 页。
③ 方东美：《新儒家哲学十八讲》，第 54 页。

得孔孟之真传，而‘代天地立心，为生民立命’，而以真理自许，岂得不对内争正统，对外攻异端。于是辟杨墨、辟老庄、辟佛、辟禅，一切皆是异端邪说，而攻讦不留余地。”[①]宋儒不仅从狭隘的卫道精神出发，站在儒家“道统”的立场上“对外攻异端”，而且在儒家内部，宋儒的不同派别也相互攻讦。这样的“对内争正统”尤其表现出宋儒固陋狭隘的心量。这表明，宋明新儒学在精神境界上已经远不如原始儒学的宽宏博大。方东美对于宋儒的最大不满和最尖锐的批评，正是集中在宋儒的“对内争正统，对外攻异端”。

但应该看到的是，方东美对于宋儒的学术贡献是完全承认的。他认为，宋代所衔接的时代（即五代时期）乃是“中国历史上文化同人物最堕落的一个时期”。而宋儒之学毕竟一定程度地复兴了原始儒学以及原始道家思想（因为宋儒之学中实际上含有道家思想），从而使得宋代社会在文化上“把堕落的五代给完全翻转过来了！宋儒所为，可说是不朽的工作成就”[②]。就哲学思想而论，方东美说宋儒之学“在新儒学（性、理、心、命之学）之形式中复苏了中国固有之形上学原创力”。而且，在谈到中国形上学发展的阶段（他喻之为音乐中的“节拍”）时，方东美认为：“中国形上学之律动发展悉依三节拍而运行。初拍强调儒家，次拍乃重道家，三拍则转入佛家，终于奏形上学之高潮于新儒家”[③]，认为新儒家哲学是中国形上学思想发展的“高潮”。就历来注重形上学的方东美来说，这是他作出的一个很高的评价。正是基于这些看法，方东美尽管对新儒学进行了批评，但他仍然认为新儒家哲学与原始儒家哲学、原始道家哲学、大乘佛家哲学共同构成了“中国四大思想传统”，即中国哲学的“四大主潮”。

方东美说：“新儒各派，就历史上言，较为晚出，故于原始儒家，原始道家、大乘佛学之哲学造诣及智慧成就，皆能远绍遗绪，广摄众表，其透视人性及宇宙天地之性也，或自时间，或自永恒而观照之，现为不同程度之精神灵昭。故新儒家之造诣，堪称自成统观，是即‘时空兼综观’也。”[④]他认为新儒家哲学是一种“时空兼综”的哲学。这就是说，一方面，新儒

① 方东美：《中国大乘佛学》，第30页。
② 方东美：《新儒家哲学十八讲》，第66页。
③ 方东美：《新儒家哲学十八讲》，第66页。
④ 方东美：《中国哲学之精神及其发展》，第48—49页。

家哲学继承了原始儒家哲学注重“时间”的传统，将宇宙万物置于时间之流变中而观察其生灭变化、创进不已。另一面，新儒家哲学又吸纳了道家哲学和佛家哲学将“永恒境界”转化为“绝对空间”的理念。对于人类所向往和追求的永恒界，道家和佛家均在精神上将其转化为一种绝对的“空间”，作为人们精神自由驰骋的天地。道家“将永恒界点化之，陶醉于一片浪漫抒情诗艺之空灵意境”，佛家则“视永恒界为空幻，然而一旦遍历染界诸漏之后，却又能尽扫一切，重新透过永恒之光观照法满境界”。[①]新儒家哲学承袭了儒家哲学生生不已的生命精神，同时也由于深受道家哲学、佛家哲学的影响，而于精神超升之中追求与天地万物并生的永恒境界。唯其如此，方东美认为：“至于宋明理学家，他们承受了三种传统：第一、儒家，第二、道家兼道教，第三、佛学（大半是禅宗）。所以宋明理学家主张生命与宇宙配合，产生与天地合而为一、因为一体的境界，具有‘时空兼综的意义’，可以称之为‘兼综的时空人’（Concurrent space-timeman）。”[②]

综上所述，方东美对于中国哲学“四大主潮”的阐述，给予我们的最突出的印象，是他对于儒家“道统”思想的否定。对此，我们从两个层面来理解：

1. 从“四大主潮”相互关系的层面，否定“道统”观念。

方东美说明，中国哲学的“四大主潮”，各自都形成了高度的哲学智慧，它们各有特色，而又相互影响。例如，道家的庄子曾深受孔孟思想的影响。佛学在传入中国之初，与道家的哲学智慧结合而得以在中国生根。道家哲学与佛学之间也存在着“交互作用”。佛学在其发展的后期，乃与儒家哲学“相善”。新儒家哲学则融汇了原始儒家哲学、原始道家哲学和中国大乘佛家哲学的精神。可见，这四家哲学既各成一说，又相通相摄，共同创造了高明博大的中国哲学智慧，因而不能认为中国哲学唯有儒家是“正统”，其余皆属“异端”。

2. 从“四大主潮”与中国哲学发展的关系层面，否定“道统”观念。

这一层思想，可是说含义更加深远。方东美说：

① 方东美：《中国哲学之精神及其发展》，第 41 页。
② 方东美：《原始儒家道家哲学》，第 44 页。

> 中国形上学思想之主流，就其全幅发展之态势而论，可譬作乐谱上之若干音节线，其间隔长短容或错落参差不齐。然各种不同之思想潮流均可藉诸音节线而使之一一凸显，依三节拍，迭奏共鸣，而以各节拍之强弱，示其分量之轻重。自远古至公元前十二世纪，中国形上学之基调表现为神话、宗教、诗歌之三重奏大合唱。自兹而降，以迄公元前246年，其间九百余年，是为中国哲学上创造力最旺盛之时期，原始儒家、原始道家、原始墨家，一时争鸣，竞为显学。紧接着是一段漫长之酝酿、吸收与再创期（公元前246—公元960年）；势之所趋，终乃形成具有高度创发性之玄想系统于中国大乘佛学。自公元960年以迄今日，吾人先后在新儒学（性、理、心、命之学）之形式中复苏了中国固有之形上学原创力，而新儒家亦多少染上了一层道家及佛学色彩。①

在此，方东美将原始儒家、原始道家、原始墨家、中国大乘佛家和新新儒家的哲学，比喻为乐谱上的音符。这些音符在不同时期虽然有节拍强弱（即分量轻重）之别，但却共同组成了中国哲学发展的“交响乐”。包括墨家，尽管方东美认为其“形上学气息比较薄弱些”，因而没有把它列入中国哲学的“主潮”，但仍然承认墨家曾经作为先秦时期的“显学”而有贡献于中国哲学的发展。而对于“四大主潮”，方东美则多次指出它们虽然在不同历史时期有发展强弱之别，却共同谱写了中国形上学的历史。“吾人可谓中国形上学之律动发展悉依三节拍而运行。初拍强调儒家，次拍乃重道家，三拍则转入佛家，终于奏形上学之高潮于新儒家”。这表明，中国哲学的发展，是诸家哲学的共同发展，而决非仅仅是儒家哲学的发展。因此从中国哲学发展的历史看，“道统”之说也是不能成立的。

需要指出的是，方东美尽管否定儒家的“道统”观念，但并不否定儒学的基本精神。在他看来，“道统”观念不该是“儒家正统思想”（即孔孟所代表的原始儒家思想）的应有之义。他评价学术思想的一个基本标准

---

① 方东美：《中国哲学之精神及其发展》，第48—49页。

是："真正在文化上体大思精的思想体系，要能容纳各方面在精神上真正有贡献的学说。"[①] 优秀的思想学说，一定要有一种"伟大的涵融精神"。从这种见解出发，他对于所谓"道统"持一种近乎深恶痛绝的态度："讲'道统'，易生肤浅、专断、偏颇的流弊……对于民族的生命、国家的生命、学术的生命，可说是一无裨益。"[②] 他主张以"学统"来取代"道统"，说："我们要讲'学统'，而不是讲在精神上偏狭武断的道统。"[③] 所谓"学统"，指的是思想学说、民族文化在其发展流变过程中所形成的基本的精神统绪，它体现了思想学说、民族文化的精神方向和价值准则。正是这种提倡"学统"、反对"道统"的学术主张，决定了方东美对于儒家"道统"观念的否定。但正如他自己所表示的：虽然不赞成汉代的"罢黜百家，独尊儒术"，不赞成"道统"观念，但是"拥护孔子、孟子"，拥护孔孟所代表的儒家基本精神。[④]

方东美历来提倡对于中国哲学的各家各派"一体欣赏"。这不仅是说，非如此不能了解中国哲学智慧的博大，而且还意味着：各家各派的协同发展，是中国哲学复兴的希望所在。从历史上看，就某一时期的某一派哲学而论，它自有"盈虚消长"；但由于"四大主潮"的共存，才使中国哲学的基本精神得以传承、发展。而在中国哲学的复兴和未来发展中，这种情势仍将继续。方东美说过，中国哲学演变到清代乾嘉以后，可看的东西很少。可以说在清代中叶，中国哲学已经死了。但是，"在一两百年来[⑤]，会再有新的高潮，决非肤浅的西化论者所能预料。外在的刺激使内在的创造冲动再生，所以中国一定会再有高度的哲学智慧。"[⑥] 代表着中国哲学精神的各家各派的共同存在，是中国哲学不会丧失其精神传统而"西化"的重要原因，是中国哲学得以复兴和发展的重要原因。在笔者看来，这是方东美的中国哲学"四大主潮论"的又一深层意涵。

① 方东美：《中国哲学之精神及其发展》，第 48 页。
② 方东美：《新儒家哲学十八讲》，第 35—36 页。
③ 方东美：《新儒家哲学十八讲》，第 44 页。
④ 方东美：《原始儒家道家哲学》，第 44 页。
⑤ 方东美：《华严宗哲学》，上册第 162 页。
⑥ 方东美：《新儒家哲学十八讲》，第 35—36 页。

附　录

方东美文选

一、生命哲学之研究

（一）“生命精神才是哲学”

1. 哲学：境的认识与情的蕴发

哲学思想，自理论看，起于境的认识，自实践看，起于情的蕴发。我们如把境的认识与情的蕴发点化了，成为一种高洁的意境，自能产生一种珍贵的哲学。……

境的认识起于感觉的亲验，终于理智的推论。我们在任何环境中，如用感觉器官接遇众物而貌之，取得许多感觉印象，再加以比次审量的功夫，于庶物之理，自能得着一贯的了解。奥托（Otto）教授在《自然律与人类希望》之首章中有几段话，很可引来说明境的认识。

……

细玩奥托教授的论调，自可明了境的认识，其目的在求事理的条贯。哲学家第一步工作便是就繁赜纷变的事象中，寻出整秩的伦脊与线索。这种事理的要求如何引起的呢？自心理方面言之，约有两种基因：一、避苦就乐。我们生活的全部如落在漫无条理的纷乱境界中，无处不感受困难，无处不阻碍行动，事理的要求之发生，便是要除去阻碍生活进程的这些困难，以求此心之所安。二、避繁就简。物象骈来，假使我们不能化万端为一理，殊无法应付，无法适合，结果遂如狂蜂落水，东蹴西就，无以自主。人类智能所可得而控制的东西，都是富有简易性的。《易·击辞传》所谓“易则易知，简则易从，易知则有亲，易从则有功……易简而天下之理得矣，”正是此意。……

如上所云，哲学思想之形成，只以境的认识为极则么？不然不然！在任何知识系统里，假使我们只囿于分析的了解，未免失之偏颇。科学的分析，无论如何详密，只从一个观点着想，只具一偏的兴趣，坐是之故，对于创进的宇宙、活跃的人生，每存而不论。就科学自身而言，执简理以御繁事，诚不为过，然而人性是多方面的，满足事理的要求之后，情理的要求尚追踪而至。治哲学者得了境的认识，当更求情的蕴发（广义的情，除却冷酷的理智活动以外都是情），否则心中常觉杌□不安。就科学所得的客观物象上说，这种情理也许是无据的，主观的，然而就人类的活天性上说，情理的世界是最珍贵的实物。科学家的眼光是锐利而冷静的，哲学家的心情是强烈而温存的。就此点言，哲学家显与文艺家较为接近。……哲学家有了境的认识，还须有情的蕴发。这种情的蕴发，很难用几句话说尽，不得已而思其次，只有借用文艺家触物以起情，索物以托情，叙物以言情的修养，方能使我们领悟。

哲学思想起于境的认识，此中要义是：我们依据某种兴趣，选定某种观点，察觉一群事象的伦脊与线索，以明其理。科学上种种简约律例都不外乎境中事理之写实与说明。境的认识贵在举物得实，抚事求真，常把不关切的要素都置之度外，存而不论。简言之，境的认识只求于时间上空间上种种事理得着一个冷静的系统的了解而已。假使哲学思想仅以此处为止境，所谓哲学纯是科学的化身。进而言之，境之中有情，境之外有情，我们识得情蕴，便自来到一种哲学化的意境，于是宇宙人生之进程中不仅有事理的脉络可寻，反可嚼出无穷的价值意味。诗人抚摹自然，写象人生，离不了美化；伦理学家观察在类行为，少不了善化。我们所谓情的蕴发即是指着这些美化、善化及其他价值化的态度与活动。近代哲学家受了科学的影响，颇有主张“道德的中立”者，无怪乎他们的哲学空疏不切人生了。其实我们于万象中搜求事理，寻得事理之后，仍须追求美的善的情趣，乃能满足人性上根本的要求。我们从事哲学而得着境的认识，往往侧重分析，局于一隅，偏于一理，不能寄精神于色相，所认识的宇宙只是一个冷酷的机构，结果人生的热望都涣然冰释，顿起意态消沉的悲感了。我们如欲穷求宇宙的义蕴，充实人生的内容，须知人性是活跃的、创造的，不为现实所拘，处处要找着一种美的善的价值世界，为精神之寄托所。……人类一切创造，无论是理论的或是实践的，属于美的或属于善的，都是要把现实世界抬举到理想的价值世界上来，才显出它的高贵性。这种情趣的要求，这种价值化的必要，并不是主观上无据的幻想，虽在事理的脉络里亦可看出“实质的境界充满了价值，只要有人注意及之，便知价值之于人生是极其关切的。”（G. Santayana:Scepticism and Animal Faith.pp.129−130.）……

据上立论，我们的哲学思想之结构，可以下图总括之。

哲学思想——意境之写真 {
境的认识——时空上事理之了解
情的蕴发——事理上价值之估定
}

（《科学哲学与人生》，黎明文化事业公司 1986 年版，第 11 — 17 页）

约而言之，哲学的能事尽在于此：（一）本极致密的求知方法穷诘有法天下之底蕴，使其质相、结构、关键，凡可理解者，一一了然于吾心，（二）依健全的精神领悟有情天下之情趣，使生命活动中所逞露的价值如美善爱等循序实现，底于完成。就境的认识而言，哲学须是穷物之理，于客观世上一切事象演变之迹“莫不因其（可知）已知之理而益穷之，以求致乎其极。”就情的蕴发言，哲学须是尽人之性，使世间有情众生各本其敬生、达生、乐生的懿德，推而广之，创而进之，增而益之，“体万物而与天下共亲”，以兼其爱；“裁万类而与天下共睹，”以彰其善；感万有而与天下共尝，以审其美。哲学之建设如能救助人类成就了这两种丰功伟烈，则哲学之志业已足不朽了。

照上面所说，或犹有人疑惑我们硬把生命领域内的“情”与客观世界上的“理”分为两截，不能解释“情”与“理”的一贯性。因此，便产生了“情之所由起”与“理之所自出”的两个大悬案。

在未解答这两种悬案之前，我们可以造说：情与理原非两截的，宇宙自身便是情理的连续体，人生实质便是情理的集团。哲学对象之总和亦不外乎情理的一贯性。譬如解环，我们总须寻着一个缺处，否则循环无端，究竟从哪里着手？我们曾把境的认识（属于理的一方面）与情的蕴发分层讨论，只是顺从一种方便，绝非把全整的情理划作不相关切的两事。

严格地说，“情理”之绝对的来源只是一个哑谜，尽人类之所知亦无从解答。我们只知道有“情理”，有人生，有世界，是根本不可否认的事实。人生与世界，情趣与理境，从某种立场看起来，恰如一件关系全体的两端，有时确是对立的。坐是之故，我们分问“情”与“理”所由起，亦殊近情理。此种问题的答案要不出乎下列的方式。

何自有情？

因色有。

何缘造色？

为情生。

这些问题与答案，我们可以分作几层说明：

（一）如我们合问情理连续体之所由起，则此种疑难只能质问，不能解答。我们不信本人类有限的知识能追求人世的第一因而得着什么具体的结果。

（二）情理如是一贯的，甚至是一体的，则情之所由起与理之所自出的问题刚一提出，便已解答。情由理生，理自情出，因为情理本是不可分割的全体，所谓“彼亦因是，是亦因彼”，两者之间直有一个函数的关系，除此之外，别无可说者。

（三）情理虽是一贯的，然从其属性上看起，却可分辨清楚。生命以情胜，宇宙以理彰。生命是有情之天下，其实质为不断的、创进的欲望与冲动；宇宙是有法之天下，其结构为整秩的，条贯的事理与色相。虽则有情之天下亦不时有法，有法之天下亦随在有情，但有法与有情，就其差别相看，毕竟不是同性质的一体。我们如以关系的全体（Relational Whole）说明之，有法是一端（Relatum or term），有情又是一端。执其两端，性质自异；合其两端使成一连续体，则有法之天下与有情之天下是互相贯穿的。因此我们建设哲学时，每提到生活之创进，便须连类及于世界；每一论及世界之色法，亦须归根于生命。

情因色有的说法是近代科学所下的铁案，除却少数极端的唯心论者之外，没有不接受的。这却因为生命之创进，无时无地，不以客观世界为其环境，为其根据。极端的怀疑论者或悲观论者假使不肯定客观世界，则其津津乐道的人生亦惟有归于寂灭而已。因此我们如欲描摹哲学的意境，必先根据科学认清人类所寄托的客观环境是些什么，然后才能欣赏人生之意义与价值。

色为情生的答案直到现在，仍有人怀疑，因为他们囿于成见，说人类求知的活动自有其内在的价值。我们是为求知而求知的，不是为促进生命而求知的。我们对于这种见解实未敢苟同，人类的求知绝不是无所为，绝不是无的放矢，知识是人生的利器。人生，假使没有你，知识又值得什么？

“我们向前活着，向后想着”的说法虽不称理，但是，“我们先生活而后思虑”确是不可致疑的事实。一般人的生命欲突飞猛进，不能静等知识为之指导遂产生猖狂妄行的错误，殊为可悯。然而人类毕竟是天赋独厚的生物，追惟往事，既已尝了许多错误的痛苦与危险，于是不得不改善其生活前途，建立审慎的思想系统以为人生之南针。各民族各文化知识与理论都是这样产生的。

世界是一种客观的存在体。它所表现的色法，科学家同声认为是离人而独立的客观形态。人类在知识活动里所求知的便是这些色法，这些事理。丝毫不错，我们根本不能否认世界的客观性，但是世界本身是一事，而人类对于它所建设的理论，所创造的思想范畴却又是一事。前者确是独立自存的，后者则处处带着人类生命欲的色彩。尼采（Nietzsche）尝称真理欲不过是生命欲的外表。理性，逻辑或思想范畴之所由构成都出自生命需要的裁决力。范亨格（Vaihvnger）在其《宛若哲理》里亦倡言思想是一种生机的功用。生命是创进的历程，当其进也，不仅承受客观环境里面的势力，绝对听其支配，同时却本自身的要求，把世界上形形色色的因素取来，建设一种合理的逻辑结构。这种结构便是符合生命要求的世界观。……人生的根身是一种高贵的情趣，是一种意义的实现。人类思想与知识都是站在情趣与意义的立场上，对于生命环境的一种看法。甚至科学，无论它采取何种方式，亦从意义之可能的了识里发生的；不过，依据它所处的特殊地位，遂把这种了识的结果不归于识性的焦点而归于外面虚拟的中枢罢了。“（H. Keyserling:The World in the Making，PP.280-281）”我们根据这种见解，可以大胆地说一句：人类思想系统都是人生情趣与意义的象征；这些思想的客观性亦只是它在人类经验里普遍的应用性耳。

（《科学哲学与人生》，第 23—27 页）

1. 太初有指，指本无名，熏生力用，显情与理。

1.1 情理为哲学名言系统中之原始意象。情缘理有，理依情生，妙如连环，彼是相因。其界系统会可以直观，难以诠表。

1.2 总摄种种现实与可能境界中之情与理，而穷其源，搜其真，尽其妙，之谓哲学。

1.3 哲学意境内有胜情，无情者止于哲学法门之外，哲学意境中含至理，违理者逗于哲学法门之前。两俱不入。

2. 衡情度理，游心于现实及可能境界，妙有深造者谓之哲学家。

2.1 情理境界有远近，有深浅，有精粗，有显密，出乎其外者未由窥测，入乎其内者依闻、思、修之程度而定其等差，故哲学家有大小之别。

2.2 人类含情而得生，契理乃得存，生存原为人类根本权利，故哲学之在宇内，势用可以周遍圆满，其有反对哲学，轻心以求生存者，常堕于无明，人之大患端在无明！

3. 人生而有知，知审乎情，合乎理，谓之智，智有所缘之谓境，境具相状，相状如实所见，是谓智符。人生而有欲，欲称呼情切乎理，谓之慧，慧有所系之谓界，界阈精蕴，精蕴如心所了，是为慧业。

3.1 智与慧本非二事，情理一贯故，知与欲俱，欲随知转，智贯欲而称情合理，生大智度；欲随知而悦理怡情，起大慧解。生大智度，起大慧解，为哲学家所事，大智度大慧解为哲学家所托命。

3.2 知有是非，故智分真伪；欲有净染，故慧分圆缺，演事理而如如，趣于真智，挈性情而化化，依乎圆慧，是哲学家之理想生活。

4. ……“闻所成慧，思所成慧，修所成慧”，乃哲学境界之层次，哲学功夫之梯阶，闻人于思，思修无间，哲学家兼具三慧，功德方觉圆满。闻所成慧浅，是第三流哲学家；思所成慧中，是第二流哲学家；修所成慧深，是第一流哲学家。修而不思，思而无闻，为哲学之倒行；思不与闻修俱，为哲学之逆施；闻不与思修俱，为哲学之竭泽而渔。

4.1 哲学智慧生于各个人之闻、思、修，自成系统，名自证慧。哲学智慧寄于全民族之文化精神，互相摄受，名共命慧。……

自从人类有史以来，哲学就一直是众说纷纭；它常带有浓烈的意味，要不就是痛快淋漓的宣扬无穷机趣，要不就是深沉敏锐的宣泄无端悲痛，后者对人心深处纵非致命伤，也会挑起无限惆怅，这对人类精神自是一种威胁利器。然而，哲学还另有和平中正的意义，足以激发人类的原创力，积健为雄，促使人类气概飞扬，创进不已，所以哲学对人类更有一种抚慰作用，足以安身立命，斡运大化，进而生生不息。

由此看来，哲学思考至少有三种途径：（一）宗教的途径，透过信仰启示而达哲学；（二）科学的途径，透过知识能力而达哲学；（三）人文的途径，透过生命创进而达哲学。

雅士培，这位德国实存主义大师，在其近作《哲学的永恒境界》（The Peronnial Scope of Philoslphy）中，曾指出哲学以往的两种出路：一方面，因为哲学深为关切信仰启示，而这种信仰又极具排他性，所以只能建构出一套附属于神学的观念系统，否则便会丧失信仰，走上虚无主义。而另一方面，因为哲学深受欧洲科学萌芽的影响，所以必须深符科学原理，其世界观便只能相应于一套批判性的知识论，否则即会被视为虚幻的表象。这样一来，哲学便堕入两难的局面，最后只能宣告退位，雅士培为了面对这种挑战，曾经建立了他自己一套哲学，本文所要谈的并不在此，我所想强调的是，上述哲学的两种出路，即使要认同于神学或科学，也很难超脱种种困境。

（一）宗教，对史宾格勒来说，“自始至终，是形而上的，是另一世界的，是对另一世界的知觉（awareness），而在该世界中，所有感觉只为烘映出前景而已。宗教是在超感觉（supersensible）中的生命，是与超感觉一致的生命，在此一知觉的能力消失时，或是对他存在的信仰消失时，真正宗教便走向了终结。”所以基督说过“我的王国不属于这世界”（Autonomic religion）的根本教义，而现实世界就被置于一旁，备受眨抑。这样一来，现实世界与理想世界便对峙而立，不能融通。前者不论它是大化流行的领域，或历史变迁的场合，或尽性力行的园地，如果没有神的恩典降宏，便根本是有罪的。如果神学只是这种对超自然的启示信仰，那哲学即使想为神学服务，也只能促使人们逃避此一玷污的现世，而寄望于另一完美的他世。

……

要如此看来，才知道莎士比亚名言的深意：“生，或死：那才是个问题”，而苏格拉底还进一步说过：“死亡——不是生存——才是得到纯粹智慧的最佳途径！”对柏拉图来说，“此事虽疯狂”，却有深意在，乃是天才的表露，所以“此中有方法”——然而，就是透过这种方法，苏格拉底却是悲惨地死了！当苏格拉底因此而死时，哲学精神也一体而亡了！哲学的雄健精神一旦萎缩致死，无边的空虚惆怅便会到处弥漫，至少在现实世界，便会更感空虑，苏格拉底便是一个典型的例子，他如此悲怆的哲学，只有更加速哲学的悲惨死亡。所以，如果哲学只有这种途径，我们直可说，哲学，你的架构是脆弱的，哲学，你的本质是虚无主义！

（二）现在让我们再将哲学放在科学之镜前面，看看产生的影响是什么，近代欧洲史曾出现一些伟大的名字，像笛卡尔（Descartes）、斯宾诺莎（Spinoza）、莱布尼兹（leibniz）与康德（Kant）等等；然而，我们在此主要是指“极端科学化”的哲学，如同罗素（Russell）所说的：“我相信，哲学的问题与方法一直被所有学派所误解，我们若用传统的知识方法，对很多问题都无法解决，然而其他被忽略的更重要问题，只要透过更有耐性、更为适当的方法——也就是精确与固定的科学方法，便可解决。”（罗素：《哲学中之科学方法》，页 3）

这是一个很大的承诺，若是无法兑现，将会使人黯然心碎。然而，如此一种科学哲学所给予的承诺，无论如何重复，实在只是一个脆弱的承诺，因为科学哲学所宣示的能力本身就很容易被撕成碎片——或许你会问，被谁所撕?

罗素肯定的断言，哲学的本质，是逻辑，然而“逻辑的真正功能乃是……如同在经验事务中的应用一样……分析重于建设”，“因此，当它想发挥想象力到‘可能’的世界，它便不能再深入，而只能自限于‘实际’的世界”。（同上，页8）这正是促使康德不安的地方，虽然康德自己在知识论也曾建树一套科学性的哲学。

尤有甚者，最可悲的是，根据罗素的讲法，“我们必须抛弃指望，不要希望哲学能对人心提供满足，它所能做的，只是在堕落的尘世中，澄清一些观念，帮助我们了解世上的一般情形，并对复杂的事务从事逻辑性的分析，如此而已……对一个真正的科学哲学你不能多存奢望，它的作用只能停在求知的层面，以避免知识性的迷惑……除此而外，它并不提供——也不想提供——有关人类命运的解决方案。”（同上，页17－18页）在这里，科学的哲学很轻率地宣布了伦理的中性化（Ethical Neutrality），它被认为只是“一种对高度净化、高度文明的追求与需要，是一种从生命本能跳脱出来的解放，甚至有时还远离所有希望与恐惧等情绪”（同上，页26－27）。

因此，我们从上述讲法可以得到一个重要结论，那就是对哲学的“无能”表示俯首认罪，根据罗素的看法，“哲学在科学精神的洗礼下，必须只与干枯抽象的事体打交道，而且必不能奢望它为实际人生寻求答案”，（同上，页29）犹记罗马哲学家西塞禄（Cicero）曾经宣称：“哲学，你是人生的导师，美德的良友，罪恶的劲敌，如果没有你，人生又值什么？”若以西塞罗这种标准来看，那今天哲学的内在意义，早已被腐蚀殆尽，荡然一空，顶多只能以科学化的形式聊备一格，成为多余的存在（这将是何等可悲的事！）……

（三）所以，总的说来，以宗教导引人生虽能发人深省，但是神学——至少某些神学的形式——为了护教而贬抑现世的人类价值，并在狂热的本能中特别强调死亡牺牲，如此出世避世的看法，却值得商榷。另外，科学追求真理虽然也是令人向往，但若一旦逾位越界，连哲学都被科学化，便深具排他性，只能处理一些干枯抽象的事体，反把人生种种活泼机趣都剥落殆尽，这也是同样的危险。因此，哲学一旦成为神学的婢女，作为护教之用，或者成为科学的附庸，不谈价值问题，则其昏念虚妄必会戕害理性的伟大作用，而无法形成雄健的思想体系。

因而，实在说来，人文主义便形成哲学思想中唯一可以积健为雄的途径，至少对中国思想家来说，它至今仍是不折不扣的“哲学”，诚如美国哲学家罗易士（Royce）所说，“哲学乃是一种向往，促使日渐严重的人生问题走向合理价值，当你对现实切实反省时，便已在从事哲学思考，当然，你的工作，第一步是求生存，然而生命另外还包括了激情、信仰、怀疑与勇气等等，极其复杂诡谲，所谓哲学，就是对所有这些事体的意义与应用，从事批判性的探讨。”（罗易士：《近代哲学的精神》，页 1）

整个宇宙，无论它被分割成多少领域——自然界或超自然界，现实界或理想界，世俗界或神性界，在中国人文主义看来，都是普通生命流行的境界，这种大化流行，范围天地而不过，曲成万物而不遗，而人类承天地之中以立，身为万物之灵，所以在本质上便是充满生机，真力弥漫，足以驰骤扬历，创进不已。

换言之，中国的人文主义，乃是精巧而纯正的哲学系统，它明确宣称“人”乃是宇宙各种活动的创造者及参与者，其生命气象顶天立地，足以浩然与宇宙同流，进而参赞化育，止于至善。

所以说，宗教旨在追求“极乐”，科学则在探讨“真理”，两者皆不可偏废，然而“人”却也不能被贬抑。只有透过人的努力，怀抱远大理想，全力促其实现，才能济润焦枯，促使生命之树根干茂盛，枝叶扶疏，蔚成瑰丽雄伟的灿烂美景。

（《中国人的人生观》，幼狮文化事业公司 1980 年版，第 1—6 页）

2. 哲学与科学：层叠的宇宙观与平面的宇宙观

“哲学之有助于文化，不在阐发绝对幽玄的知识，以求标新立异，逞艳斗奇，而在提示种种问题，令人可以憭悟生命情绪，领受生命奇趣，观感生命之戏剧的景象。”（W.Pater《The Renaissance》P.191）培道（W.Pater）这种说法对于哲学的功能可谓鞭辟入里……

我们所以采取上述立场，尚有一点微意。这点微意，已被尼采一语道破了：“分殊的科学，各逞其理境，故胡区以别之，至于纤微不憾而不杂偏私；反之，全整的科学，范围广泛，意义瑰伟，吾人如欲得其会通，不免对之发生一种非宏观的问题：它的义据如何？它的效用安在？人们胸中怀着这个实用的动机，因而对待全整的科学往往不能如对待分殊的科学同样地客观。尤其在科学极诣的哲学里面，知识效用的问题更属迫切，每种哲学无意中都要肯定知识是具有绝大的效用。坐是之故，一切哲学中多充塞着意趣飞翔的玄学，而对于似乎不甚重要的物理问题之解决则淡乎视之，因为知识之于人生必须透露极端瑰奇伟大的重要性。分殊的科学与哲学对峙之鸿沟就在这一点。后者颇似艺术，蓄意要参透人生行动的杳冥深处，使其意义昭明显豁……”（F.Nictzsche:《Human，All Too Human》Vo1.1，P.18—19）尼采这种说法把握着三个问题：一、纯粹的科学触发知识的行动，依据抽象法追求逻辑的严整、义例的单纯，不计近功实效，往往超人生以立论；二、热情的哲学感受生命的机趣，运用直观法透视经验的蕃衍、意义的孳乳，其势不得不估量知识的果效，衡论生命的径向以树立价值的标准；三、聪明睿智的人类，尤其是器宇轩昂、毅力雄伟的思想家，综览宇宙理境，发舒人生情蕴，有意无意中每将神奇之理，绵邈之情，层布在晖丽的帷幕上，借以揭发悠悠宇宙、茫茫人生之艺术的悲壮性。

（《科学哲学与人生》，第194—196页）

哲学家的慧心兀自与科学家的理解有别，后者可以定住一境，往往撇开真源以寻思，舍第一义而造论，前者必须玄览旷照，探索宇宙之大全，然后提神上跻于价值之顶峰，于以体会真相，证司真理，故能从源溯流，穷根究底，创获上下融贯纵横旁通之思想系统。唯有在这样的思想体系中，我们才能援引第一义谛悬为真理标准，以征验其他一切后得知识之真理价值。这是形上学的根本义。在西方上古，巴门里底斯，苏格拉底开其端，柏拉图总其成，亚里士多德踵事增华，发扬光大，从此以后，遂成西洋哲学之优美的传统。亚氏名言："第一原理和第一因信是真知，因为凭借这些，依据这些，一切别的事物方能知晓，但是它们本身不能藉次于它们的事物予以体认。"可谓道尽一切形上学的奥义。

许多人认为一切形上学都是由于武断的肯定，经不起严格的批评，这却因为他们昧于西洋哲学发展的历史线索，才产生如此轻率的误解。希腊初期哲学问题大半属于物理学或自然哲学的范围，并非形上学，用我们前面的名词来说，这些都是一度同分思想的产品，从苏格拉底开始，哲学上新的时代便已划分了。在西洋哲学方面，他第一次察觉到仅以一度同分思想处理宇宙人生根本问题是不够的，所以揭发两异分思想的重要性，以便为科学，尤其是自然科学另觅真实基础。读者只消细心玩味柏拉图早年所写的卡米底斯（Charmieds）和中年所写的法义多（Phaedo）两篇文字和亚里士多德形上学第十篇（Book）第五、九、十诸章，便知吾言之不虚。第一层，自然科学依外倾的态度向自然界即物穷理，故颇客观，其蔽也，乃竟忘却心源，不知反省，产生自觉。第二层，自然科学摭取对象，竭力以赴之逐物而不返，只求殉已役于物以徵知，而不知知之所以为知之。它侧重知之现实而忽视知之可能。第三层，自然科学定住一境，唯求知识之专注而未能玄览旷照以求各种知识之会通。第四层，自然科学遵循单纯之一途，依直线进程一往直前向下推证，忘却综揽各境界萃集而成宇宙之大全，向上冥搜真理本源，冀与之合体同流，故常舍弃第一原理而阐发第二原理。第五层，自然科学集中力量作事实构造之探讨而抹煞价值之估定。这是苏格拉底和柏拉图站在形上学立场批评古代自然科学的根本理由，近代哲学家依旧沿着他们的路线评骘近代科学。科学采取一种对象，直接予以思索而成就客观的知识系统，哲学，尤其是形上学，则更进一步摭取科学知识系统，再度作更根本的思索，所以苏格拉底称之为"科学的科学"……

总而言之，哲学并不反对科学，它透过科学的客观知识系统而奠定其理论的基础。因此我们可以说，形上学实具备下列几个特点：（1）针对科学已有成就，更深一层予以穷根究底之探讨，故是批评的知识。（2）接受科学客观知识，而又回转头来，在人类心性上追求科学所由产生之理性作用的根源，故是反省的自觉的知识。（3）观照科学知识所由成立之现实条件，再集中心理为之确立间架，俾在结构原理上能融会贯通，成为统一的“建筑学系统”（这一层在近代康德的哲学中尤为重要）。（4）科学恪遵知识范围，往往定于一境而不敢逾越，所以它的知识是局部的；哲学玄览宇宙的大全，须经历各种分殊的境界而后综揽适立于各个境界的局部知识以求其会通，所以是全体的知识。（5）科学企图将宇宙各境的秘密一齐展布在逻辑的平面上，一有百有，此存彼存，所以采取中立态度而抹煞价值的区别，这在近代叫作伦理学的中立（ethical neutrality），引而申之，又成价值学的中立（axiological neutrality）；哲学之在西方，自希腊以来，直到近代，则认宇宙为层叠的构造，所以划分境界之后，即须鉴别各层价值，以求上达至于最高的价值理想。因此西方形上学的发展，最后总是与艺术的宗教联成一系，以窥则纯真性完美性，与宇宙之神圣性，形上学第一原理之安立，实是柏拉图所谓一切知识系统盖顶的工作。我们如果透过这些理由，再来回看黑格尔的形上学系统，便知它决非新旧各派实徵论所能打倒。

上面的讨论促使我们体会到一个更重要的问题。这便是：层叠的宇宙的（后一“的”字当是“和”或“与”之误——编者注）平面的宇宙，在理论上有极大的差别。依此差别，我们可以划分科学的和哲学的宇宙观。近代科学处理宇宙客境时，在形象的构造上和事实的种类上虽亦安排若干层次，似乎是立体的系统，但在根本理论上，却把它看作平面的组织。我在《科学哲学与人生》一书中曾称此为科学齐物论。……

在西方，层叠的宇宙可说是希腊哲学家独特的贡献。苏格拉底对于道德界，柏拉图对于本体界，亚里士多德对于自然界各有一套完整理论，对宇宙划分阶段，区别层叠，并依次安立价值品级，使人类在精神生活上能按步升陟，上达至于至善之境，以完成神圣的使命。这种追求至善的精神，后来与希伯来的宗教热诚衔接起来，藉基督教文化，透过中世纪，一脉贯注于近代欧洲，中间经历十七、十八两世纪，虽曾一度受厄于科学唯物论，然自德国唯心论和浪漫主义的文艺运动兴起之后，在黑格尔的哲学里，又达到高潮了。不幸的是近百余年以来，这种精神又遭唾弃，致令西洋人有“登高吾不能，入地吾不悦”之感，只好以扁平动物的姿态在平面世界里打滚，滚来滚去，都为着攘取生存平面而陷于极度苦恼的矛盾冲突，真正的哲学家提神太虚，俯视这种悲惨景象，真要“五中俱裂”了。

（《生生之德》，第217—221页）

一种科学只不过成立各种不同知识系统，但是要提到智慧一方面……都还欠缺一点。我们可以拿一种更结实的、更高深的一种智慧，来面临各种科学知识。因为，许多科学家所用之语言，所谓“科学的语言”在科学本身上面好像是很有效的语言，但是从高度哲学智慧上面看起来，这些语言却是还有缺陷，甚至于还是错误的。

同样的道理，可以说人类之哲学，尤其是西方哲学，发展到西历纪元以后也渐渐从高潮变作低潮。变作低潮以后呢，哲学的语言也发现了一种缺陷，所以希腊人向希伯来人再借一个宗教的语言来补救他的不足。但是，从我刚才所讲的这一种高贵的人性精神上面看起来，纵然是面临了希腊的哲学，面临了西方的宗教，也可以发现他们所谓哲学的语言同宗教的语言里面也有缺陷。我们还是可以给他批评，给他修正。这中间一段的过程可以说很长也很复杂，兄弟现在只是简单地举一个例子来说。

苏俄有一个社会学家也是哲学家的P.Sorokin……他在一部书叫Contemprary Sociological Theories里面，就提到这一段过程，因为他是研究近代社会学的，所以能把近代的社会学从廿世纪、十九世纪，一直追溯到十八世纪、十七世纪，然后才晓得西方科学的发展是从十六世纪发芽，到十七世纪才在物理学方面、天文学上面，形成了系统的理论结构。在那个时候，数学同物理学可以说是十七世纪西方思想家里面的所谓太阳；到后来科学发展到了系统理论完成的时代，也就是所谓古典主义的科学时代，是以哥白尼、伽尼略、牛顿这一类的人为代表；而生物学到十八世纪才起来，心理科学在十九世纪到廿世纪才渐渐发展；但是这种种新兴的科学，在方法学上面，却是效法数学同物理学——连化学、生物学在内，也都是效法物质科学；心理科学更不在说，更是要效法十七世纪的所谓古典的科学。

……

这样，凡是代表各种社会科学的，像政治学，像经济学，像法律学，像历史学，都是在把它们的思想落到标准的古典科学思想体系里面去；不但是采取它的方法，而且是接受它的原则。然后再把这一类的生物现象、心理现象都化成物质现象来看待，这样子一来，原来只是支配着物质世界的物质科学的定律，也支配着生命，也支配着人类的心灵，形成“科学唯物论”。在这么一个情形之下，所谓的社会科学、人文科学、历史科学，都只是什么东西呢？只是社会物理学、社会机械论。像卡尔纳普这一类的人，就说所谓一切科学的语言是什么呢？就是数学语言、物理学的语言，然后一切后起之科学家在他研究训练的时候，第一个就是要会科学语言，而这种科学语言又是什么东西呢？在二十世纪的今天，像在数学上面、在逻辑上面很有研究的人如卡尔纳普在世界各种组织里都提倡 Unity of knowledge，想把知识从复杂纠纷的状态化成统一。怎么样统一呢？就是先从科学的语言统一起。

……

他说“Physical language”就是物质科学的语言，就是一切科学语言的模范；后起的科学家应该先把这一类的语言学会了之后，然后才可以进到科学的领域里面去。这样子一来，生物学倒到物理科学上去，变成它的附属品；心理科学也倒到那里去了，变作第三度的附属口；以后再有所谓的社会科学、人文科学也都倒到那边去了，变成第四度的附属品。这样子在那个地方讲各种科学，讲运用科学的语言，但是可以说它是误用了科学语言；而这个所讲的科学，事实上不是讲科学的真正精神，而讲“科学主义”。

“科学”固然有宝贵的成就，是人类知识的宝藏；但是如果一个科学家不守他的本位，不守他的分寸，不守他的范围，跨越了他的范围而表现狂妄的态度，把其他的生命现象也化成物质现象，把精神现象也化作物质现象，把价值现象也化作物质现象；那么这就不是真正的讲科学，而是科学不守它的范围，不守它的领域，不守它在方法学的限制所产生的一种狂妄的思想，这就是“科学主义”。“科学”是宝贵的，但“科学主义”却是要不得的。近代许许多多后起的科学，都是在那个地方不是讲真正科学，而是讲“科学主义”这个错误的思想，像现在不少讲行为科学的人，只讲行为不讲价值；不少以白老鼠实验讲心理学的人也是如此。这都是超出了方法学的限制，超出了语言上面的范围所形成的错误……

同样的道理，在哲学上面，我们可以说：有健康的哲学，同时也有错误的哲学。这从许许多多方面是可以分辨的。但是最简单的一个分辨方法是什么呢？就是有许多哲学家所用的哲学语言，不能够符合他所研究的对象。比如说研究的对象是人性的心理，但却拿了许多物质科学的语言来表现。这不但会产生错误的认识，而且也会产生错误的结果，这就是错误的哲学。

（《方东美先生演讲集》，第 234—237 页）

（二）宇宙是普遍生命的大化流行

1. 生命是一种进取的欲望

大自然界，流动变迁；发展创进，无时或已，无地或已。这是近代演化论所启示的真理。客观宇宙既是如此，人生又逞何种状态呢？柏格森常把生命譬作雪球，不断地向前飞滚，加添它的容量，增进它的动力。生命乃是一种持续的创造，拓展的动作。据我们所知者言之，宇宙是变动不居的，人生亦是川流不息的。两者奔驰焕发，在在都取同调的创进步骤。十七世纪科学家胡乱把宇宙分成两橛，竟使人生在自然界里根本丧失其所在。近百年来，演化原理大放光明，已将宇宙与人生融成一片了。宇宙不是沈滞的物质，人生亦非惑乱的勾当。宇宙与人生都是创进的历程，同有拓展的“生命”。我们观感起来，直可领悟宇宙理境与生命情趣有珠联璧合之妙了。……

生命的情趣是一种进取的欲望，向前的行动。生命驰骤于客观的环境里，各方面均须依据健全的理论，然后有所适从，不致惑乱，一切学术系统之产生都负有指导生命活动的责任。科学即是生命情调的象征。近代欧西民族的生命情调最鲜艳的色彩便是求平等，争自由。近代科学最伟大的成就亦在尽量发泄这种生命欲。十六、七两世纪间，科学天才辈出，发挥数理的方法，搜求简约的定律，据以说明宇宙之平等之相。无穷大的宇宙有千态万象，迷人心眼，然而物质科学一步一步地约之使简，圆成齐絜和谐的系统。……括而言之，科学的唯物论简直是“齐物论”。科学的理想即在就宇宙的繁象疏证平等义。科学所以能有此种惊人的成就全仗抽象的数量方法。关于此层，我们在第三章里已详言之，兹不复赘。现在所欲提醒者只是它的缺点。抽象的数量方法之应用虽是卓有成效，然终不免偏狭武断。真实的世界，含德至为丰富，科学家何以只摭取数量的形态而忽视性分之差？……

近代生物科学亦是要发泄求平等的生命情调。但它除却疏证平等义之外，颇能兼顾自由的生命欲。遍自然界，物种异形相禅，其象綦繁，其理至赜，但是生物学家提出一个演化的通例，摘出一个遗传的关系，摄持一切，遂使品制万殊的生命现象均人平等理境。……但是演化论的精蕴不仅是数量的平等义。宇宙之全体，自天象、地形以至于生物，都是时间的流变、进展的历程。我们详加观察，在在可以发见新奇的趋势、自由的创造、颖异的结果。在演化的历程中，质有总合，量有增加，力有拓展，“每个时分逞奇滋异，薰生新种。当此新种将生未生之际，活跃显现，丝毫不受拘束，纤微不能前定。”（H.Bergson:Creative Evolution，P.164）过去的时间延割现在，现在的流光飞刺将来。所谓延割与飞刺都是表显不断的创造、活现的自由。宇宙“真相纯是不息的增长、无已的创造。”（H.Bergson:Op.cit.，P.239）十八世纪以前的物质科学只求实现平等理境，盖因它的对象多限于物质的空间形态。空间形态是最富有混同性的，我们可以任意运用理智力量，把它们平排并列着，使之整齐划一。反之，生物科学的对境全属活跃的生命，生命现象，息息创造，耀露自由，我们势不能执持数量的平等义以压倒一切了。假使我们总括天文、地质及生物学上普遍演化论的结果，自觉柏格森的见解精当称理。他说“太阳系的全体浑浩流变，奔腾猛晋，物无大小，均须从天而游，任天而动，以圆成物质性。一切生命由最低级到最高级，由原生物直到人类，随时随地都表露一种整个的冲动……动物凭藉植物，人类超迈动物，层层相因，循序前进。人类全体在时空的广场上驰骋着，瞻前顾后，引阵冲陷，战胜一切阻力，消灭一切障碍，以至于永生不死。”（H. Bergson:Op.，P.271）宇宙内时间的拓展，绵绵无尽，自由的创造亦是灏灏无限啊！

……

人类活着，均须本自由的创造，实现生命无穷的可能。凡能增加我们的生命力，拓展我们的生命欲，使之美化者，都是良好的现象。这便是生命唯一的定律，同时亦是支配万有的通则。遍自然界，生物与非生物，一经存在，便须发展，便须持续……生命本身宛似巍峨宏壮的建筑。人类扶梯拾级缘之升登，有“独上高楼，望尽天涯路”的伟势。

（《科学哲学与人生》，第158—168页）

括而言之，近代欧洲思想前有科学的唯物论，后有哲学的唯物论。两派思想都是要运用理智，建设两种不同的宇宙观以为人生意义之张本。然而两派思想均产生不如意的结果，这一层深使现代哲学家感受理智主义之缺点，翻然改悟前非，群趋一种反理智主义。“理智只是一种粗浅的现象，生命永往直前，欲藉理智以求达到它那热诚的愿望，殊不知空疏肤浅的理智，根本不能解悟人生的真谛。”（A.K.Rogers:Strdent's History of Philosophy，P.471）生命是一种狂热的意志，突伸的权力。人生要义不在think how to live乃在live and let live！由是而言，叔本华、尼采、柏格森等实是现代最有力的生命哲学。十九世纪主要哲学之精蕴，全在发舒生命欲与生命力。一切文化、学术、伦理以及社会制度的思潮都集中于此……生命是突飞猛晋的历程，生命前进一步，学术思想亦追上一步，决不落后。生命是思想的根身，思想是生命的符号。在人类历史上，生命与思想常相眷念，须臾不离。

（《科学哲学与人生》，第138页）

伟大的诗人与超凡的哲人常携于同颂人的尊严。然而，这种“人的自我赞美”正如弗洛伊德（Sigmund Freud）所指明的，已遭受近代科学三种致命的打击。

（一）自哥白尼（Copernicus）与凯普勒（Kepler）推翻了地球在太阳系统的中心地位以来，地球上的人类再也不能以世界主宰自居。这是宇宙论上的打击。

（二）据达尔文（Darvin）与后继生物学家的研究，人与动物的本质差异已经泯除，人类再已不能以万物之灵自居。就像图腾与神话所显示的，人必须把他的世系追溯到动物祖先。这是生物学上的打击。

（三）从近代科学心理学看来，人类并没有足以自傲的灵魂；其中一派甚至废弃了心灵（“没有哈姆雷特的《哈姆雷特》”）。精神病学与心理分析学教人们透视无意识之深层，里面是复杂的本能冲动相互激战的魔境。自我再也不能由清明意识来驾驭那欲望冲动的黑暗世界。这是心理学上对理性人类的打击。

哲学人性论沿承心理学的轨迹，我们可以将它约为三种不同形式。一般而言，心理学与科学密切相联，总是倾向以清明的意识去理解人的心灵。于是人的心灵被彻底分析，先是成为理性、情感、意志等功能，然后成为感觉、知觉、思想等因素，这些因素每一样都可能再被还原成为自然理性层面上的心灵原子。一切精神事象皆被一览无遗而毫无神秘可言。这是理性的“平面心理学”。但是人毕竟像孩童一样，总是喜爱神秘的，他可以从人生万花筒的小孔中窥探那些神秘而乐此不疲。目前“深度心理学”以求系统化了解精神失常，已蔚为时髦风尚。

身为哲学家，我们拥有思辨理性，自不能无视于宗教、哲学、与某些科学思潮所透露的“玄之又玄的奥秘”。因此我们愿意诉诸一种不同的心理学，我称之为“高度心理学”。这种心理学既不是把人的静态本性陈列在理智的平面上，也不是单从精神失常的可怜怪相去理解人性；而是根据思辨理性的观照，去领会真实人性、了解创造的生命动力以及透视文化层次的升进。

中国天台宗的著名高僧智凯（538 — 597 年）在《法华玄义》一书中，劝导我们不要以牛羊眼看万物、尤其是看人，也不要以世俗心思考万物，因为万物所具的神妙本性，唯有佛教的般若上智才能如实理解与正确品断。任何人熟读儒家的思想典籍，不论古典的或近代的，将很容易发现承天之命的人性自有优美懿德，这些懿德在人类文化进展达于顶峰时，即可圆满实现。人性具备这种“可使之完美性”是一切儒家与大乘佛学家共赞之理。

道家大哲如老子（纪元前561？—467年？）与庄子（纪元前369年生）对于理想人格的评价竟然超越于某些儒家和佛学家，他们认为理想完人应当超越相对价值的限制，一体俱融于无限的成全以上臻“至善”。人能够如此期望，实因宇宙创造的大力深植在他精神的本性与创造的生命中。中国诗哲李白（699—762年）一语道破此中奥妙：“揽彼造化力，持为我神通。”

……

中世纪伟大的神秘主义者，则由哲学的求知之余一步迈入宗教的全爱境界。他们昭示凡夫俗子应该升进自我超越的位格，以上臻神明、同享内在的共融。超升的精神不再平地上孤立的个体。透过主客关系的化解以及超越性与内在性的相孚并立，精神不再自格于有限，转而得享无限尊贵的生命。……

现在我们可以说明人的本质了。从精神方面看来，人是宇宙的中心，他能上体神明旨意而发挥创造的冲动。“天地之塞，吾其体；天地之帅，吾其性。民吾同胞，物吾与也。”这是张载（1020—1077年）的名言。程颢（1032—1085年）与王阳明（1472—1528年）更深入发挥，主张人之精神本性根本上与宇宙同大，只是人自小之耳。宇宙创造精神与人既无间隔，人自可日新其德，登跻善境。

新约中若望福音说：“那是住在我中的天父，作他自己的事业”，“就如父在自己内在生命，同样地，他也赏赐子在自己内有生命”。（The New English Bible, John 14：10, 5：26）基督宗教的神明观念是以基督为中心的；中国哲学则强调神性之平等赋于众生。此两者所用的语言一为有神论、一为泛神论，但是贯穿其中的精神则是相同的。我们肯定人参赞了宇宙的创造力，这话并非徒托空想。无论宇宙秩序是位格的或非位格的，人总是承担同样艰巨的工作。由于珍惜神性潜能，人在他自己创造生命中的作用是伟大的。

人是一种神奇，而不是一种诅咒。贝狄叶夫（N.Berdzaer）说的好，人是小宇宙，也是大宇宙，两者互有关连，“人性论……先于一切哲学、一切知识。人意识到自己是世界的中心，含藏着世界的秘密，并且凌驾世界万物之上；这种意识是一切哲学的先决条件：假使少了它，人岂敢从事哲学思考……人若只是对闭的个体，就无从认识宇宙了。”[Nicolas Berdyaer:The Meaning or the Creative Act（N.Y:Collier Books，1962），P.56—57]人与神明、世界、万物、他人、甚至自我之间都有疏离，这个观念是宗教的堕坠、心理学的歪曲与哲学的误解所造成的许多后患之一。

……

从人性论方面看来，“人”这一概念应当取其丰富的各种义蕴去理解。若由神性起源或“终结点”（Omega-point）来看，也就是从原始创造与上升演化会归之处来考虑，则作为神性精神的具体化身，或宇宙创化的参赞者的“人”，是充实完备与珍贵无比的存有。

（《生生之德》，第349—355页）

2. 万物都参与在普遍生命之流中

……哲学并不是对一些琐事枝枝节节的研究，往而不返，也不是对一些与生命不相干的探讨，执而不化。所以偏执的“主义”，若只囿于边见，即使不是虚妄，也是误解。中国哲学在这种广大和谐的原则下，以理想主义作为追求崇高价值的表现，自可与自然主义携手合作，共同肯定生命的意义——不论是宇宙生命或人类生命，然后，在这种意义下的自然主义，也必能与人文主义密切融通，共同在文化创造中肯定人性的尊严。

根据中国哲学，整个宇宙乃是由一以贯之的生命之流所旁通统贯，它从何处来，或到何处去，固然属于神秘的领域，永远隐秘难知，然而，生命本身就是无限的延伸，所以无限的生命来自“无限”之上，而面对着“无限”，有限的生命又得绵延赓续，因此所有生命都在大化流行中变迁发展，生生不息，运转不已。它是一种途径，一种道路，足以循序渐进，止于至善；这创进不息的历程就是“道”，若是“原其始”，则为善之本质，由此源头而流衍出一切生命原动力，超乎一切价值之上。

这一种视“自然”为创进历程的理论在中国《易经》阐述得最精彩：“成性存在，道义之门”（The fulfillment of Nature which is Life in perpetual creativity is gate of Wisdom bodying forth the value of Tao and the principle of righteousness）由此诸位可以看出，根据中国哲学的传统，本体论也同时是价值论，一切万有存在都具有内在价值，在整个宇宙之中更没有一物缺乏意义。各物皆有其价值，是因为一切万物都参与在普遍生命之流中，与大化流衍一体并进，所以能够在继善成性、创造不息之中绵延长存、共同不朽。

现在让我们再谈谈对人的看法，人是生于何处？凭借何物？朝向何处？又所为何来？

若问人生于何处，根据中国哲学，人生于自然之中，而自然乃是大化流行的境界，其神韵纾余蕴藉，盎然不竭，其生气浑浩流行，畅然不滞，如果有人投身于此大化之流，正如同一滴雨水融入河流，即能一体俱融，共同奔进，“自然”与个体相遇前或会觉得个体多余，但一旦水滴融入河流浑然同体，即能变成波澜壮阔的一部分，浩然同流。这时你中有我，我中有你，犹如甜蜜的爱侣一般，心心相印，足以谱出共同心声。

在中国人看来，自然全体弥漫生命，这种盎然生意化为创造冲力向前推进，即能巧运不穷，一体俱化，恰如优雅的舞蹈，劲气内转而秀势外出，此时一切窒碍都消，形迹不滞，原先的拘限扞格都化为同情交感，因此中国哲学家认为，自然与人生虽是神化多方，但终能协然一致，因为“自然”乃是一个生生不已的创进历程，而人则是这历程中参赞化育的共同创造者。所以自然与人可以二而为一，生命全体更能交融互摄，形成我所说的“广大和谐”（comprehensive harmony），在这一贯之道中，内在的生命与外在的环境流衍互润、融镕浃化，原先看似格格不入的此时均能互相函摄，共同唱出对生命的欣赏赞颂。

……

正因中国哲学对人性潜能充分了解，从其刚开始的鼓舞作用到最后的精神高峰，皆能深自体悟，所以能够使人善尽其责，在仁爱的意识下——

尤其是泛爱众的意识下——根据智慧的导引而完成神圣使命。换言之，宇宙之至善纯美挟普遍之生命以同行，旁通统贯于各个人，而个人之良心仁性又顺积极精神而创造，流溢扩充于宇宙，因此，他的生命感应能与大化流行协合一致，精神气象能与天地上下同其流，而其尽性成物更能与大道至善相互辉映。要之，他的创造活动源自同情仁爱，因此其人文教化足以产生理性秩序，而其根据理性秩序所产生的义行，更能彰显公义原则；所以他的精神穆穆雍雍，足以迸发智慧火花，终将成为一位圣贤，充分实现他生命的神圣性。这是何等壮美的存在——在现有世界中还有比这更伟大的吗？

要之，在自然的大化流行中，中国哲学认为人应善体广大和谐之道，充分实现自我，所以他自己必需殚精竭智，发挥所有潜能，以促使天赋之生命得以充分完成。正因自然与人浩然同流，一体交融，均为创造力的一部分，所以才能形成协合一致的整体，如果有人不能充分实现自我而有缺憾，也就是自然的缺憾，宇宙生命便也因不够週遍而有裂痕。

（《中国人的人生观》，第 13—16 页）

自然奥衍，奋运生机，万象毕出，孕育人类，人类蓄德，含弘光大，冥观遐想，契合自然。“我们语及‘人道’，穷极根柢，似觉其义蕴特别，颇与自然不同。实则这种异趣只是虚设假立，绝无其事，自然之属性与人类之素德两相增益，一体俱化。人类之超诣高才正是自然，故能以此身之浩浩，包天人之奇奇。”（F · Nietzsche:Homer’s Contest，Preface to an Unwritten Book.lst.）这种思想可以说是天人无间论，尽人之心以蓄天（指自然而言），其合缗缗，正如吾国朱子所谓“人盖未始离乎天，而天亦未始离乎人也。”（朱子太极说）人与自然浃而俱化，固是希腊思想的通性，但是此地所谓契合，并非屈人就天，以人为自然的顺民；亦非强天从人，以自然为心中虚构的影响。人天体合，正缘天与人都是普遍生命的流行。“近代科学常好假定某种机械的质力以说明自然界之变化，并且这些质力交互牵合，其动作之总和遂构成自然观。但是除却这种机械的观念逐渐流行之外，尚有一种更久远、更有神采的……哲学与之并驾齐驱……其心灵的起点并非观察自然之外表现象而穷其次第，乃是郁积一种情感去体验自然的生机，譬如春日晴和，晓风佛面，我们情怀浩渺，觉周遭都布濩着大自然的盎然生气，仿佛芳阴下，翠条边，正有某种生命精神迢迢飞度，迸注其生香活态于我们的心胸，趣令嘘吸神光，同情感召，有意境欲开，心花竟吐之妙。以道类的本能为起点，那种幽久的、非机械的……精神哲学直悟到自然非机械力之体系，而是一种活的生命，活的人格之统会，其神光焕发，精采耀露，处处沁人心脾。”（W·Pater:Greek Studies，P.96）这个见解就是希腊的万物有生论（Hylozoism）。人类之本命，万物之生机，一体化迁，运乎无始，周乎无方，贯彻宇宙全境。如此看来，希腊人好以神奇的幻想象征宇宙中各种互相联系的生命，决非偶然了。……希腊人之于世界，视为具有人格，流露生命；其于人类，也看作发挥生性，含摄自然。由是而言，其物本主义的宇宙论，不期而合于人本主义的人生观。人格形成小天地，宇宙透露大生机。尽己则尽物，物中有我；明天以见性，性外无天。人资万物之性以为道，道法天地；物冒人类之性而成德，德贯生灵……所谓水，所谓火，所谓气，所谓土，所谓气火水土，以及数量之散殊、实有之弥漫、原子之集聚，都是宇宙形体之辗转灌输，挟生命以迁化。万物一体，固为生命之幻影；万类多元，亦是生命之流行。当其幻化则不能无所变，当其流变或不免趋于灭，但是这种种都是灭故以取新，变一而成多，幻常而出奇，如水之滋润，如火之炳耀，如气之嘘吸，如土之茂育，如数之叠出，如种子之繁殖，如原子之分合，如心灵之出神入化，虽幻而显真，虽变而进益，虽灭而更生。

（《科学哲学与人生》，第223—225页）

生命包容万类，绵络大道。

变通化裁，原始要终，敦仁存爱，继善成性。

无方无疆，亦刚亦柔。

趣时显用，亦动亦静。

生命包容一切万类，并与大道交感相通，生命透过变通化裁而得完成，若

"原其始"，则知其根植于无穷的动能源头，进而发展为无穷的创进历程，若"要其终"，则知在止于至善。从"体"来看，生命是一个普遍流行的大化本体，弥满于空间，其创造力刚劲无比，足以突破任何空间限制；若从"用"来看，则其大用在时间之流中，更是驰骤拓展，运转无穷，它在奔进中是动态的，刚性的，在本体则是静态的，柔性的。

这普遍生命具有五种要义：

（一）育种成性义：在赓续不绝的时间之流中，创造性的生机透过个体和族类的绵延，对生命不时赋予新的形式，不论从细微的观点看，或广大的观念看，都是如此，即使是从大宇长宙的观点来看，整个宇宙发生的历程也是如此。

（二）开物成务义：生命在其奔进中创造无已，运能无穷。生命资源正是原其始的"始"，像一个能源大宝库，蕴藏有无穷的动能，永不枯竭；一切生命在面临挫折困境时，就会重振大"道"，以共润焦枯，因此，生命永远有新使命。纵然是艰苦的使命，但永远有充分的生机在期待我们，激发我们发扬创造精神，生命的意义因此愈来愈扩大，生命的价值，也就在这创造过程中，愈来愈增进了。

（三）创进不息义：整个宇宙是一个普遍生命的拓展系统，因此整个大化流行不但光塞苍冥，而且创进无穷，在生命的流畅节拍中，前者未尝终，后者已资始，前者正是后者创造更伟大生命的跳板，如此后先相续，波澜壮阔，乃能蔚成生命的浩瀚大海，迈向无穷的完美理想。正如上面所说，"原其始"则知雄奇的生命源自无穷上方，"要其终"，则知当下的生命迈向无穷拓展，而两者之间正是绵延不绝的创造历程。

（四）变化通几义：生命之流和时间之流相同，你不能在同一个水流中投足两次，其营育成化乃是前后交奏、新新不停，更迭相酬、生生相续，如同在时间中有无穷变化，生命变化中也有着无穷机趣。

（五）绵延不朽义：我们说的不朽就是指生生不息，创造无已，它是在生命历程中所展现的活力，在时间的创进中它是从不萎缩的，即使到了最后还是直奔"未济"（薪尽而火传），重新发扬新的生机。我把这"不朽”看成是当下可成的，因为生命的创进并不是在另一个虚无缥渺的世界完成永恒，而是在此世的变迁发展中完成实现，不是在彼岸，而是在此地，上可原其始，下可要其终，这段历程我们已经加以说明了，是要将至善的理想贯注在具体历程中，求其完成实现。然而，这里所说的“不朽”不是指神的恩典所赐，如果是这种情形，那我们不能在此世得到，而是指人类靠着自己的奋发努力，激发出伟大的生命潜能，进而完成不朽的价值，人类固然是被创造的，但是人类身上却可以看出造物者的创造力，透过这种潜在而持续的创造力，人类就足以开拓种种文化价值，在生生不息的创造活动中完成生命，这才是通往精神价值宝地的智慧之门。

（《中国人的人生观》，第 44—46 页）

（一）大宇长庙实际人生都是赓续不绝的变化历程，一如在汪洋大海中，后浪推前浪，绵延而不尽。

（二）不论宇宙或人类，其生命进化都是自然力量的表现，若用专门术语来说，就是在流行的韵律中“运转无穷”，它们的波浪是由不同的许多层次所形成，不只是沿着一条曲线伸展，而是前后相续，往来交接，在起伏互荡的波澜壮阔之中运转其生命动能。

（三）在这些流行的韵律中，从不同的高度，我们可以分清不同的生命价值。

（四）这些更迭运转的大化流行，正是大道运行之相。……

（五）当“道”贯注于大化生命之中，直透宇宙或人生时，不但毫无隔阂，而且足以旁通统贯，促使一切万有本质具有赓续性，能够浃洽价值据以升中进德，创造不息，终而臻于理想精神，要之，一切万物皆在宣扬“参赞化育之道”……

……宇宙乃只是普遍生命流行的境界，天为大生，物资始，地为广生，万物咸亨，合此天地生生之大德，遂成宇宙，其中生气盎然充满，旁通统贯，毫无窒碍。我们立足宇宙之中，与天地广大和谐，与人人同情感应，与物物均调浃合，所以无一处不能顺此普遍生命，而与之全体同流。

我们所安身的宇宙，就如前面再三所说，乃是生生不已、新新相续的创造领域，所以我们有充分的理由相信，任何生命的冲动，都无挫败的危险，任何生命的希望，都有满足的可能，任何生命的理想，更有实现的必要。所谓“保合大和，各正性命”（性训生），才是我们宇宙全体应有的生命气象。

（《中国人的人生观》，第 96—99 页）

宇宙在我们看来，并不只是一个机械物质活动的场合，而是普遍生命流行的境界，这种理论可以叫做“万物有生论”，世界上没有一件东西真正是死的，一切现象里面都孕藏着生意。

诸位如果读过中国一部有趣的小说《镜花缘》，就可以充分了解这一层。当三月的春天来临时，西方的王母娘娘在昆仑山上设宴做寿，一切自然万有，与超自然的万有，像小神仙们，半神半人的少女们，大自然的众神、妖怪，以及所有奇奇怪怪的神仙们……所有不同的生物都来参加了献寿盛会。

这种文学上的幻想，直把世界上冥顽不灵的东西都看作生香活态的现象，虽然哲学不能像文学幻想一样具体描绘世界的生态，但也可以假定有一种普遍流行的盎然生意贯彻于宇宙全境。在古代希腊不少哲学家，在中国历代所有大哲学家，对宇宙多持这种看法。

……“宇宙”，从我们看来，根本就是普遍生命的大化流行，其中物质条件与精神现象融会贯通，毫无隔绝。因此，当我们生在世上，不论是以精神寄物质色相，或以物质色相染精神，都毫无困难，物质可以表现精神意义，精神也可以贯注物质核心，简单地说，精神与物质恰如水乳之交融，圆融无疑，共同维系着宇宙与人类的生命。

（《中国人的人生观》，第 34—35 页）

综观上几次所讨论的问题，现在可以得着下列几种结果。

（一）中国先哲所观照的宇宙不是物质的机械系统，而是一个大生机。在这种宇宙里面，我们可以发见旁通统贯的生命，它的意义是精神的，它的价值是向善的。惟其是精神的，所以生命本身自有创造才能，不致为他们所迫协而沉沦，惟其是向善的，所以生命前途自有远大希望，不致为魔障所锢蔽而陷溺。我们的宇宙是广大悉备的生命领域，我们的环境是浑浩周遍的价值园地。

……

（三）宇宙的普遍生命迁化不已，流衍无穷，挟其善性以贯注于人类，使之渐渍感应，继承不隔。……

……儒家所以要追原天命，率性以受中，道家所以要遵循道本，抱一以为式，墨子所以要尚同天志，兼爱以全生，就是因为天命、道本和天志都是生命之源。中国人酷爱生命，中国人极端尊崇生命的价值，所以对于生命，总求其流衍创化，以止于至善。离掉生命本身的价值，则宇宙即蹈于空虚；撇开生命本身的善性，则人类即趋于诞妄。……孔、老、墨三宗之统会，就在生命价值之积极的肯定。

（《中国人生哲学概要》，第51—53页）

（三）人生是生命价值的不断实现、层层提升

1. 人类生命的价值

……我们首先在心理学上就要有一种看法，要把对人的认识，把它安排在正常健康的心理学里边；像现在的各种心理学，我们可以把它分成两类：第一种叫做“科学的心理学”，第二种叫做“非科学的心理学”，也可以叫做“哲学的心理学”，或者是“宗教的心理学”。就这么一点上看，假使心理学只有一种，就是所谓科学的心理学，尽管这种心理学上面有种种学说在人类的科学里面占有它的位置，但是在这里面，却是对人类的了解根本不足，甚至于误解甚多。

……

我们举两个例子来看：一个就是所谓平常号称的科学心理学，像近代所谓的生物心理学也好，比较心理学也好，或者是内省派心理学也好，这许多心理学都是从希腊所谓的理性心理学这一个主干分出来，也就是把人类当成是一个理性的动物，然后把人类理性的心理生活，从整体拆开来，变

成什么呢？变成平常所谓的艺能心理学。换句话说，整个的赋有理性的人，把他分析出来成三方面：知识是一方面，情绪情感是一方面，意志是一方面。这就是所谓知、情、意。这样把一个理性生活的整体分做知、情、意三方面，然后再把这个知、情、意三方面，透过近代的科学再加以分析，就仿佛物质科学家处理物情的同样办法，把它搬到解剖台上，分析它内部细微的构造，核子构造，像分子构造，这样子分析到最后，使一切物质状态，都被看成是细微单位所构成的一个整体。

感觉也好，知觉也好，或者是意识也好，像这样的一分析，最后就变成什么东西呢？变成所谓感觉的构造成分，知觉的构造成分，意识的构造成分：所谓有纹肌肉、无纹肌肉的一种活动单位。这样把人生的构造，叫做什么呢？叫做心理原子。那么所谓人不过是心理原子所结合起来的一个机械体罢了。所以我平常在心理学上面就把这种心理学取了一个名词，叫做表层或平面的心理学，在英文里面就叫做“Surface Psychology”。

这个表层的平面心理学，就仿佛是物质科学家处理一切物质世界的秘密，先把分子构造打开来，成为原子构造；再把原子构造打开来，成为核子构造；然后，摆在空间上面、时间上面展开来它的一切秘密；让我们把这一种构造的内容、构造的层次，看得清清楚楚。这样子看清楚了之后，就仿佛我们在水里，看水下面所堆积的沙，虽然一粒粒的沙，我们都看得清清楚楚的，但是“水清则无鱼，水清只见沙”，人性被这样子窥见之后，只被看成是新的原子构造的集结体；就是仿佛水下面这种沙，集结起来的一个机械的组合体，毫无意义，毫无价值。

……

所以在这么一个情形之下，才引起近代心理学上的另外一种发展：就是说人不能够这样平铺直叙的把秘密表现出来，没有意义，没有价值；而应当从深处去探索。这就是所谓从下意识、潜意识，种种玄之又玄的深度向上探索。这样一来才可以窥见支配人的并不是表面的理性而是潜藏的情感、潜藏的情绪所构成的种种千常万变的本能，千常万变的冲动。假使要照这样子看起来，越是对人类向下看，那就越是透过理性的光明表面去看他含藏在后面、见不得人的许许多多黑暗的层次，黑暗的本能，黑暗的冲动；这就是所谓的“深度心理学”。

假使从这个所谓深度心理学看起来，最后成了 Theory of Ibid；那么可以说，所谓人，从心理学的深度看起来，人还不如禽兽；以这个所谓的深度心理学来看人类所存在的理由，反不如禽兽的话，这是很大的危机。

所以说，面对着这二种心理学，表层心理学或平面心理学，或者是深度心理学研究的对象虽然是人，但是他所表现出来的并不是就人的本性来了解人，而是就人的本性以外的物性或者兽性来误解人。所以面对着这么一种说法，记得兄弟有一年在美国开东西哲学会议的时候，就在一篇论文的最后造一个名词出来。我说真正的心理学，既不是表层的“平面心理学”，也不是那隐藏在理性之下黑暗方面的各种本能的冲动，美其名为“深度心理学”；而是要真正的了解人的本性，我就曾经杜撰了一个名词，叫做是“高度心理学”；如果从高度心理学这一方面看……面临世界的“人”，是一个伟大的“人”，是一个可以创造种种伟大文化的“人”。

……

我们说的高度心理学对人的伟大看法，我们也可以在世界的三种伟大的文化体系——中国古代文化、希腊文化、印度文化里面找出来：从印度这一方面来看，所谓“人”不论从印度的宗教看起来，或从印度的文学看起来，“人”，他称之为什么东西呢？叫做“Gurn”，所谓“大德”；大德就是“伟大的精神人格”。再说中国，假使中国人在思想上面不忘本的话，他应当是读过老子；老子就是“天大、地大”，在许多版本下一句叫“王亦大”，这个“王”是什么呢？照中国甲骨文的构造，或者是钟鼎文的构造上面看起来，上一横代表天，下一横代表地，然后中间画成一个人形，变做大字的人形；上面顶天，下面踏地，是顶天立地的一个人；一个大人物在那个地方！所以有许多版本，譬如许慎说文解字里面所引的就不是叫做“天大、地大、王亦大”，而是叫做“天大、地大、人亦大”，所以从这么一点上面看起来，不仅仅是中国儒家，赞美人的伟大，称之为圣人，在老子下篇里面更处处把最高的道德集中在一个伟大的人格上面，也称之为圣人；以后庄子就称之为“以天为宗，以德为本，以道为门”，这一个“人”，或者叫做“博大真人”，或者叫做“圣人”，或者叫做“真人”，或者叫做“至人”，这样子看起来，在这哲学里面含藏了一种高明的心理学；这个高明的心理学，不是平面的表层，也不是黑暗的深度，而是屹立贯通在天地之间，顶天立地的一个大人物。

像中国文化里面，主要的主干原始儒家，在周易这一部书里面文言传就直称“人”叫做“大人”。那么这个大人是怎么样子呢？是要“与天地合其德，与日月合其明，与四时合其序，与鬼神合其吉凶，先天而天弗违，后天而奉天时”。照这样子看起来，这个大人是什么呢？他从生命里迸发出来的光明，这个光明像天上的日月，在他的生命活动里面，所寄托的境界，可以说是极有规律的与四时合其序。这么一个人在宇宙的里面，他不要卑躬屈膝，做许多无意义的鬼神崇拜，因为他可以掌握鬼神的命运。再同天比较起来，他说“先天而天弗违”，他甚至于对于天都不要顺意承旨。他可以在一个主脑的地位来表现生命的活动，而这生命活动的意义连上苍也不能否定他。假如他遵从天意表现出许多行动，那么从上苍的眼光看起来，这人类的行动正是适当的时机表现出来，一点瑕疵都没有，连这个天也都要承认，正所谓“后天而奉天时”；这就是儒家的“大人”。所以儒家在人的里面起码是“士”，然后是“君子”，然后再“贤人”，最后才“圣人”。

……

我们要晓得，在中国古代一般平民是叫做“氓”；而在一般平民之上，在知识上面，在生活上面有精神成就的，成为一个高贵的人格的便叫做“士”；从这个起升，然后再君子，再贤人，再圣人。这样子再修养下去就成为一个时代的伟大精神人格；而这个伟大的精神人格，他的活动是什么呢？就是他的生命精神——他的生命气魄，同天的大生之德、地的广义之德配合起来，他的精神，符合天地生物之心。这样，一个人格就像中庸里面所讲的，一个人生活在世界上面，不但要把他自己的有意义、有价值的本性表现出来，还要再根据同情推广，使别人有意义、有价值的生命也完成了；然后再发挥广大的同情心，连带一切生物的本性都使它在有意义的生命、有价值的生命上面表现出来；像后来在中国佛学上面看起来，整个宇宙，没有一个冥顽不灵的所谓顽石，连了物质里面还是包藏着生命，连了物质的生命的意义价值还是要使它完成。这样，一切物性也有神性，也有佛性；像周易里面的所谓大人，就是他的生命才能，他的生命本能，他的生命气魄，他的生命精神，贯注在整个的宇宙里面，使整个宇宙一切活动中心，都同人类的生命一样的有意义，一样的有价值。这才是儒家的一种大人物的气魄，大人物的精神。

（《方东美先生演讲集》，第 223—228 页）

现在仍面临这样一个问题，人是什么？我们回顾到隋唐时代，中国有个大和尚“智凯”，在法华玄义里提出一极重要的话：从佛学的很高智慧来看，我们对人的要求是“勿以牛羊眼看人”。也就是要拿人的眼光来看人，不拿牛羊等禽兽的眼光来看人。

希腊一位哲学家(Xenophanes 570−457B.C.)也说了一句很调皮的话：“假使世界上大艺术家，不仅仅是人，还有牛、羊、狗等禽兽，大家各自画出他们崇拜的上帝，则狗一定把上帝画成狗，牛一定把上帝画成牛，羊也一定把上帝划成羊。”换句话说，从兽性的艺术才情来画人所崇拜的上帝，依然是兽性。不过智凯和尚早在隋唐时代即提出勿以牛羊眼看人，亦即不要拿兽性的眼光来看人性。这观点还只是中国外来的思想，真正中国固有的思想，如原始儒家，孔子在周易里即说：“大人者与天地合其德，与日月合其明，与四时合其序，与鬼神合其吉凶”，然后再说“先天而天弗违，后天而奉天时。”可知由原始儒家看人，是描述人类具有一种伟大的气魄，再以此气魄囊括宇宙的整体，进而与它合而为一，即“与天地合其德，与日月合其明”。孟子亦说：“大而化之之谓圣”。作为一个人不仅是寻常人，而且是大而化之变成圣人，如此才算是人。礼记礼运篇里面，也把人当作天地的中心：“人者，天地之心也。”但是为何将其当作天地的中心呢？因为他可发挥创造的才能，完成高贵的生命，而同时又具有一广大无边的同情心，对于一切人类生命，他都珍惜，对于一切未来的生命也均予以欣赏。

这么一来，人能尽己之性，尽人之性，尽物之性，甚而赞天地之化育，与天地参矣（参看礼记中庸篇）。人变成和天地一样的伟大。换句话说，人即成为创造生命的中心。这是原始儒家的思想。

同时在道家思想里，老子说："域中有四大：道大、天大、地大、王亦大……"王字在甲骨文、钟鼎文中的形象，就是代表一顶天立地的人，故又曰"人亦大"。顺此道理，庄子乃以为人在宇宙中不是渺小，而是"与天地并生，与万物为一"，亦即"以天为宗，以德为本，以道为门"。这么一来，人类成了神人、圣人、真人、至人，人类一切的精神美德，在他的生命里都可完全表现出来，变成博大之真人，而非假人。

故从中国文化的本质看人，无论哪家学说，都是赞美人的伟大，提高人性的价值，使我们所处的宇宙价值愈益提高，我们所有的生命意义更加扩大。纵使人处于宇宙中、星河里，只是一个渺小的生物，若能以其伟大的心灵去思维，产生伟大的宗教、哲学、艺术、科学，就已足够对宇宙交待、负责。人类也就不会像苏俄哲学家所说的成为 beast-man，也不会因弗洛伊德的所谓人已受三大打击而倒下。

（《方东美先生演讲集》，第 206—208 页）

（一）中国人的生活兴趣是寄托在"此世"，认为在这现实的人间世中，就可以充分完成人类所追求的一切价值。假使在宇宙中有一个可能设想的最好世界，那么就是此世，因为凭藉人类通力合作的创造性生命，不难点石成金，将此现实世界点化超升，臻于理想。所以我们并不像许多宗教狂的出世态度，对现实世界只是逃避，却去蹈空追求渺茫的他世。

（二）中国人的生命目的在完成大我，至大至公，这绝不能与小我的利害混为一谈。每一个人不会，也不能只为自己而活。我们须尽量发展普遍的同情心来拯救世界，泛爱人类，然后才能充分领悟生命的意义与价值。人生最有意义的活动就在透过集体的奋斗，朝着善与美的方向努力上进，以到达全体人类共同幸福的境界。所以在中国哲学史中，除了杨朱以外，"为我主义"（egoism）毫无容身之地。甚至连杨朱的"个人主义"（individualism）

也从不被人所取。

这都是因为我们的道德生活受了下列三种高尚的精神感召所致。

（三）如果透过儒家，则能以同情忠恕追求至善，也就是说，能够在体悟天地生物的仁心之后，奋起兴起，参赞化育，以发挥生生不已的创造活力，追求所有生命的充分完成。这并不是只求个人的完成实现，而是连同一切人群，与一切万有的生命都一起要在雍容恢宏的气度中完成实现，这就是儒家的精神传统。

（四）如果透过道家，则能契入大“道”，而臻于至“德”内充的境界，消极的能够据以不役于物，消弭一切私心，积极的则能据以冥齐物我，怡然与大道同体，这就是道家的卓绝气魄。

（五）如果透过墨家，则能力行兼爱，避免互害，遵照“尚同天志”的原理、原天以律人，使人之所为能契合天之所欲，据此以全天志好生之德，并使一切万有都能在广大同情之下视为平等价值，这就是墨家的根本法仪。

……

根据上述理由，可知中国民族从不对现实世界诅咒抱怨，以为是缺乏价值。中国人不像印度人——特别是小乘佛教徒——也不像西方中古的狂热教徒，因为厌倦物质世界，遂把一切理想价值都转入天国；我们所建立的“中国”，正是“受天地之中以立”的意思，我们侧身天地之间，自觉一切价值都可以在这天地两大之间的人类生命中完成实现，所以天地之间绝不是虚无，而是一种充沛圆融的“太和”境界，充满了生命的美景；而所谓“中国”，其根本意义也正是孟子所谓“君子所过者化，所存者神，上下与天地同流”的生命精神领域。

（《中国人的人生观》，第149—160页）

一直到目前为止，中国民族，只要是真正的中国人，旷观整个世界和人性，都是纯真无邪，一如小孩。中国人对宇宙是入世的，不是出世的，因为我们把宇宙看成是一个价值领域；同样，人性是足以仰恃的，不是可以舍弃的，正如前面所说，人性绝不是有罪的，而是无邪的。宇宙全体，也正如前述，就是一个精神与物质的合体，两者浑然同体，浩然同流，共同迈向更完美的境界，而普遍生命弥漫宇宙，贯注万物，更是日新又新，精益求精，不断地提高价值，不断地充实价值，我们生命的目的，就是脚踏实地在此世实现至善理想，而不是虚妄蹈空，转求他世，所以从一开始我们就必需了解生命在此世中的宝贵精神。

（《中国人的人生观》，第 62 页）

2. 人生境界的超升

我们……把物质世界当做是人类生活的起点、根据、基础。把这一层建筑起来之后，才可以把物质点化了变成生命的支柱，支发扬生命的精神；根据物质的条件，去从事生命的运动，发现生命向上有更进一层的前途，在那个地方去追求更高的意义、更高的价值、更美的理想。这样把建筑打好了一个基础，建立生命的据点，然后在那里发扬心灵的精神；因此以上廻向的这个方面为凭藉，在这上面去建筑艺术世界、道德世界、宗教领域；把生命所有存在的基础，一层一层向上提高、一层一层向上提升，在宇宙里面建立种种不同的生命领域……以物质世界为基础，以生命安乐窝上层，以心灵安乐窝 较上层，以这三方面，把人类的躯壳、生命、心理同灵魂都做一个健康的安排。然后在这上面发挥艺术的理想，建筑艺术的境界，再培养首先的品德，建立首先的领域，透过艺术与首先，再把生命提到神秘的境界——宗教的领域。因之，在我们宇宙的建筑里面要分成许多境界。

在这个境界里面，我刚才说构成这种境界里面有两大支柱；一个大支柱要就客观的这一方面——客观的领域、对象，而了解、处理、应对、对应那个客观世界的真象，就要看人类，他有怎样的才能、心性，可以旁达呼应，能够适合那个外在的境界。现在马上就牵涉到人性上面的问题，我们谈他的知能才性，谈人性上面特别优美的才能，而不抽象地谈人性。在这一点上，一个人能够应付、了解、安排一个物质世界，并且安排我们这个躯壳能够健康存在，我们要有这一个才能，而这一个才能我们借用现代人类学上面流行的一个专门名词叫做“Homo Faber”，这一个人就是自然人，这一个自然人最大的特点、能力就是行动，藉其行动，即使没有世界，他可以开辟一个物质的领域；这就是行动人，拿他的生命动力可以肯定、处理、控制、驾驭一种境界，然后他的存在才可以安排在现前的基础上面。但是假使人只有这么一种行动的话，那么借用荀子的名词看，不仅仅人有这个能力，同时猴子，它是“二足而无毛”，一样有能力可以上去，可以摘果、传宗，可以维持它个体与团体的生活。所以我们仅靠这个自然人的行动是不够的。假如我们要把这个生命存在领域从物质境界提升到真正生命的境界里面，那么就要有第二种能力，第二种能力所形成的第二种人叫做“Homo Dionysiacus”，这个人善于行，但是人的行动有时假使受不正当的才能牵引着、支配着，那么那个行动就是昏念妄动，可以说是疯狂的行动，在这疯狂的行动里面从事生命，把生命引到危险或者是死亡的那一条路上面，所以这个Homo Dionysiacus，这一个疯狂行动的人，我们要有修正，要把他点化过来，转变过来成为“Homo Creator”——有创造性、有创造能力的人，他对于生命不是走向危险、死亡那一条路，而是发扬生命精神，把它指点到真相世界、更高的意义境界、更有价值的境界，向上面创造，这是第二种在行动上表现创造才能的这么一种人，假使有这么一个人，他就可以把物质世界提升变成生命的领域，从Sphere of physical Existence把它变成Sphere of Life，而且变成Sphere of Creative Life，如此，人类的才能增进了，结果他在生命所处的境界也马上提高。假使要就这一点就认为满足的话，试把我们的历史从现在提到廿几万年以前，我们做一个北京人一样就可以满足，而这个北京人是不是可以创造商周以后到春秋战国时代那样高度的中国文化呢？我想是要形成大问题！所以第三层的这个人，他要把知能行能化成创造的才能，创造的才能怎么样子可以成就呢？要受真知卓识的指导。这样第三层把人又提高一层，侧重理性的表现，以理性为指导形成各式各样的系统知识，然后一个人在他的一切生命的活动里面，他不是盲目的创造，他是经过理性考虑、理性支配、理性决定所指导出来的真理世界，以知识为基础，把他的生命安排在真理世界上面。那么把这三层——行能的人、创造行能的人、知识合理的人——结合起来，他一方面有健康的身体，又有伟大的生命活动力，再有开明的知识。这样子合并起来才构成了一种自然人，这个自然人的生活有躯壳般的健康、生命的饱满、知识的丰富，人生种种方面的高尚成就。他可以以自然人开创一种自然世界出来，而这个自然世界就是今天我们廿世纪的人到处歌颂的世界，这个世界是构成为普遍的科学文化所建立起来的自然界。假使到达这么一个境界就止了，我们只可以有科学的文化，但是不能够有哲学的文化。

……纵然我们做人做到了自然人，各方面都满足了，躯壳、身体、生命、心灵满足了，但是只是自然人，根据自然人的一切智能才性所建立的世界，只是一个自然世界，而这个自然世界上面，尽管有丰富的事实，有丰富的现象，但是这个丰富的事实、丰富的现象都在数量化的思想上面决定它的内容，不能构成有意义、有价值的世界，而这个世界也就因此变成价值贫乏的世界。

……我们把人发展成为完满的自然人，甚至于达到一种大科学家的地位，还不能够满足我们哲学上要求，也不能满足我们文化的要求，所以我们现在……再向上面推。这个自然界是形而下的境界，我们站在形而上的里面，各方面的要求都满足了，而且我们还要提升向上，向上去发见形而上的世界的秘密。这一种境界向上提升是有条件，就是人性也向上面发展。因此，提到第四种人性，我们在此地可以借用近代德国哲学家卡西勒（E · Cassirer）的一个名词叫做“Homo Sybolicus”，这一个人的才能，他能够运用种种符号，创造种种语言，在语言上面发现种种复杂的语法，委婉曲折，把它当做一个符号，然后象征第四种世界里面的一切秘密，就叫做 The man as the operator of symbols，从这个里面就可以把寻常的自然界，透过种种符号象征那里面美的境界、美的秘密。拿艺术家的才能做更高的创造，创造了艺术上面美的世界——所谓艺术世界。这个是形而上的人，这一种就是各种类的艺术家，就像诗人、画家、建筑家、雕刻家、文学家。他可以创造种种美的语言、美的符号，把一个寻常的世界美化了，使它变成艺术领域，这是形而上世界的开始。

但是在这个美的世界里面，虽然它是美，假使我们把这个艺术领域扩大了，向现代艺术这一方面看，在艺术里，不仅表现美，也可以表现丑。这个世界有时是美，有时也丑，是美丑杂居的艺术世界，究竟不是完美的生命领域。譬如说艺术失掉发现艺术的才能，但是这个艺术的能才，有时意志可以左右它，情绪也可操纵它，在意志不坚定的时候，在情绪错乱的时候，可以丧失理性。因此，那个艺术世界可以变作疯狂的艺术世界，而疯狂的艺术世界究竟不是健康的艺术所应有。所以这个世界美则美矣，或者丑则丑矣，这个只能够表现主观的感受，这个主观的感受在价值上面不能代表美满。

所以，再进一步，我们要艺术家的品格再向上面点化，使他成为更高尚的人。如此，一个艺术家又有崇高的品德，在艺术上面的价值再加上道德的精神，那么，这样子的艺术不仅仅是美而且是善——即是尽善尽美。所以，再把艺术家运用各种符号的才能再提升他的成就，使他再变成另外一种人，这个另外的一种人，就是高尚其志，纯洁的精神人格，所谓道德人格，我们叫做“Homo Honestatis”，那就是具备优美品德、优美人格的这么一种人，是道德的主体，这样子就可以把这个艺术再点化了成为中国论里面主要而高度的“道德文化”（Ethical Culture）。在这里面，假使要做一个哲学家，起码要像宋儒所讲的要表现“圣得气象”，因为哲学家要透过艺术灵骨的陶冶，然后养成一种高尚的道德品格、道德人格。

在儒家里面，我们平常歌颂孔子，都是拿圣字去形容他，但是圣谈何容易，孔子都不敢承受，而说“若圣与仁，则吾岂敢？”虽然是圣人，而不以圣人自居。譬如道家也说：“以天为宗，以德为本，以道为门”，然后构成圣人，这圣人叫做“博大真人”，为什么是博大真人呢？因为他能够囊括宇宙一切的秘密，在知识上面彻底了解，在行动上面能够顺应，而且在理想上面，他能够符合他的精神要求。那末连从外国传授进来的佛学也主张一个人不仅要完成人性，同时还要完成佛性。那末，就是说有最高的智慧、有最高的精神发而为生命，而这一个生命可以旁通一切人类、一切物类的生命，一体俱化，成就最高的精神价值。这又构成了一种道德生活（Moral Life），假使一个人在他生活上面的阅历，由物质世界→生命境界

→心灵境界→艺术境界→道德境界，他这样子向上面提升他的生命地位、生命成就、生命价值，到达这个时候，他这个人得以真正像庄子所谓“以天为宗，以德为本，以道为门，兆于变化，谓之圣人”，如此，他不仅仅是一个自然人，也不仅仅是一个艺术家，不仅仅是一个道德人格，而且在他的生命里面各方面的成就都阅历过了，都提他的精神成就到达一个极高尚的地位，在那一个地方，他不是人的这一点，人的那一点，更不是人的小数点，那是个真正的大人，而这个大人，他整个的生命可以包容全世界，可以统摄全世界，也可以左右、支配全世界，那一种人我们可以叫做“全人”（Perfect and perfectied man），而那个全人的生命能力叫做全能，那个全能，从世界许多文化上面看，我们拿艺术名词赞美他不够，道德名词赞美他不够，世界上许多宗教拿宗教的神圣价值赞美他的生命才庶几乎近之。

除掉在口头上谈谈之外，事理上在近代世界上面很少人在他的生命里面真正把他的精神提升到一种尽善尽美的神圣境界。像这一种全人，我们可以叫做“宗教的人”（Homo Religiosus），这个宗教的人在宗教上就可以说是全人，这个全人用一个普遍的名词可以叫做，他可以是 God-man Co-creator With the divine，所以我平常说在中国哲学里面，我们说“To be human is to be divine”，在这一点上面才可以了解做人做到这一种的程度，才可以拿儒家的精神来看，他真正是“圣人”；或者是道家所谓“至人”，佛家所谓人性完成之后，完成佛性。在其他的宗教上面像基督教（Christianity）就可以叫做“God-man”。我们中国古代有圣人，中世纪有许多圣人，在近代很少听见有一个人能够把他的生命价值同意义提升到这么一个崇高的境界，我们仰慕他，称他为圣人。在近代的人类里面非常之少，这是他的智能才性都是一种“意识发展”（Conscious Development），发展到一个程度就止了，他不能够再把他的生命提上到极崇高的这一种境界，而拿他的精神生命可以笼罩宇宙一切真相，符合宇宙里面最高的精神价值。这个虽然是很难达到的一种境界，但是这至少在人类这一方面是应当集中他的生命、全体的才能、全体的心性，把他提升，使他成为这么尽善尽美的圣人，这是人类的最高理想。假使把人发展到这么一个最高的程度……我们叫做“高贵的人”（Homo Nobilis），就是儒家所谓圣人，道家所谓至人，佛家所谓般若与菩提相应的人，就变做“觉者”（Buddha）。

这样子一来，好像这个宇宙全是建筑成功了，但是一切的建筑，虽是把它建筑到最高的一层，用西洋建筑名词叫做 Coping stone，盖顶都盖了，好像是最高的境界了，但是事实上我们看各种建筑，到达那个境界的上面，上面还有苍天，所以中国的建筑到达最高点上面就像飞檐，这个飞檐就是指着上面还有更高妙的境界，就像西方 Goethic architecture 这一方面，你把这个建筑树立起来，好像春笋冲天上长，一下达到顶点上面，但是那个只是些建筑的最高点，它都是指向上面还有无穷的苍天，还有无穷神奇奥妙的境界。而那一种境界，从许许多多宗教上面看，认为是人类能力向往之成为理想，很难达到的境界，人类的知识纵然是用一切文字语言表达，也不能够表达它的深微奥妙的妙处。……

为什么人类能够这样子兴奋、精神这样子能够振作？到达一种生命的成就，他不停止，还要向上面提升，像希腊哲学家柏拉图（Plato）说“灵魂的迁升”（Uplift of the soul），永无止境，像中国的儒家所谓“升中于天”，不但人类提升到神圣的境界，认为他的生命还没有达到目的。这就是因为宇宙在最高境界里面有一个精神的力量，拿那个精神力量去贯注在宇宙每一个角落里面的人、物、万有。这样，宇宙每一个角落里面的人、物、万有都贯注有神圣的力量在里面，这个世界才可以提升，人类的生命价值才可以增进，人类的愿望才可以满足。那么，这个人可以把他提升到达神性的地位！……这样，不仅仅在他生命活动的里面具有神圣化的作用，而宇宙万有在这个宗教的领域、道德的领域、艺术的领域乃至在自然界里面，这个精神力量仍旧是贯注下去，变做无所不在。因此，在自然界，花开得那样的美妙，为什么花开得那样美妙？凭借植物组织的能力接受自然阳光，不见得能够开那样子美妙的花，而这个美妙的花里面就有宇宙里面神奇奥妙的精神力量贯注在那里面，所以这朵花虽然是生在自然界里面，但是它的价值已经超升达到神圣的领域。如是，从这个泛神论的宗教情操、宗教意志的求同宗教理性的肯定里面，把这一种精神力量当做是“Universal presence of the spirit in the natural world”，这样，整个的自然界也“神秘化”（Mystified），同时也可以“精神化”（Spritualzed），因之，所谓人，不管你拿哪一种身份生活在世界上面，在哪一个境界，在内心深处能够体验那一个境界的所含藏的神圣价值。

这一类的思想……就像 Plato，Aristotles，Plotinus，在中世纪的 St.Augustinus 或者是 Thomas Aguinas 或者是其他的 Madiaeral sages，saints，都是在这么一个情形之下，体会了这么一个宗教的精神，完成他神圣的精神生命。这样培养出来的人格，不管在哪一种境界里面都不能够称其为小人。在中国哲学上面，正如儒家所歌颂：“夫人者与天地合其德，与日月合其明，与四时合其序，与鬼神合其吉凶，先天而天弗违，后天而奉天时。”假使做到这么一个伟大的地步，就是我刚才所说的：“To be human is to be divine”，然后在一切生命的活动里面、在智能方面、在才情上面、在动作方面，每一个地方，他都发挥他的生命伟大的精神，把一个寻常的世界变做一个神圣的世界。那么这个人在儒家才是所谓“大人”，这个大人完成他自己的生命，尽己之性，尽人之性，尽物之性，赞天地之化育，与天地参，在儒家上面看来，人变成了 Cocreator with God，这个人的目的才可以达到。而这个人在道家里面正是庄子所谓“以天为宗，以德为本，以道为门”，就是道家所谓“至人”“圣人”“博大真人”，他能够“配神明，醇天地，育万物，和天下，泽及百姓，明于本数，系于末度，六通四辟，小大精粗，其运无乎不在”，就是他的生命的影响贯穿到宇宙各方面每一个领域。他不是拿这个自然人的资格从事生活，而是拿神圣的品德从事生命活动。那么，从隋唐以后的大乘佛学讲起来，人类的智慧发展到最高的阶段同宇宙的最高精神光明化为一体，就是般若与菩提相应。然后，那个人性发展到达那个速度，不仅是人性，而是佛性。在这个同样的精神之下，种种新旧基督教的教派，要把这个人最后变成尽善尽美的人格——“Sage”，或者是“Saint”，这样子才可以达到目的。

……

从这一点看，拿 Plotinus 的哲学可以来印证这一点，而且 Augustinus 同

Thomas Aquinas的哲学也可以这样子印证。而在东方，原始儒家孔孟荀，原始道家老庄，大乘佛学，不管是哪一宗，天台、法相宗、华严宗，甚至是禅宗也好，最后的目的都是要把人的精神，从自然界的里面提升到达精神的顶点，然后从人类的智能才性上面变做尽善尽美，变做神圣。假使你把这么一个结构完成之后，去读印度一百多种的奥义书，或者是薄伽歌（Bhagavad gita），或者是大小乘佛教经典，无一处不契合的！

（《方东美先生演讲集》，第14—30页）

我们要把人的生命领域，一层一层地向上提升，由物质世界一生命境界一心灵境界一艺术境界一道德境界一宗教境界，借用现代人类学的一些名词，我们同时可将人性提升的历程划为层层上跻的价值阶梯：Homo—Faber → Creator Homo → Homo Sapiens → Homo Symbolicus → Homo Dionysiacus

Honaestatis → Homo Religiosus → Homo Nobilis → Divinity → Deaus Abscond itus，从自然层次的行为人，到创造行为的人，到知识合理的人，到象征人（符号运用者的人），到道德人（具备道德人格的人），到宗教人（参赞化育），再到高贵的人，就是儒家所谓圣人，道家所谓至人，佛家所谓般若与菩提相应的人，就变做觉者（Buddha），最后更进入所谓玄之又玄，神而又神，高而又高，绝一切言说与对待的神境。这是一种很难达到的境界，但至少应当集中他的全体才能与心性去努力提升，这也就是人们受教育的目的，更是文化与教育的最高理想。

（《方东美先生演讲集》，第208—209页）

二、中西哲学之诠释

（一）中国哲学诸家

1. 中国哲学之通性与特点

中国哲学，不管其内容属于哪一类哪一派，然而中国哲学中的哪一类哪一派哲学之所以成立，总是要说明宇宙，乃至于说明人生，是一个旁通统贯的整体；用儒家的名词，就是“一以贯之”（Doctrine of pervasive unity）。这是中国哲学上的第一个通性！

对于这“一以贯之”，是怎么样子贯法呢？当然，儒家同道家不同。道家同佛家又是不同。

譬如在儒家所谓“忠恕”之道，或者是在情感、意欲这方面——所谓“絜矩之道”，这在大学、中庸、大戴礼的小辨篇里面，都说得相当的详尽。

在道家所谓“一以贯之”，譬如在老子中：“昔之得一者，天得一以清，地得一以宁，神得一以宁灵，谷得一以盈，万物得一以生，侯王得一以为天下贞。”这也正像儒家所讲的“天下之动贞夫一”，老子也说：“抱一为天下式”，但是在道家这一方面却是有条件的！把宇宙讲成旁通统贯的整体不是寻常人都能讲到的！在庄子天下篇就说：“不离于宗”，当然“不离于宗”就是指着“不离于道”。这一类的人，在精神上有很高的修养。所以庄子提到天人、至人、神人、圣人，这一类的人在智慧的修养，精神的锻炼这一方面，达到极高超的程度，然后他才可以把混沦的世界，多方面的人生，看成不可分割的整体。只有第一流的哲学家才可以把握了最高的智慧，了解宇宙里面最高的秘密与真相，乃至于最高的价值，才可以把宇宙看成整体！不像儒家在这一点上比较的平易近人。后来的宋儒在日用寻常的生活能够把超越的理想拉到现实生命来体验。儒家在日用寻常来体验高尚的理想，而把宇宙人生划分层级。但是在道家里，他毫不客气；如在价值上面，老子开宗明义在第二章就说：“天下皆知美之为美，斯恶已；皆知善之为善，斯不善已。”从价值上看，不是寻常的价值，而是超越的价值；在一切相对价值之上的真善美，才可以说是最高的价值！而宇宙的价值也不是像寻常那相对的！相对的事物那就叫做“众有”、“万有”。在老子这方面，他说做学问，就大不相同。我们在生活中固然不能够离开寻常的日用事物，但是讲哲学上面最高的智慧和大道理，我们就要“归根返本”，把一切相对的事物的相对真相，都要体验而又超越之后，才能接触到宇宙里面最高的真相及最深厚的秘密！这个就是所谓“玄之又玄”。以后在庄子里面，虽然多多少少受了儒家的影响，把老子这一个超越的道，再回徼到变化的世界里面来，从超越的世界再回到内在的世界来，然后再求这两方面——在 Changing world 同 Eternal world 之间的一个 unity。所以庄子的这一种道家的思想是在儒家与道家之间想求一个折衷的一条路！

在佛家，从表面上看起来，他也把宇宙画成一个统一的境界。但是这一境界，我们从世俗这一方面来看，从人类的经验理解这一方面来看，却是不同。那末用剥茧抽丝的办法，把寻常的知见知解——就是从世俗的观念所观照的宇宙人生来看，是千头万绪，这里面没有统一，因为没有一种最高的智慧之光来照耀它，它就是有统一，也看不见！所以在这时，佛家又用剥茧抽丝的办法，把人类第一层的偏见，第二层经济的知识，第三层相对的见解，都是一层一层把它揭开来！然后看这宇宙并不是一个光明的境界；来看人生，人生并不是一个幸福的活动。而在这里面，我们每一个人都是持他自己的小我这一个观点来推论和判断宇宙人生是什么！如此，处处在意见上面表现偏执，在这里第一个人所见同第二个人所见，马上对立，不但是对立，而且矛盾冲突！各个人都形成他自己的错误偏见，在佛学这一方面，假使从这一方面来看统一是，那么宇宙也有它的统一，但这一个统一只能叫做 Unity of Bondage，Unity of ignorance，Unity of subversion，这对于人类等于是一大套束缚，笼罩在宇宙人生上面，使人类迷惑、痛苦。所以这么一个统一，这只是假的统一！要真正的统一，就要把个人的错误和边见，把它超脱解放了！找出一种在宇宙里面普遍的精神之光！投射到宇宙上面，宇宙才变成光天化日，一切黑暗扫除了，一切迷惘、疑惑丢掉了，而在精神之光照耀之下，全盘的宇宙才赤裸裸地把它最后的真相和最高的真理揭示开来！这是拨云见雾而见青天的办法！但是这浓雾并不是等待外在的一种理智之光来照耀，宇宙才显现这么一个大清明的世界。这个光是从自己的精神修养里面培养出来，这个光是内在的精神之光，如此变成 The light of self enlightnment，这个光是从自己发射出去，照耀了世界，世界才变成精神上面的光明领域。这并不是像其他的宗教等待外在的一个精神主宰赐给我们，而是我们自己在精神修养上面锻炼出来的内在精神之光，然后放射出去，照耀宇宙的真相！因此在这一点上，佛家讲的宇宙一贯的办法同中国原有的思想，与道家这一方面很接近！假使在中国先秦哲学要是没有道家的哲学，佛家的思想即使用高射炮也送不进来，送进来之后还要把它弹回去！佛学在中国之所以能够生根，就是道家先已在精神上面给它铺路，而外来的佛学假使不是很高的标准，只能够流行在通俗社会里，而在士大夫的知识阶级里面不能够生根！只有大乘佛学里面所表现的很高境界，所谓“Prajia”（智慧，般若）才能够打动中国人的心灵，而这个中国人的心灵就是道家已经培养出来的这一种精神先导。所以佛学进来了才被点化接收了，产生了中国的大乘佛学！

这三类哲学都在不同的形式之下，没有把宇宙当做一个孤立的系统，也不把这当做抽象的机械系统，也不把它当成贫乏的系统。它要旁通统贯到宇宙各种真象，把宇宙的各种真相显现出来，把人生各方面的意义与价值显现出来！然后形成一个统一的理论，这就是第一种所谓“一以贯之”的精神。

第二种就是在“一以贯之”的形式之下，再去追求它的内容；在儒家就是道论：讲天道、地道、人道；用周易的名词即所谓“三级之道”。从儒家“一以贯之”的精神来看，就是先秦时孔孟的学说，再有一部分荀子的学说，所讲的“天人合德”之道。“天”这一个字很费解，平常在中国儒家中讲“天”有三种讲法：一种是宗教的看法，所谓天是“主宰之天”；第二种的“天”，是形相、形体之“天”，这是外在宇宙所形成的秩序，这是Heaven of sky，指宇宙有形体的构造，这是Visible World；第三种讲的既不是主宰的天，又不是形相之天，而是“义理之天”。假使我们从这一方面看起来，这一个天，如在周易中就拿乾元来象征！“乾元”所代表的是系辞大传所解释的“夫乾！其静也专，其动也直，是以大生焉”。乾元就是在宇宙里面一个“宇宙的创造冲动”（Cosmic Creative impulse），一个有广大性的宇宙的创造精神，有一切事物的根源，为一切生命的根底，而以创造的方式把它发泄出来，这用周易的专门名词来说，这天道就是大生之德。

地在周易的系统中，虽然叫做“乾坤相与并生”，但是在这里，地与天不是表现一种Coordinate Relation，地只能够配天，是Subordinate

Relation。在这里面，广大的乾元，根本的创造力——发泄了之后，在宇宙四面八方都承受它的创造之力！而承受最多的，从人类生活所寄托的，就是地球。所以乾元一经发泄了，为地球所承受之后，就变成不是原始的创造力，而是对于生命的孕育力！所谓 Procreative impulse，不是 Creative impulse。所以坤元又止是周易系辞大传所解释的"夫坤！其静也翕，其动也辟，是以广生焉"。这是维持生命持续的一个孕育力量，这是创造力量的一个辅助力量，所谓广生之德！假使宇宙一创造了各种生物，没有这一种资源可以维持它的生命继续存在，这个生命还是要毁灭、死亡，至少是要枯萎。所以拿地球孕育的力量，它是 Sustaining Power，把天所创造的东西，使它能够发育生长、持续，这是坤元所代表的 Co-creative impulse，它的作用是 To sustain the sorts of being that have been created by Heaven，这是孕育的力量！

人在宇宙万物中，是万物的灵长！人为万物之灵，人为万物之长。所以，在其他的生物，它虽然承受了生命，尽管这生命可以推广，但是它对于生命不能提高它的意义及价值。只有人在知识上面，有广大的知识，并且把这广大的知识提炼成很高的智慧。如此，把一切平面的生存提升到高度的生存。这只有人类的智慧才有这种能力！那么，人类为什么有这一种能力呢？这却因为他的精神是立体性的精神。在平面世界的存在，他在意义同价值上面求真善美，把人类的精神价值向上面发展，向上面提升，表现一个纵贯的，不仅是横面的统一，而是一个高度的统一！形成纵贯的统一。所以，像孟子就说："夫君子所过者化，所存者神，上下与天地同流。"就是因为人在他的生活上面，有大而化之这一种精神，上天创造的权力，他能够分享；地球孕育万物维持万物的这一种精神，他又能够承受了。所以人在宇宙里面是贯通天与地，而在这中间，他维持一种精神上面的平衡！于是，自有人类精神之自觉，把一切扁平的生命提升成为立体的境界，在立体的境界中，表现人生的意义同价值！这是儒家所谓天地人三极之道！尤其在人类生活里面，根据天的创造精神、地的孕育精神来成就人类价值世界的理想之实现。

道家所讲的道，是超脱解救之道，在这一点上面，道家与儒家的精神，主要的差别是在价值理想的差别，从庄子所表现的态度，已在天下篇中表现出来了！在天下篇中，儒家开创的精神可以叫做六艺精神。六艺精神所支配的世界，主要的是诗书礼乐这一类价值所流露的世界！而这一种世界，拿哪一种人为代表呢？庄子就说："邹鲁之士，缙绅先生，多能明之"，于是"诗以道志，书以道事，礼道行，乐以道和，易以道阴阳，春秋以道名分。"这就是六艺或是六经所描绘的世界。儒家的伦理都是流露着政治、艺术、文学的思想，乃至于社会的典章制度所构成的这一种社会的、政治的和历史的世界；而在这个世界里面所成就的主要价值，是就家庭、社会、国家的制度里面所流行的人类创造出来的价值，这就是人文世界！这就是孔子的后代七十门弟子以及在这里面的像孟子、荀子，乃至于像战国以后的儒家所代表的精神。但是道家老庄对这一种精神价值最高的仁义，有时就颇有微词，好像儒家就是天天在那里号召着说"仁的价值在什么地方"，"义的价值在什么地方"，好像这个价值就要颓废、丧失了！天天在那个地方打锣打鼓地追求，号召人类要保持这种价值。从道家的立场看起来，这种价值当然不能够否认的，也不能抹杀的；但是人在宇宙中，儒家把他看成宇宙的中心，宇宙的主体；而道家则说："人法地，地法天，天法道，道法自然！"在人之上还有许多层级，许多不同的很高境界。所以，道家承认 Value of humanity，只能够流行在历史的世界中；人类社会的相对价值，这个相对的价值诚然是重要，但是这只能够代表 Aspects of copious wisdom。所以在道家这方面，还要向上面超越，有时对于儒家的价值还要表现微词。因为这只能够代表人类最高的价值，但是在宇宙里面，并不是最高的绝对价值。所以道家就说在哲学上面同其他的学问不同，其他的学问要讲知识同知识的累积，但是一切知识的累积都是从人的根本立场去获得，而人的内在精神，除非像后来的许多哲学家所讲的超人，假使那超人的高技术工设有建立起来，人只是在宇宙万有的里面比其他的生物出类拔萃，但是不是在一切宇宙里面，所有的存在里面已经到达顶点？人固然有他优美的人性，但是人性上面也有他的缺陷。如果我们对于"人性的弱点"（Human Weakness）不能够认识以及不能够提炼出来，然后再求超脱解放，这个顶多只是我们人对人有相对的了解。但是人上面更高的价值理想，不能够体认，这么一来，人是有他的缺陷，假使人的缺陷不能够完全避免，根据人的要求所成立的价值理想也有它的缺陷，在一时代不显现出来，但是等到时代一变迁之后，流行在一种社会制度里面的价值标准，就表现缺陷出来！所以，老子就说："为学日益，为道日损。"这个损与益在什么地方呢？就是在一切学问中，在知识上面都是 Cumulative effort 所形成的成就，它的成就展开来在历史世界中，只是合乎某一种时代，时代变迁，它的价值标准也就变迁，变迁了之后，往日以为善的，等到新的世界里面，它就不算了！理想就不适用了，就要追求新的价值理想。所以，我们才说"为学日益，为道日损"，然后在老子四十章中再说："反者道之动"，就是把学问上面所累积的一切知识，有时会形成偏见，我们对这一类的偏见，要看出它的缺点，然后求超脱解放，如此才达到更高的知识。这更高的知识不仅是 Mere knowledge，它是 exaleed wisdom，它是高度的智慧。仿佛我们登山，山脚要伸到山中央，山中央要伸到山顶，山顶上面还有天，天还有种种不同的有形境界，与太阳系统相等的其他星云系统，亿万种的星云系统里面，在层叠上面有无穷的高度，向上面发展。所以在庄子的逍遥游、齐物论，他不是把宇宙的上层世界拉下来，而是把宇宙的下层境界向上面 level up，一直到达寥天一处。这是在精神宇宙上面登峰造极，到达那一个高度，然后才恍然大悟明白我们从前所斤斤计较的价值只是相对的价值，而不是绝对的价值。假使要获得最高的价值，那么人类的精神，超脱解放向上面寥天一的高度发展。……

佛家的道论，有二条路，可分为两方面：一方面是束缚道，第二层所讲的是解放道。

所谓束缚道，我们从小乘佛学上面看起来，宇宙与人生的构造都是循环一大套！构成苦、惑、灭，不管生命是在几十年或一百年里面，或者是后来死亡了以后第二度还在那里轮回，第三度又在那里轮回，这样子一直连锁下去！都不外是痛苦愚昧的活动，最后是毁灭、死亡这一套苦、惑、灭所构成的一套大轮回。再从理论上面，根据个人的心身经验，这样子一体验了出来之后，变成四分——“苦、集、灭、道”，看出轮回构成的原因及其解放之道！

所谓苦，假使你投到现实世界上面去，现实世界是一个无穷的境界。这个无穷的境界，应当有它的生命，而且马上随时间的变化而变化，随时间的幻灭而幻灭！然后，你所追求的最高知识也得不着，因此而形成痛苦！而这个痛苦之所以能够存在，可以从过去的生命上面找出它的线索出来，找出痛苦的原因，痛苦的种种原因；而种种的原因，最主要的人类的“愚钝”（ignorance），没有知识；因为没有知识作向导，他就不晓得“人生的前途在什么地方，人生的理想是什么，人生的意义何在，人生的价值标准是什么”，这么一来，一切的生命都是“猖狂妄行”，用佛家的名词来说叫做“昏念妄动”，这就是痛苦与构成痛苦的这一种愚钝的原因；把这一层一认识了之后，然后，我们视痛苦为畏途！正视痛苦的原因，是我们要了解，要“集”其中，找出造成痛苦的根本原因，然后消灭掉它！而觉悟出过去黑暗的路，我们要排斥掉！找出前途光明的一条路！这一个光明的路是纯知识之光显现出来的！从智慧之光照耀出来，开始在历史世界里面找出一个 Historical vista，找出一条路径，向前面走！而不再受过去的痛苦原因所束缚。“灭”之后，才发现一条道路，然后再说“道如行出”，这种道路并不是黑暗的道路，而是以真如为智慧之光，照耀出来的一条道路！这个道路是导引我们向最高的真象和真理，最完备的理想，向前面去进行，以真如之光照出我们生命的过程，然后才使我们走出这一条现实的大道，进入理想世界。那么这个“道如行出”，才是解脱道！如在大般若经真如品，大智度论中的大如品，心经，金刚经里面所讲的，本着最高的智慧肯定人生的高级社主价值，然后尽一切的行动力量奔赴前途，才可以完成一种最高的理想！这就叫做解脱道！

但是这一个解脱道的解脱还是相对的。譬如十地经的十地，还是道路的十个层级，在十中阶段及层级中，只走前几个阶段，固然走得很高很远；但是在这里面还有危险，因为还可走回头路，就像有多少人上山，迷路之后，看不见最高的绝顶，然后再回头来！这是因为人类只有知识，而那知识又不高，不详尽，不完备，还没有智慧！所以不能够把你引到最后的解脱道路上面，还要迷失了道路，也许还是回头，一走回头又是苦、集、惑、灭，又是个三惑。所以，我们对于造成人类束缚的那一个根本项目，就是十二支因缘——无明、行、识，一直到爱取、有生老病死，这一些构成人类束缚的网，要全盘把它了解，了解它只是虚妄假立的理论结构，而我们还要看透这个虚妄假立的理论结构，所以在整个的大般若经里面，佛家讲“空”犹之乎道家讲“无”，道家讲“无之以为用”，佛家讲“空之以为用”。“空之以为用”就是把构成人类一行束缚——行动上面的和知识上面的束缚，观念上面的束缚，通通都认识清楚，认识清楚之后，“见怪不怪，其怪自败”，而显现在我们前面的不是知识的阻碍、迷惘、黑暗，而是智慧的光明，一直到达这一点，才是真正的精神解放！

……

在中国所讲的几个主要学派：原始的儒家、原始的道家、大乘佛学，宋明以后少数特出的新儒家，都是从这几方面来着想的，表现不同形式的、不同内容的道论。这是第二个通性。

……

第三个通性——“人格的超升”（exaltation of personality）……

……中国各派的哲学家，承认人类有知能才性，而这只是做人的一种资具及原料，我们把它接受。接受了之后，从来不在价值上面贬抑它，也不在价值上面歌颂它！这是人类的现实，接受人类的现实，就人类的知能才性来观察他的本性，再求其变迁、发展，经 self — knowledge，产生 self — development，经 self — development 产生 self — disciplinc，self — culture，如此把人类的知能才性当做一种原料，以文化的理想培养出来向善的发展；美的方面，引导向美的修养；真的方面，引导向真的修养。这样产生“自我理想”（self — ideal）；一切理想都在自我发展、自我训练、自我节制、自我修养的里面，向理想的人格方面找著他的前途！等到他的人格可以透过 self — culture，然后把自我理想规定出来，照着自我理想去生活，产生一套“自我实现的历程”（process of self — realization），自我理想的实现！然后 natural man 就变作 idealized man，idealized man 就变做尽善尽美的真的人格。这就是周易上所谓的“人文化成”。……中国的思想，尤其是对于人类的自我评判这一方面，同“古希腊”（attie greek）时代的许多希腊哲学家，有许多地方类似的！从古代希腊的文学、艺术、诗歌、科学、哲学，乃至于理想国的政治体制着眼，“古代”希腊人，都是要把人格向上面发展，使它超越现实世界上面的许多限制，朝著真善美的世界这一方面去训练他的理想人格！在希腊文化各部分都注重“kalokagathia”，要把世界设想到尽善尽美的地步，使世界的价值提升；人格要锻炼成为尽善尽美的人格。Socrates 在宗教哲学上面，pjthagoras 在希腊科学哲学上面，Plato 在价值哲学上面都走这条路。……

关于这一点，我以前提到儒家、道家、佛家、新儒家的思想的时候，我们曾从许多具体的方面观察，而现在我们只是简略地提出来：就是人格的发展不是以现实为止境，现实只是一个出发点，只是我们根据人性的才能，把它大而化之。如在儒家，都要把人从常人变作士，从士变作贤，从贤变作圣，从圣变作大圣；这是儒家对于人格向上面超升的一条路径，不达到大圣的地位，即认为人的成就没有发展到理想的阶段。同时道家也说：“不离于宗”，就是庄子中的天人、至人、神人、圣人，也是向人格的理想发展这一方面去发展。在佛家中，现实的人是一个颠倒的人，生活在颠倒世界上面的颠倒人、愚昧的人，所以每一个人在知识上面要自我解放，在能力方面也是要求自我解放，提出一个高尚的理想，在那个地方锻炼，阅历了种种境界，这就是华严经十地品所说的，一个人是一个凡夫，每一个人都要超凡入圣，圣还有许多品格：初步、深度、高度解放的人，悟入一真法界，做了菩萨、阿罗汉，大菩萨，然后再成佛；如此把人性发挥到一个最高的、最光明的精神阶段，变成佛性。宋儒从周濂溪起就主张“士希贤，贤希圣，圣希天”一直向上面发展，还是根据原始儒家思想的，所谓“博厚配地，高明配天”，完成圣人的理想。像这一种思想在中国哲学上面是第三种通性，叫做“人格的超升”（Exaltation of personality）。这是“一以贯之”的方法，在各种不同的道论，都是要把世界提升到理想的存在平面，人生要配合这个理想的世界，要从人类现实的智能才性培养出来美的人格、善的人格、真诚的人格，这样产生“理想化与圆满无缺的人格”（idealized personality，integrity of human personality），了解以上所举三种通性，然后，才了解中国哲学上面很大的特点。……

了解中国哲学一定要透视那一个哲学系统后面所隐藏的精神人格，把它呼之欲出！就一个人格的精神来看学说的内容，这是中国哲学思想上面的一个特点。这在希腊的古代也是如此，大哲学家总是要表达他的人格精神。但是从希腊以后，哲学往往变作舞文弄墨的专门技巧，或者是玩物丧志的语言魔术，没有人性上活的精神显现出来。

表面上，“大而化之之谓圣”的这个圣，在知识、生命精神上面，在经验的开展方面要能够贯通过现未三世；所以他站在现在说话要针对将来，要利用过去的智慧基础。这样，才可以把哲学说成一套富有生命及内容的思想体系。但是事实上面，在中国哲学的发展上面，prophet — poet — sage，这三重复合的人格，有时有单向发展，假使就儒家而言，固然在儒家里面，孔子也讲“志于道，据于德，依于仁，游于艺”，原始儒家也是把人格当成多方面的知识、道德、艺术、文学诗歌的发展，都要表现很高的成就，但是从事实上面看起来，儒家真正的精神集中在圣人这一方面，因为儒家在生命精神这一方面最富于现实的精神，把握现实的精神；所以真正的儒家，他的圣者气象要在身体力行中表现哲学的智慧。因此儒家的生命焦点集中现在世界的阶段！他的圣者气象属于现在的世界这一个阶段。

就道家这一方面看起来，他是艺术的才情多过圣者气象，而儒家却依广大的同情不忍诅咒世界，也不忍舍弃这个世界，因为他的恻隐之心不能够离开这一个世界。但是道家，假使我们把他一下子引到现实世界上面来，有许多地方，他看不惯！在他的价值标准之下，他看不惯他可以掉头不顾，撇开来……从道家的精神看起来，不但寻常的世界，他的时看不惯，看成颠倒离奇的世界；甚至于在道德的领域、艺术的领域里面，我想庄子到美国听见了热门音乐一定把他吓走了！……庄子代表道家，他是一个超越的精神，这个超越的精神，他是诗人的气质，对现代世界不满意，他可以逃到过去，过去梦呓的时代变做他的黄金时代，对于过去梦呓的时代，他又可以拿诗人的“奔放的想象力”（flight of imagination），创造的幻想，把过去的梦呓上面的理想投到未来世界，这样道家不是生活在现在的世界上面，他生活于陶醉过去的梦境中——“黄金时代”，再把他的梦呓以诗人的幻想投射到未来可能的境界里面去！道家是 more a poet than a sage。

佛家，他终究是宗教家，他虽然有很高的哲学智慧，但是他的哲学智慧，他的慧心变作一个苦心，苦心变成一个慈心，慈心变成一个悲心；如此佛家拿宗教的精神来拯救世界。而拯救世界，假使我们只要在现实世界，现在的世界里面讨生活，我们怎么能够拯救呢？我们已经走到泥淖里面来了，能进之而不能出来！这样怎么样能够拯救这个世界，所以真正的 prophet 在精神上面，拿他的苦心去看这一个世界要把苦心变作悲心，悲心变作慈心，慈心变作慧心，来拯救世界。那么这个世界都要把它投到将来的理想结局里面去，才可以拯救，现在无从拯救起！所以佛家是 more a prophet than a mere poet or a sage。

这是在中国几派哲学家在大的特性里面而又表现更精细的突出的特性。儒家要表现圣者气象，道家发挥他的高度的艺术才情，透过创造幻想来撇开现实，观照现实，然后，这样一来也许可以拯救现实，而为佛家的宗教开了一条路，把过去、现在的世界都当成一个现实的世界，然后，对于已有的世界不满足，要把这个世界投到未来的结局，所以他的问题是“命运的问题”（Problem of Destiny），然后在“未来的命运”（future destiny）上面看人类怎样子解放，佛家是代表一种先觉的精神。

……

总括起来，了解了中国哲学的通性与特点之后，再从哲学体系这一方面看起来，我们又发现中国哲学思想另有两个特点：从本身看起来是通性，同其他的思想体系比较起来又构成了特点；尤其是同近代的西方思想对照起来有很大的不同。近代西方哲学上，除掉少数特立独行的人以外，精神主义或价值学的理想主义已不甚流行了。西方自 Renaissance（文艺复兴）以来，希腊人及中古哲学所萦心向往的超越的世界或凌驾自然界之上的价值领域，已经不能够满足近代西方人的要求。近代西方从十五世纪末期及十六世纪初期，它就要拿一个新人的身份展开来一个新的世界，去发现它的秘密。……世界是一个自然界，而处理、了解、控制、应付这个自然界又都是自然人。所以，除掉少数哲学家，还想建立独特的思想系统，如精神主义或价值学的理想主义，借以保存宗教的或希腊的传统之外，其他大部分都表现了 Predominance of naturalism，taking everything in its natural regard，这是近代西方主要的思潮！

但是反过来，在中国哲学上面，很少从知识论上面把世界的客体，化成观念的系统；然后从观念的系统所形成的知识去笼罩一个世界。这个叫做“idealism”。这个“idealism”叫作“Epistemological idealism”。在中国很缺乏这一类的东西！——所谓“Epistemological idealism”很少很少，而大部分都是要把人的生命展开来去契合宇宙——表现“天人合德”，“天人合一”，“天人不二”。这一种说法都是要把哲学体系展开来去证明人与世界可以化为同体。这个用哲学上面的专门名词来说，叫作“Cosmic identification”。所以，中国把这个世界不是当作一个数量的世界；可以拿科学的方法、知识、技术去了解控制操纵这么一个现实的领域——自然界。而总是把人的理智要求，情绪的要求，欲意的要求，融通洽化，使之成为一个理想；而这个理想总要把它展开来在广大的宇宙的里面做一个适当的和谐安排，并且还要把人的生命也投到那个广大和谐的客体系统里面去。从这一点上面看起来，中国的哲学总是要把这个世界点化了，使现实成为一个理想的境界，要同那一个理想化的世界取得适当的联系、配合、和谐；要适应它，然而人不可能把赤裸裸的自然人就投射出去；假设要投射去了，这是渺小的人；所以人要适应那个广大和谐的宇宙客体。首先，在人性本身上面要了解自己的现实，要发展自己的才能，点化人格上面一切现实使之成为理想，然后再把人的理想同宇宙的理想双方配合起来互相感应，互相感召。如此，在中国对于人的期望有他一套原原本本的、“理想化的大作用”（the great function of idealization），所以，the natural world must be transformed and transfigured into an ideal world the actual and natural man must be transformed and transfigured，and exalted into an ideal figure，在这么一种情形之下，再拿人的理想与宇宙的理想化配合起来成为宇宙整体、真相、真理价值的理想化。从此，We must learn to rake everything in its ideal regard，所以，中国各派的哲学里面，都有一套共同的理想。这个共同的理想不是"Epistemological idealism"。我们缺少那一种东西，我们所有的乃是"Ethical idealism，moral idealism，Teleological idealism"，"价值学的理想主义"（Axiological idealism）。在这么一种情形之下，产生中国人的愿望。我们中国人的愿望就是要把人生与世界点化成为一个理想的领域，然后在那个地方从事我们人生的意义与价值的追求。中国哲学在这方面，不像西方哲学上面有一套"Pure ontology"，或者是"Pure me — ontology"，把宇宙的真象从万有这一方面讲"pure being"或者是从价值上面把一切低层的价值化除掉，成为"ideal value"，再认为普通的"ontology"不能说明那一个高度的境界，要产生 me — ontology，这是西方的思想。但是在中国这一方面，Ontology 也好，像道家及大乘佛学的一部分，me — ontology 也好，在那个地方都要表现 Pure ontology must be combined with axiology，本体论，万有论要同价值论联合起来！甚至像老庄，大乘佛学讲智慧要把许多知识点化掉了成为更高的智慧；它的唯一的目的就是要能够契合更高的价值，所以，meontology 还不是 pure meontology，而是 value — centric theory。总之，在中国哲学上面一切万有论，一切本体论，一切超万有论，都有一个共同点——一定要同最高的价值哲学融会贯通起来成为一个整体的系统。这一点可以说，中国哲学是"以价值为中心的哲学"（valuecentric philosophy）；不像近代的自然主义，从科学到逻辑知识论，都要把一切价值化除掉，把宇宙化成中立宇宙。……在中国哲学上面，随便哪一派都是以价值为中心的哲学。所以从这一方面，我们没有"Pure ontology"，没有"pure meontology"，我们到处都是一种"value — centric philosophy of Being of Not — Being"，因此这就是中国人要把世界与人生、人性点化成为一个理想状态。所以中国各派的哲学都不能够叫作自然主义，都是叫作理想主义。……

（《方东美先生演讲集》，第 45—104 页）

我以“超越形上学”（Transcendental Metaphysics）一辞，来形容典型的中国本体论，其立论特色有二：一方面深植根基于现实界；另一方面又腾冲超拔，趋入崇高理想的胜境而点化现实。它摒斥了单纯二分法，更否认“二元论”为真理。从此派形上学之眼光看来，宇宙、与生活于其间之个人，雍容洽化，可视为一大完整立体式之统一结构，其中以种种互相密切关联之基本事素为基础，再据以缔造种种复杂缤纷之上层结构，由卑至高，直到盖顶石之落定为止。据一切现实经验界之事实为起点，吾人得以拾级而攀，层层上跻，昂首云天，向往无上理境之极诣。同时，再据观照所得的理趣，居高临下，“提其神于太虚而俯之”，使吾人遂得凭藉逐渐清晰化之理念，以阐释宇宙存在之神奇奥妙，与人类生活之伟大成就，而曲尽其妙。

我们之心态取向既然如此，很自然地，中国各派的哲学家均能本此精神，而百尺竿头，更进一步，建立一套“体用一如”“变常不二”“即现象即本体”“即刹那即永恒”之形上学体系，借以了悟一切事理均相待而有，交融互摄，终乃成为旁通统贯的整体。

职是之故，中国哲学上一切思想观念，无不以此类通贯的整体为其基本核心，故可借机体主义之观点而阐释之。机体主义，作为一种思想模式而论，约有两种特色。自有消极方面而言之，（1）否认可将人物对峙，视为绝对孤立系统；（2）否认可将宇宙大千世界化为意蕴贫乏之机械秩序，视为纯由诸种基本元素所辐辏拼列而成者；（3）否认可将变动不居之宇宙本身奈缩成为一套紧密之封闭系统，视为毫无再可发展之余地，亦无创进不息、生生不已之可能。自其积极方面而言之，机体主义旨在：统摄万有，包举万象，而一以贯之；当其观照万物也，无不自其丰富性与充实性之全貌着眼，故能“统之有宗，会之有元”，而不落于抽象与空疏。宇宙万象，赜然纷呈，然克就吾人体验所得，发现处处皆有机体统一之迹象可寻，诸如本体之统一，存在之统一，生命之统一，乃至价值之统一……进而言之，此类披纷杂陈之统一体系，抑又感应交织，重重无尽，如光之相网，如水之浸润，相与洽而俱化，形成一在本质上彼是相因，交融互摄，旁通统贯之广大和谐系统。

（《生生之德》，第283—284页）

2. 原始儒家哲学

余论原始儒家，析为二期：第一期之儒家承受一套原始初民之上古思想遗迹，企图纳诸理性哲学。第二期之儒家则根据另外一套不同之久远传承，创建一体大思精之思想体素，肯定人性之崇高峻极，天地之大美庄严，二者雍容浃化，合德无间，以灿溢完美之真理于无穷。汉儒固可列为儒家之第三期，聊充附属耳。良以其阳儒阴杂，经生烦屑，训诂饾饤为事，哲学见地，卑无甚高，姑置之弗论可也。

兹专欲论列者，乃以孔、孟、荀为代表之原始儒家。就此义观之，所谓原始儒家乃是一方面承受一套洪荒上古时期之久远传统，或如若干解释所言，仅系发挥旧说，同时另一方面，抑又创造出一永久性之传承，垂诸后世为弗竭。合斯二者，遂为全幅中国文化史之长程发展而一举奠定其基型焉。余意盖谓两大哲学文献：一曰尚书，一曰易经。

（《中国哲学之精神及其发展》，第 58 页）

儒家之名称，在中国思想上相当复杂。孔子曾劝众弟子“汝为君子儒，无为小人儒”，可见儒家有好有坏。而荀子虽为儒家，但在《非十二子》篇中批评儒家甚为严厉，分为大儒、雅儒、俗儒，可见儒家不一定皆为赞美之词。虽然真正的儒应该是“通天地人，曰儒”，但有许多儒者无法通天地人，他的精神只贯注于此世，成了俗儒，如汉儒之类；又有许多雅儒，如庄子天下篇所称之“邹鲁之士，缙绅先生”，他讲礼乐以及文化传统。然而真正的儒是大儒。何谓大儒，像乾文言所云“夫大人者，与天地合其德，与日月合其明，与四时合其序，与鬼神合其吉凶，先天而天弗违，后天而逢天时。”也就是孔子、孟子以及某方面的荀子。儒家是一复杂名词。所以韩非子显学篇中说：秦之前，儒家事实上只能称为显学，因此不能以儒家代表中国思想的一切。又说“孔孟之后，儒分为八，墨离为三”，儒家之所以复杂，是由于他的思想来源也很复杂。在这种情形下，讲中国哲学，就孔老而言，一般常以为先谈道家，我则先谈儒家，因为儒家最注重历史变迁的发展与历史的统一性、历史的承续性。

儒家有两套思想，一套是自己的创作，另一套是承受以前的传统，所以儒家一方面注重传统，一方面又注重创造。在尚书之外，儒家思想的来源之一是周易，而周易注重时间生命变化中创造过程，所以儒家精神来自远古，由远古流变经过几千年贯穿到现在，他的精神可谓Ancient and modern，Dynamic and static，一方面守旧，一方面创新，系统颇为复杂。所以我们此时谈儒家在中国思想中的变迁发展，先不说先帮的八派，先看先秦后的两派。这两派一派在时间上注重永恒、注重历史传统，或称为复古的一派，他的思想来源在尚书，尤其是第十二卷之洪范篇。第二派在思想上是创造的而不是复古的，因为他根据周易（依司马迁及其后历史家的记载）彖、象、文言、说卦、击辞等十翼乃孔子及其门弟子的贡献，旨在说明时间以及创造过程，可称为儒家开创的一面。到了汉代，由伏生根据尚书形成尚书大传，导引出的思想被刘向、刘歆父子接受形成董仲舒一派，这是堕落的一派，外表是儒家，其实是阴阳家、杂家。以后第四段的发展是北宋五子到宋明所说的理学、心学。

……

儒家思想传统有二：一、尚书洪范篇；二、周易。从这两个传统看来，表面上似乎矛盾：一方面它衔接古代思想，为守旧的、复古的，尚书的思想体系着重在古代中国文化中，暗示永恒的一面，由永恒的观念走上复古、守旧乃是很自然的。但是第二方面是创造、新奇的一面，正如我在通论中把儒家比喻成“时际人”（Time — man），把整个宇宙秘密，人生过程展开在时间的变化、发展、创造、兴起中。如此，儒家不仅信而好古，他之信而好古，只是在文化的凭藉上找一据点，把握住此据点，就将其思想展开在时间之流中，向前创造、创新。所以儒家思想的第二面是极进步、极富创造精神的，而其来源则在周易。两方面合而观之，正可证明所谓儒家为“时际人”的说法，他的思想不但要从源溯流，也要从流溯源。所以对于历史的一切演变，须向未来展望，而未来又不可知，于是在展望之同时又须回顾过去，凭过去丰富的阅历、经验、文化成就，当作出发点，透过现在，创造未来的局面。

……

我们上一次讨论了尚书洪范篇，谈到洪范九畴。所谓“范”，就是大模型，要把夏殷以来的思想挪到这个模型里面，然后分成九项。在这九类思想范畴里，有一个中心，就是第五项的“皇极”。

“皇极”一词很费解，汉人一致将它译为“大中”，但是何谓大中？为何它在九项范畴中是最主要的范畴？汉儒在思想上并未把理由说出来！他们只由文字的表面来说，但无法说出一套理由，究竟什么是“大中”……先就汉代的文字来看。汉人从注疏家到司马迁的史记，对于哀婉范篇，就其中“无偏无党，无偏无陂”这方面看起来，显然是把它当作道德精神上所谓的“正义原则”，人类生活的各方面都要以此为标准、为理想。但是这种道德原则在中国古代的思想上必有所本，请问它本于什么？它本于神秘的宗教经验，把所谓人类的道德靠到后面更深厚更高尚的宗教精神，关于这点我们以后再去推敲。

现在，就文字方面来看，显然这一段的次序有些错乱，这些错乱，汉代的儒生及注疏家并没有看出来，一直演变到宋代的王柏才开始怀疑，于是将尚书洪范篇一字不改，而把编排的次序加以纠正，再到元代的胡一中才编排成洪范篇的定本。

就定本里面来看，“皇极”之后接着就是“无偏无党，无偏无陂”这一段，但是“无偏无党”之后所暴露的是下面一段文字：

惟辟作福，惟辟作威，惟辟玉食，臣无有作福作威玉食，臣之有作福作威玉食，其害于而家凶于而国，人用侧颇僻，民用僭忒。

这一段文字就因为“一字之差”，而把原本的好意思从汉人到宋人都讲歪了。这一个字就是“辟”。

本来“辟”字可以解释成帝王或春秋战国时代的诸侯，但是在中国文字的构造中，根据六书中的形或声，这个字是可以假借的，所以加上单人旁来看，这个字的意思就完全变掉了，成为邪僻之“僻”；但是这个字从汉人到宋代赵善湘甚至朱子，都把它解释成“君主”：“惟有君主可以作福，因为他操持国家大权，也惟有君主可以作威，不合他旨意的可以任免，也惟有君主可以在生活上尽量享受奢侈。”假使要照汉人这样解释，那么对于中国古代的政治，从神权政治到以后的德治，试问你将置古代理想的君主于何处？……

因为“辟”字在文字的构造上是假借字，应当解释为“邪僻”，而不是“君主”。我们再看这段话后面有一句“人用侧颇僻”，正是“歪曲邪僻”之“僻”；由此可知政治上的大道理是：只有邪僻之人，可以作福、作威、玉食；而正正当当的帝王是为国家为人民的幸福着想的，他怎么可能自己玩弄政权作威作福，自己一人奢侈玉食而让百姓贫穷呢？这个大道理正是前面“正义原则”的应用，再以此标准来衡量国民、大臣与帝王。……

成周时代　现在我们先就第一项“五行之说”来看。按照箕子的说法，五行之说这一段思想是要说明客观宇宙的构成分。但是这段思想源于夏禹时代……因此我们若还不出来证据，就只好把它当作宗教上的传说，而不当作合乎理性的知识……由纪元前八世纪中叶到六世纪末期春秋时代这几百年里，对于五行的解释都是执着于人类维持生活的必要的自然原素，例如土是一切稼穑与植物的产生地，火是熟食取暖的必需品……因此这段时期的民间用语与政府公文提到五行并不叫五行，而叫五材，就是生活上的物质资料——金木水火土，没有其他的意义。

春秋时代　但是到了春秋以后，对于五行却有不同的反应。我们从管子的水地篇、四时篇、五行篇这些资料看来，马上可以察觉五行除了代表维持人民生命的物质资料以外，更代表别的意义。

……五行之说在中国的春秋时代，不仅是把金木水火土当作成周时代之人类维持生活的物质工具而已，同时还把完整的物质化成生命的姿态，甚至当作维持宇宙生命与人类生命之一种根本原料、根本力量。例如管子的水地篇一开始便说，地是代表土，“地者万物之本原，诸生之根菀也，美恶贤不肖愚俊之所生也”……这一类的自然物质不仅贯注在人，在植物，甚至天空的飞禽，地上的走兽，乃至埋藏地下的矿物，都要贯注进去维持它们的存在。由此看来，所谓五行，不仅是维持人类生活的工具，而且代表了宇宙里面神秘的物质、神秘的力量，维持宇宙万有的存在，是一切生存的根本原理。因此，五行之说到了春秋时代就变成哲学上很重要的概念，就仿佛希腊神话时代之后继之以自然哲学，拿地水气火来说明物质宇宙的构造一般。由此可以看出中国的宇宙论，即五行之说，在春秋时代的发展。这是一项很重要的事实。

……

战国时代……五行之说到了齐之阴阳家驺衍、驺奭等人手上，就马上演变为相生相克的说法，五行之间的关系有时循环相生，有时又互相克制。然后把五行应用到术数方面，再转变为历史哲学，以之钳制战国时代的帝王：如果你今日为君暴虐无道，则必将衰败而为别的力量所征服。如此，阴阳五行相生相克的道理导出一套历史哲学，警惕战国时代一意孤行的各国君主。这是五行之说在战国时代的又一变。

……

但是战国时代，除了驺衍一派的人根据术数把五行演变成历史哲学以恐吓当时的列国君主以外，这个思想后来仍有长足的进展。五行之说，透过伏生的尚书大传往下传到董仲舒、班固等人，在传递的过程中，像董仲舒就把五行相生相克的关系落到一个共同的系统里，然后以一句话界定其原则："比相生而间相胜也。""比"：如水生木，木生火，火生土，土生金，金生水，凡以五行中两特质的直接关系来考虑，就是互相生发；而"间"就是间接的关系，是相胜相克的，像水灭火、金锯木等。如此，五行就不只是神话意义或科学萌芽，哲学萌芽时期的思想，更进一步由迷信的思想渐渐变成合理的思想。但是这合理的思想，由哲学上看来近似合理，由科学上看来却又不甚合理，所以五行之说到了战国末年的别墨一派，根据墨子经上、经下、经说上、经说下、大取、小取中的科学思想，出而反驳驺衍五行相生克的说法，并且不赞成此种说法在政治上的应用。……所谓"五行无常胜，说在多"，正是别墨由科学立场来考虑，发现一切自然现象的决定因素都是量，何以故呢？例如高楼大厦起火了，火势冲天，此时浇一两桶水是于事无补的，一定要开来救火车，拿大管子把算来水源源不绝的喷上去才可以灭火。……所以五行之说在别墨看来，完全是自然现象，我们应以自然科学的原理去处理它。这又是一大变化。

这个变化对于墨家的科学思想很重要，但是秦汉毕竟不是科学发达的时代，所以墨家的思想随即消灭，起不了作用。

后汉朝代　墨家的科学思想衰微之后，原始宗教上有关神秘经验的迷信之说又兴起了，但是这一次却遇上了中国文化长足进步的时候。后汉班固的白虎通里，根据原始的半科学半神话思想，再加以哲学化而成。这哲学化就是班固在汉书里，尤其律历志、五行志中的说法——把五行之说应用到气象方面，像一年的春夏秋冬四时为了配合五行，就把最长的夏日再分出季，夏成为五季，然后五季在时间上的循环变化说明时令，而这时令在宇宙中又代表生命循环的一大套，在人类中则代表幼年、青年、成年、壮年、衰老的循环。如此，以五行之周流循环不已，代表生命在时间里转变之循环不已。这种把五行配合到时间历程来讲，正好可以接上儒家另一部重要典籍——周易。

总结来看，五行之说从纪元前十一世纪，直到春秋、战国、秦汉，中间经历展转的流变，有时成了幼稚的科学思想阶段，有时停滞在宗教的神秘经验上，有时以它说明人类社会的进程和演变，最后把它化成哲学上说明客观宇宙循环的四季，说明生命过程变化的四季。这样，五行之说由尚书系统展转落到周易系统里，但是，因为原始儒家不注重这种说法，所以，它只能窃取周易的思想来作为护身符，而在真正的儒家周易思想里是排斥五行之说的。但是仍旧可以说，中国后来的科学思想和哲学思想，部分可以由流行于夏殷时代的五行之说找出一种线索。

（《原始儒家道家哲学》，第45—75页）

兹根据儒家文献种种原始资料而观之，其形上学体系含有两大基本特色：

第一，肯定乾元天道之创造力。

第二，强调人性之内在秉彝，即价值。

兹二者自远古以迄今日结合构成儒家哲学之骨干。表现此种思想形态最重要者莫过易经……

……儒家代表典型之时际人，故自然需要借变易原理创造一套动态化育之范畴结构系统。易经原是一部颠扑不破之历史文献，惜误解者多，而知道者鲜。余请揭示其历史发展过程中之诸自然步骤如次：易经蕴涵一套层叠相状之历史发展架构格式，其中虽有哲学意蕴，然严格言之，其本身究非哲学性质。所谓层叠格式者，盖指其于历史发展过程中系渐次累进式而言。诸如：

（甲）一套图腾社会之架构格式。

（乙）一套血缘社会之架构格式。

（丙）一套部落社会之架构格式——即氏族（家族之家族）联盟。

（丁）依封建制度形成统一之王国。

（戊）王国渐失其统，终导致中央解体，是为春秋时期。

（己）联合统一，民存实亡，进入战国时期。

（庚）六国兼并，统一于大帝之下，秦后是也。

凡此一切，莫非历史。……

……兹处所论有关易经哲学，合计约含四大原理。

（一）性之理（即生之理）

生命包容万类，绵络大道；变通化裁，原始要终；敦仁存爱，继善成性；无方无体，亦刚亦柔；趣时显用，亦动亦静——盖生命本身涵盖万物一切存在，贯乎大道，一体相联。于其化育成性之过程中，原其始，则根乎性体本初。原始（本初性）之为言，创造力之无尽源泉也；要其终，则达乎性体后得，经历化育步骤，地地实现之。要终（后得性）之为言，命运之究极归趋，止至善也。就体言，宇宙普遍生命乃一活动创造之实体，显乎空间，澈该弥贯，发用显体，奋其无限创造力之伟大动量，气势磅礴，大气斡旋，克服空间一切限制。性体本身，似静实动。就用言，生命大用外腓，行健不已，奋乎时间，而鼓之发之，推移转进，蕲向无穷。于刚健创进，欲以见其动；于柔绵持续，欲以见其静。

……

（二）旁通之理

“性之理”言之虽玄，然却应藉“旁通之理”予以逻辑地证明之。旁通涵三义。就逻辑上言，旁通盖指一套首尾一贯之演绎系统，而可以严密推证之者，其规则俱涵于六十四卦之排列步骤程序之内。

次就语意学上言，旁通盖指一套语法系统，其中举凡一切有意义之词句，其语法结构规则与转换规则均明确标示一种相错对当关系与互涵密切关系，清儒焦循言之甚审，俱见慧心，详载其名著易学三书，充分发挥孔子于文言传论旁通主旨。

（甲）“伏羲设卦观象，全在旁通变化。”（参看焦循《易图略》，卷六）

（乙）“旁通者……在本卦初与四易，二与五易，三与上易。本卦无可易，则旁通于他卦，交初通于四，二通于五，三通于其。”（同上，卷一）

（丙）“两卦旁通，每以彼卦之意系于此卦之辞（反之亦然）。”（焦循：《易话》，卷一）

（丁）“易之动也，非当位即失道，两者而已。何为当位？先二五，后初四、三上是也；何为失道？不俟二五，而初四、三上先行是也。”（焦循：《易章句》，卷二）

（戊）“易之辞指识其卦爻之所之，以分别当位失道也。”（焦循：《易话》，卷一）

大易主旨全在化失道为当位，正其序也，如（丁）所示，以明旁通之理。

就形上学言，大易哲学乃是一套动态万有论，基于时间生生不已之创化历程；同时亦是一套价值总论，从整体圆融、广大和谐之观点，阐明“至善”观念之起源及其发展。故旁通之理同时亦肯定了生命大化流衍，弥贯天地万有，参与时间本身之创造化育历程，而生生不已，终臻于至善之境。自机体主义之立场观之，任何一套形上学原理系统皆不得割裂打碎，强纳于一密不通风之区间，而睽隔不通。

（三）化育之理

为节省时间讲，毋庸出之以详细论证，余请博引孔子雄词，以实是理。

“大哉乾元！万物资始，乃统天。”

“乾道变化，各正性命，保合太和，乃利贞。”（《易经》阮刻本）

“至哉坤元，万物资生，乃顺承天。坤厚载物，德合老疆，含弘光大，品物咸亨。”（同上）

“元者，善之长也；亨者，嘉之会也；利者，义之和也；贞者，事之干也。”（同上）

（四）创造生命即价值实现历程之理

易经全书哲理总纲具见系辞传。子曰：

> 一阴一阳之谓道，继之者，善也；成之者，性也。……显诸仁，藏诸用，鼓万物而不与圣人同忧。盛德大业，至矣哉！有之谓大业；日新之谓盛德。生生之谓易，盛象之谓乾，效法之谓坤，极数知事之谓占，通变之谓事，阴阳不测之谓神。（《易经》卷七）
>
> 夫易，广矣！大矣！以言乎远，则不御；以言乎迩，则静而正；以言乎天地之间，则备矣！夫乾，其静也专，其动也直，是以大生焉。夫坤，其静也翕，其动也辟，是以广生焉。
>
> 易，其至矣乎？！夫易，圣人所以崇德而广业也。……天地设位，而易行乎其中矣！成性存仁，道义之门。（同上）

上引各节将宇宙点化之，呈现于时间上画幅上，时间创造化育，生生不已，象效天地大生广生之德，适以表现生命之大化流行，澈上澈下，旁通弥贯。在全幅时间化育之领域中，宇宙生命广大无限。就代表时际人之儒家心灵眼光看来，宇宙是一个包罗万象的大生机，无一刻不发育创造，而生生不已，无一地不流动贯通，而亹亹无穷。

“天地之大德曰生”，然并非生只一度而已，如寻常所谓静态一度之生者，而是动态往复历程。易经“生生”一词，中文直解原作“生之又生、或创造再创造”，故余向采怀德海之术语 Creative creativity 译之，庶几格义相当。戴震（东原）著《原善》，疏证大易哲学，兼发挥孟子性善之论，倡：

生生者，化之原；生生而条理者，化之流。

盖谓：

言乎人物之生，则其善与天地继承而不隔者也。（《原善》卷一）

是故，原其终，则见乎天地宇宙无限生命之所自来；而要其始，则知乎万物具体有限生命之所必归（易曰：“原始要终以为质也”）。二者皆存乎创造变易之历程中，而生生不已，新新相继。天道变化，象效乾元（本初），□□而出，是以大生焉。夫元者，众善之长，在本质上超越一切相对价值；道即无限，绵绵赓续，展向无穷，现为要终（后得）；要终者，即是之善成。语乎天道本质及其意向，则纯然至善，故能化裁万类而统之，于以当下显示其本身生生大德之神妙于所创生之宇宙大千世界也，故原始要终之道生生不停，善善相继，禅联一贯，以是见天地之常，昭然若揭矣。兹仿效易经辞句以传之曰：

“成性存仁，智慧之门，显道之善，兼义之理。”

自原始儒家所出诸原理而观之，宇宙之客观秩序乃是成于乾元之充沛创造精神，表现于时间绵络旁通、变易历程之中。人类个人所面对者正是一个创造之宇宙，故个人亦得要同样地富于创造精神，方能德配天地，妙赞化育，否则，与之处处乖违悖谬矣。是故儒家此种动态历程之价值中心本体论一旦完成之后，即启发出一套哲学人性论。……

生命之自然秩序与道德秩序既同资始乾元天道之创造精神，且儒家复谓“人者，天地之心”，居宇宙之中心枢纽位置，故人在创造精神之潜能上自能侔天配天。准此，儒家遂首建一套人本中心之宇宙观，复进而发挥一套价值中心之人性论。此孟子之所以力倡“夫君子所过者化，所存者神，上下与天地同流”者也。……

岂止孟子一人如此！深眼巨识，洞见人性伟大，义本受命于天，乾德内充，故倡性善。即使荀子虽据经验观察而言性恶，然亦未尝不曾进而肯定：透过不断之教化努力，与修养陶冶之工夫，人人皆可以成就伟大之人格。在原始儒家之中，荀子似乎是唯一生来就厌闻那套从价值中心之观点而侈谈天道者，反而诠表一套对天道之价值中性观，视自然界但为所造、所生之自然界（Natura Naturata），藉以创说人智胜天，征服自然，所见竟与西方科学家同调。惟其如此，荀子故能完全摆脱天或自然之一切无谓而不必要之纠缠，从而重新树立人之优越性，如平地拔起，壁立千仞，其所谓之自然者，无非一种中性存在之层次，内蕴种种物质能源，供人开发利用，如斯而已（故主“戡天役物”）。就孟子看来，人但凭借其与内俱来之性善，就是自然地天生伟大。然自荀子看来，所谓人之伟大乃是得诸后天教化，积伪所致，是即“化性起伪”之上乘究竟义。两氏在对人性之看法上尽管各有所不同，然于“人之毕竟伟大”乙旨，则殊途同归，终无二致。

（《中国哲学之精神及其发展》，第123—159页）

……研究周易，一方面是以周易为古代流传下来的典籍，从历史上看为历史文献，清朝的章学诚所谓“六经皆史也”。不仅尚书、诗经一类的书可以反映古代的历史，就是周易也代表古代的历史。然而哲学上要讲思想，一切哲学思想，要从理论上推敲其意义，假如是套赤裸裸的历史书，硬要把它读成哲学的书，那必定会读出许多笑话来。……如此讲易学的书非常多，而少有真正哲学价值的。纵然有，也是把后代的哲学附会到前代上。如此看来，有许多关于周易的书籍流传到后代，没有哲学价值，是因为它本来是历史资料、典章制度的记录，有哲学意义也不过是隐含的而已，某些事实有哲学意义，而整个看来，却没有直接的哲学意义。

……

但是易经从春秋时代孔子、商瞿作了十翼之后，情况就不同了。譬如文言传，主要为一价值哲学思想的产生。譬如象传，把整个机械的自然世界活跃化之后，借用西方的名词来说，就是斯宾诺莎的 Natrua Naturans（能产自然），是活跃创造的自然界，不是近代工业或古代科学所讲的死的自然界，整个象传代表孔子一派的宇宙生命哲学。

象传授受了人类广大的生活环境，接受了客观世界。如果只以它为客观世界看待，那只是科学的了解，是天文学的与物理学的宇宙，是太空气象流行的环境，那也正是近代科学的特点，把真善美的价值从这个世界撇开来，成为价值的中立主义，不谈艺术上的“美”，道德上的“善”，甚至于理论上的“真”，这样的世界是一个贫乏的世界，不是一个丰富的世界，其中没有真善美的价值，只表现事实。因此孔子作象传的时候，完全把人类外在的世界拉进来，在人类生命内部、心灵内部看世界，于是在象传中产生了一个对于世界革命性的观念，就是把外在的自然界以艺术、道德的精神点化了，成为富有“美”“善”的价值世界。生活在这种世界中的人就不是小人了，而是象传中“君子”如何；“君子”如何，是人类在精神修养方面，从道德人格的高尚处理这个道德世界。

因此春秋时代不仅是老子、庄子把外在的世界拿到人类生命中看，像庄子所说“圣人者，原天地之美而达万物之理”，是透过艺术美化的立场来观照世界，则世界也不仅仅是一个道德领域，而且是一个美的领域，是一个艺术的对象了。假如这么看来，从周代起，中国文化是早熟的文化，早就以一种普遍的理性考虑人生的原始要求，世界的一切，在种种一切的当中，正是一个价值化的要求，而这个价值的来源何在？在周易中是把它集中在“天”，就其作用来看，一切卦从“乾”卦产生，而“乾”卦最重要的质素是“乾元”，然后，文言传中马上就开始说：“元者，善之长也。”“乾元”是一个代表宇宙一切价值的总枢纽的基本符号，是一切卓越价值的来源。系辞大传中则透过审美的观念把宇宙化成美。……

中国的宇宙一方面是个道德的宇宙，一方面也是艺术世界，把这两者合并起来，产生一个普遍的价值论，再谈普遍的哲学，这个哲学不像近代科学思想，只了解客观世界的构造，据以利用控制客观世界，产生近代的理论科学、应用科学及工程。在中国，因为科学思想的发展，在程序上次于道德、艺术，甚至于哲学。因此中国人对宇宙的要求，完全从价值理想的完成实现来着想，把价值世界确立，然后把价值存而不论，才产生数学的书，像礼记考工记，以抽象法处理这个尽善尽美的世界，了解其纯中立的现象而加以控制和利用。因此拿近代西方的思想无法了解中国古代思想，如果回到希腊人要求“尽善尽美”的标准上看，才是双方相视而笑，莫逆于心……

如果采取这个立场，周易这部书，就符号和卦爻辞的系统说，是从远古到成周时代的历史产品；后来到春秋时代经过孔子，孔孟弟子加以系统的研究，给这些历史资料一个哲学的解释，然后才有真正的哲学。汉代以气象学、数学、天文学、历法等许多观念附会在周易上，到宋代比较合理了，把这许多迷信都除掉了，但是新时代的迷信又来了，所谓“河图洛书”根本于史无徵。……我们必须把立场弄清楚。从这一方面说，周易的符号系统只是历史的记载，即使有哲学意义，也只是含藏其中而已。如果我们结于周易研究的态度不够严肃的话，马上就会陷入错误的思想方向，我们现在必须明了周易的哲学和周易的历史记载是两回事，历史记载在前，哲学产生在后。周易这部历史的书变为哲学的书，代表儒家，代表孔子的精神。儒家的身份……称为“时间人”（Time Man），以别于道家的精神，“太空人”（Space Man）。道家可以不谈现实，而只谈超脱解放，从这个世界上起飞，飞到高空中而不下来，在其中纵横驰骋，发挥其艺术天才，对于人类社会，现实问题的处理，没有儒家认真。但是儒家身份是个“时间人”，所以孔子在后来称之为“时之圣者”，在周易中也屡言“时之义大矣哉”，也就是儒家处于任何时代，都要把握时代的精神，把一切人类活动投入时间之流中，看它如何发展演变。就这一点说，儒家的精神不易为近代西方所了解。

……儒家在上古的演变，成周为一关键，春秋时代又是一关键，因为这两个时代有传统的儒家如周公，可以说是政治哲学家，正如柏拉图所梦想的“哲学家皇帝”。到春秋时代，孔子未把握政权，只做一个纯粹的哲学家。而这两个哲学家都能把握历史，把历史上一切秘密展开在时间之流中，这才是原始儒家的精神。

（《原始儒家道家哲学》，第 130—134 页）

3. 原始道家哲学

吾人一旦论及道家，便觉兀自进入另一崭新天地，如历神奇梦幻之境，道家人格之亲切可贵处，说来另有缘由……

如余上文所言，夫道家者，太空人之最佳典型也。……道家生活存在于一种空间世界，然却既非物理空间，亦非雕刻与建筑空间——处处不脱阻碍抗拒之性质。道家所寄托之世界，乃是一大神奇梦幻之世界。构成其世界之空间者正是美妙音乐及浪漫抒情诗歌中之“画幅空间”兼“诗意空间”——一种充满诗情画意之空灵意境（……），意象空灵，人物逍遥遨游其间，恢恢旷旷，潇潇洒洒，故能“层层超升，地地深入，重重无尽，探索重玄，浃与俱化”。道家本此玄想模式，故能游心太虚，驰情入幻，振翮冲霄，横绝苍冥，直造乎“廖天一”之高处，而洒落太清，洗尽尘凡，复挟吾人富有才情胆识者与之俱游，纵横驰骋，放旷流眄，居高临下，超然观照层层下界人间之悲欢离合、辛酸苦楚，以及千种万种迷迷惘惘之情；于是悠然感叹芸芸众生之上下沉浮，流荡放愚昧与黠慧、妄会与真理、表相与真际之间，而不能自拔，终亦永远难期更进一步，上达圆满、真理，与真实之胜境。

是故，在中国形上学之天地中，道家高怀远引，可说是最孤独之人物。其智慧隽语又往往难得定解，而鲜有知音。然若置之不问，则其名言妙谛遂沈晦而不彰，遑论实际运用于人生？是以道家之需要高明阐释，实不待辨而明。……

“道”之概念乃是老子哲学系统中之无上范畴，其要义可析为四大层面而讨论之。

（一）就道体而言，甚至根本上就超本体论之立场而言，道乃是无限真实存在之太一或元一。老子尝以种种不同之方式形容之。诸如：

（甲）道为万物之宗，渊兮不可测，其存在乃在上帝之先。

（乙）道为天地根，其性无穷，其用无尽，视之不见，万物之所由生。

（丙）道为元一，为天地万物一切存在之所同具。

（丁）道为一切活动之唯一范型或法式。

（戊）道为大象或玄牝。无象之象是为大象，抱万物而营育之，如慈母之于婴儿，太和、无殃。

（己）道为万物之最后归趋。万物一切，其堂吉诃德英雄式之创造活动精力挥发殆尽之后，无不复归于道，是为“复根”，藉得安息，涵孕于永恒之法相中，成就于不朽之精神内。盖自永恒观之，万物一切最后莫不归于大公、宁静、崇高、自然——一是以道为依归，道即不朽。

（二）就道用而言，无限伟大之道即是周溥万物、遍在一切之“用”或“功能”，而取之不尽、用之不竭者。其显发之方式有二。

一曰“退藏于密，放之则弥于六合”。

二曰“反者，道之动”。

盖道一方面收敛之，隐然潜存于“元”之超越界，退藏于本体界玄之又玄、不可致结之玄境，而发散之，则弥贯于天地宇宙万有。兹所谓有界者，实乃“道”之显用而逞现为现象界也，故可自道而观察得知（是谓之“以道观尽”）。故曰：

“天下万物生于有，有生于无。”

亦犹吾人可谓：

“天下有始，以为天下终。既得其母，以知其子；既知其子，复守其母。”

自是以往，则：

“道生一，一生二，二生三，三生万物。”

终于

“万物负阴而抱阳，冲气以为和。”

另一方面，在全世界，即动态化育历程中之现象界，其所具之能由于挥发或浪费而时有用竭之虞。在现实世界中人穷则举债告贷，直向银行贷款求济，同理，当下有界基于迫切需要势必向上求援于“道”或“无”之超越界，以取得能源充养。实则老子确曾使用是喻：“夫唯道，善贷且成。”（《老子》第四十一章）故其强调“反省，道之动”，实涵至理，且有必要。道之发用呈双回向，采双轨式：顺之，则道之本无，始生万物，以各明其利；逆之，则当下实用，仰资于无，以各尽其用。王弼（226—249 年）注老子四十章所言甚得旨要：

“天下之物皆以有为生，有之能始，以无为术。将欲全有，必反乎无也。”

王说原自老子本文得来：“有之以为利，无之以为用。”盖点睛语也。

（三）就道相而言，道之性相可分两类：曰天然本相与意然人为属性。前者涵盖一切天德，具于道，故只合就永恒面面观照之。易言之，天德纯乎自然，属道体本有、无待，且必“以道观道”自道体本身之崇高观点视之，始能客观地一一朗化透显。如果观之，夫惟天德本相，乃一是而皆真。计得：

（1）道无乎不在。其全体大用在无界中即用显体；在有界中即体显用。且体不离用，故道本一贯。

（2）无为而无不为。

（3）为而不恃。

（4）以无事取天下。

（5）长而不宰。

（6）生而不有。

（7）功成而弗居。

反之，另一方面之意然（人为）属性则来自处处以个人主观之观点而妄加臆测，再加以人类拙劣之语言而构画，而表达之者。王弼于《老子微旨略例》言之甚谛：

> 名也者，定彼者也；称也者，从谓者也。名生乎彼，称出乎我。……名号生乎形状，称谓出乎涉求。……故名号则大失其旨，称谓则未尽其极。
>
> 名之不能当，称之不能既；名必有所分，称必有所由；有分则有不兼，有由则有不尽。不兼则大殊其真，不尽则不可以名。

是故老子认为一般人只合就道之人为属性以意之，状摹之，特妄加臆测耳。如强字之曰大、奥、微、独立、空虚、希声、无形、无名、无状、不可测等等，虽然，就其本身而观之，道乃是“真而又真之真实”，唯上圣者足以识之。

（四）就道徵而言，高明至德显发之，成为上述天然本相，原出于道，而圣人，道之表徵，其具体而微者也，直乃道之当下呈现，堪称道成肉身。圣人处现世界，固与常人无殊，然常人往往作茧自缚，圣人则一本其高尚之精神，并凭藉其对价值理想之体认、肯定、层层提升，重重无尽，上超无止境，故能超越一切限制与弱点。常人冥顽不化，固执著虚妄价值，趋于庸俗僵化，至误视之为真、善、美、义等；是以恒不免陷于鄙陋、渺小与自私，而不自觉。且等而下之，既鄙陋更鄙陋，既渺小更渺小，既自私更自私。圣人有得于道真，故能超然观世，廓然大公，化除我执，而了无自我中心之病。复深知如何慷慨无私，淑世济人，而赢得举世之尊敬与爱戴；既遍历有界万象，兼善能体会"从事于道者，同于道"之义，而复归于朴，尚同自然，"致虚极，守静笃"。圣人无事于聚敛，盖：

既以为人，己愈有；既以与人，己愈多。（《老子》第八十一章）

圣人无常心，从百姓心为心。

圣人在天下，翕翕然为天下混其心。（《老子》第四十九章）

兹所谓心者，普遍临在之公心也。一言以蔽之，曰：圣人者，代表道之真正救世精神，有界一切表相之拯救者也。

"常善救人，故无弃人；常善救物，故无弃物。"（《老子》第二十七章）

复致极乎道之原始统会，曲全而归，善贷且成。故常"无"，欲以探索玄之又玄之玄奥，夫"无"也者，虚一而静，由全以归，于任何不曲不全"无所取著"，于任何败坏可能"无所沾滞"之谓也。

老子虽自称其言甚易知，然世人辄叹其文词极难解，表达方式故。如前所言，此盖由于老子用语指谓多重，词意变幻莫定。自余观之，倘使其中诸关键字眼如"道、常、无、有"等，皆依上、下文义而另以大体、凸体、小体，乃至借助撇号等方式，妥予标明之，则举凡其一切自然义、绝对义、相对义、寻常一般义，乃至幽默滑稽特殊义等，皆莫不可使之明白显豁，毫无暧昧，何难解之有？惜向未此之图，致其精句言约旨远，而释者纷纭，言人人殊。三世纪时王弼学派倡"贵无贱有"，遂引起儒家裴頠（267—300年）

倡“崇有论”以与之对抗。老释（道佛）二家多从王弼传统，蹈袭故常。至十一、二世纪时宋人之解老者，如苏辙、吕惠卿、王雱、程大昌等，乃力谋有、无二界之贯通，取其均衡，不尚一偏，卒使老子之形上学与儒家所契合之易经哲学不相牴牾，通而不隔焉。

（《中国哲学之精神及其发展》，第169—179页）

老子哲学系统中之种种疑难困惑，至庄子一扫而空。庄子诚不愧老子这位道家前辈之精神后裔，故能将“道”之空灵超化历程推至“重玄”（玄之大玄），然在整个玄推序列之中，并不以“无”为究极之始点；同时，变肯定存有界之一切存在可以无限地重复往返，顺逆双运，形成一串双回向式之无穷序列。原有之“有无对反”也因各采其相待义而在理论上得到调和（“和之以天倪”），盖两者均实同于玄秘奥密之“重玄”之境，将整个宇宙大全化成一“彼是相因”、“交融互摄”之无限有机整体。庄子最后一章（《天下篇》）点出老子思想之精义在于：

“建之以常、无、有；主之以太一……以空虚不毁万物为实。”

同理，以同法处理之，则时间与永恒间之“变常对反”，亦于焉消弭。“万物无与与毁，道通为一。”

庄子之所以能有如许成就者，乃是因其不仅止为一道家，且曾受孔孟之相当影响，同时更深受其契友、来自名家阵营之惠施之影响。孔子在易经哲学中俨然以时间在过去有其固定之始点，只是向未来奔逝无穷（“逝者如斯夫！”孔子川上之叹）。然而庄子却只接受时间向未来无穷延伸；而否认时间在过去，由于造物者之创始，而有所谓任何固定始点之看法；庄子深知如何根据“反者，道之动”之原理，以探索“重玄”，故毋需乎停留在辽远之过去中任何一点上。实则，无论就过去或未来而言，时间俱是无限。其本身乃是绵绵不绝、变化无已之自然历程，无终与始。是以儒家“太初有始”与“大哉乾元！万物资始”之基本假定——事实上为解释宇宙创始所必不可缺者——也在理论上根本化除矣。

不仅时间之幅度无限，空间之范围亦是无穷。公元前四世纪末叶，庄子契合惠施，其人与希腊之齐诺（Zeno）在方法上堪颂同调，皆擅于“归谬法”，将时间化为单元，或有积或无积，形成一套无穷系统。“无穷”者，语意双开：自内观之，则诸究极单凶既不是广延性，重重无尽，延展无穷，故曰至大无外。此乃数理上之空间无限论也。约与此同时（战国之际），驺衍发展一套地理上之空间无限论，谓中国本土特世界全域九大州中之一小部分耳（按：仅八十一分之一）。庄子同意其说，然却进而点出：以视全宇宙空间之广大无垠，地球体积更微不足道矣。庄子复更进一步，以其诗人之慧眼，发为形上学睿见，巧运神思，将那窒意碍人之数理空间，点化之，成为画家之艺术空间，作为精神纵横驰骋，灵性自由翱翔之空灵意境领域，再将道之妙用化成妙道之行，倾注其中，使一己之灵魂昂首云天，飘然高举，至于廖天一高处，以契合真宰。一言以蔽之，庄子之形上学将道投射到无穷之时空范畴，俾其作用发挥淋漓尽致，成为精神生命之极诣。

斯乃蕴藏于庄子《逍遥游》一篇寓言中之形上学意涵也，通篇以诗兼隐喻之象征比喻语言表达之。如：

> 北冥有鱼，其名为鲲，鲲之大，不知其几千里也。化而为鸟，其名为鹏，鹏之背，不知其几千里也。
>
> 鹏之徙于南冥也，水系三千里，抟扶摇而上者几万里，去以六月息也。
>
> 故九万里，则风斯在下矣，而后乃今培风。

宛若此只大鹏神鸟，哲学家之超脱解放精神亦大可以：

“乘天地之正，而御六气之辩（变），以游无穷者。”（《庄子》第一卷）

其精神，遗世独立，飘然远引，绝云气，负苍天，翱翔太虚，“独与天地精神往来”，御气培风而行，与造物者游。

《逍遥游》，兹篇故事寓言，深宏而肆，诙诡谲奇，释者纷纭，莫衷一是，如郭象、支遁（道林）、成玄英等，言人人殊，然皆莫不以己意出之。兹克就上述之“无限哲学”及庄子本人于其他有关篇章所透露之线索旨趣而观之，其微言大义及谛（可谓之一部至人论），可抉发之如下，主张：

（一）至人者，归致其精神于无始，神游乎无何有之乡，弃小知，绝形累。

（二）至人者，“审乎无假，而不与物迁，命物之化，向守其宗”，“极物之真，能守其本，故外天地、遗万物，而未尝有所困也”。（《庄子》卷五）

（三）至人者，“入无穷之门，以游无极之野，与日月参光，与天地为常”，“守其一，以处其和”。（《庄子》卷四）

（四）至人者，行圣人之道，“能处天下……能外物；能外生；……能朝彻，能见独，能无古今，能入于不死不生。其为物也，无不将也，无不迎也，无不毁也，无不成也，其名为撄宁”；“彼言且与造物者为人，而游乎天地之一气”；“鱼相忘乎江湖，人相忘乎道术”。（《庄子》卷三）

（五）至人者，“与造物者为人”；“功盖天下，而似自己；化贷万物，而民弗恃”；“无为名尸，无为谋府，无为事任，无为起主。体尽穷，而游无朕。尽其所受于天，而无见得，亦虚而已。至人之用心若镜：不将不迎，应用不藏，故能胜物而不伤”。（《庄子》卷三）。

观此种种精神生活方式（象征生命之层层超升），俨若发射道家式太空人之火箭舱，使之翱翔太虚，造乎极诣，直达乎庄子所谓之“廖天一”高处，从而提神太虚，游目骋怀，搜探宇宙生命之大全——极高明、致广大、尽精微。“逍遥乎无限之中，遍历层层生命境界”乙旨，乃是庄子主张于现实生活中求精神上彻底大解脱之人生哲学全部精义之所在也。此种道家式之心录曾经激发中国诗艺创作中无数第一流优美作品而为其创作灵感之源泉。惟有最伟大之浪漫抒情诗人屈原在幻想力之神奇瑰丽上可与之媲美。惟有第一流之哲学诗人曹植、阮籍可仰赞其高明，以祈求灵感，俾下笔如有神助，才思奔放，淋漓尽致……

然而，在哲学之领域中吾人与庄子相值，倘来照面，其精神超脱空灵，戛戛高致，造妙入玄，足资启人层层上升，提神而俯，透视宇宙重重境界。在常识层次上世人故自谓已得真实存在矣！已见真理真实矣！从常识世界之观点而俯之，对更下届之种种，但觉其一切荒谬可笑耳。然若吾人更提升一层而俯之，则在常识界果如何耶？若再戛戛深造，极高明，致广大，尽精微，透视大千世界，宇宙万物，回睨层层下界，不禁慨然惊叹，前程迢迢隐没，特悲喜闹剧之大全耳！其中吾人所素常执为“真理真实”者，实不抵“虚妄幻相”，竟为其所嘲弄而全部推翻矣！

道家之超脱解放精神，恒归致于廖天一之高处，不禁高声呼唤：

“至人无己；神人无功；圣人无名。”（《庄子》卷一）

然而世间常人却大可应耳而答之曰：“吾何至丧心病狂若是！人生在世，惟己也、功也、名也，堪称首要。”若双方各坚持其立场，则理想与现实两界之间即无从联接通贯。庄子哲学主旨固在于揭示人类种种超脱解放之道，然其重大问题亦正在此处耳。

严格言之，问题核心在于《齐物论》。孰可当此巨任？此即任何民主领域之中争议之关键所在。无真平等，即无真民主。然至正义下之平等谈何容易？理想之士力主向上看齐，然而世人却宁要向下拉平。关于此点，庄子言之甚谛：

以不平，平；其平也，不平。（《庄子》卷三）

解决斯难，究应如何？兹引庄子书中一段，持为线索：

野马也，尘矣也，生物之以息相吹也。天之苍苍，其正色耶？其远而无所致极耶？其视下也，亦若是则已矣。（《庄子》卷一）

此段解释容有不同。一方面，世上思想家处现实界中，志在齐升众类，使臻于更高尚之存在境界，而于高处探求生命之大美。然而智者遗世独立，孤怀远引，抱持高尚理想，久处于其个人一己之抽象思想领域之中，大可逆转空间方向，而转视人间世为其理想实现之自然之地。世间事物，自高处遥遥视之，其寻常之怪现状顿成一片浑融，故可忽之恕之。远望观之，但呈象征天地大美之诸层面。……真正圣人，乘妙道之行，得以透视一真，弥贯天地宇宙大全。一切局部表相，无分妍丑，从各种不同角度观之，乃互澈交融，悉统汇于一真全界整体。一切分殊观点皆统摄于一大全瞻统观，而“道通为一”。此旨可阐明有关相对性及相待互涵性等重大问题，容于下文各节讨论之。

兹就“统摄一切”、“道通为一”而言，倘使吾人但采取某一立场，而纯从该固定立场观照之，则仅得其有限之透视而已（蔽也）。吾人犹是笼中之鸟，束缚依然如故。常人困处尘世间，固已如此，大鹏鸟之翱翔太空，亦复如此。即于道家，倘使其观点一味执着于“寥天一”上，而受其限制，则何逾常人？吾人于此发现一大共同基本立场，而可谓常人、鹏鸟与玄想哲学家，皆众生一往平等。在此一共同平等立场上方能建立一套平等观，揭示凡吾人类皆同处于限制束缚之境，故必须超脱之，以追求自由与解放。

常人心胸狭隘，世所周知，然欲尽窥大鹏神鸟偏见限制之征候，则殊非易事。同时，哲学家理障偏见之硬壳，亦甚难凿破也。故庄子乃妙拟寓言，以“河伯”代表卑陋渺小之哲学，而揶揄讽刺之。

“河伯欣然自喜，以天下之美为尽在己。”

北海若欲有以悟之，乃曰：

“井龟不可以语于海者，拘于虚也；夏虫不可以语于冰者，笃于时也；曲士不可以语于道者，束于教也。今尔出于崖涘，观于大海，乃知尔之丑，尔将可以语大理矣。”（《庄子》卷六）

超脱解放之道含大理有三，兹述之如次：

（一）个体化与价值原理——主张万般个性，各适其适，道通为一，是大道无限，其中个体化之有限分殊观点，就其独特性而论，必须接受之，视为真实，盖任何个体实现各表价值方向，各当其分，故于其重要性不容否认或抹煞。是以郭象注庄子首章曰：

> 夫小虽殊，而放于自得之场，则物任其性，事称其能，各当其分，逍遥一也。岂容胜负于其间哉？

例如鸽子鼓翼，飞上小树梢头；大鹏展翅，抟扶摇而上者九万里，其逍遥一也。

（二）超越原理——主张个体化与价值之实现皆受制于其本身特性范围，而各有所不足，盖有待乎种种外在条件，而多少非其所能控制者也。除非将个体存在之范围予以扩大，纳外在条件为内在己有，个体即必受外界控制，而丧失其内在自由。于此种内具不足之缺憾，如支遁所示，故个体一旦实现，即必须致乎更崇高完美之境，以超越其本身之种种限制。然而个体本身既不断外惊，逐物外驰，遂同时产生自我异化之危机。

（三）自发性自由原理——主张以浃自然对治斯憾。夫惟上智，至德内充，玄同大道，妙契无限，为能冥合无待。郭象、向秀注此原理曰：

……统以无待之人，遗彼忘我，冥此群翼，异方同得……是故统小大者，无小无大者也；……齐死生者，无死无生者也；……故游于无小无大者，无穷者也；冥乎不死不生者，无极者也。

天地以万物为体，而万物必以自然为正。自然者，不为而自然者也……故乘天地之正者，即是顺万物之性也；御大气之辩者，即是游变化之涂也……此乃至德之人玄同彼我者之逍遥也……夫惟与物冥而循大变者，为能无待而常通。岂独自通而已哉？又顺有待者，使不失其所待，所待不失，则同于大通矣！故有待无待，吾不能齐也。至于各安其性，天机自新，受而不知，则吾所不能殊也。

郭、向注庄，畅言浃自然、自发自由原理，逻辑上与庄子主旨“天地与我并生，万物与我为一”实理无二致。

兹请共同努力，凿破偏见之硬壳。夫偏见者，深入人心，执去而后悟生，精神上乃得真正之超脱解放。据老子所见，常人无常心，怪诞而自矜。庄子深悟斯旨，故能更进一步洞察其后果。世间常人，莫不欲他人之同乎己也，莫不恶他人之异乎己也。此种一厢情愿式之想法，使其崇己凌人，贡高自是。设使他人亦心套一同，则人人争先恐后，天下后果，岂堪设想？

庄子有鉴于此，痛人人之私心自用，偏执不化，故倡“丧我”、“复真”，以对治之。是即“齐万物”之功也。实则此语乃是中文“齐物论”之误读。如前文所示，“以不平，平；其平也，不平”。揆庄子立说之真正动机及本意，乃在于为人类万般个性之天生差别谋致调和之道，而和之以大道之无限丰富性，并非化除于漫无的准、意义贫乏之单一性或表面上之平等性也。是即建设性哲学之批导功能，而出之以后设或超哲学之层次者也。

《齐物论》，由章太炎氏依佛家唯识宗之立场阐释之，乃是讨论万物之体育彻底一往平等性。其真谛绝非但藉诠表一套对生命万象之平等观，谓一切了无差别云云，所能尽。卒络为论，欲使此一彻底平等之理想得以实现，必须尽舍一切文字说之虚妄，一切名言指谓之不妥，以及一切对缘生论之误解；反之亦然，诸执尽舍，真正平等之理想乃现。一言以蔽之，大道无穷，对其充实性、丰富性、与无理性，吾人只合默而识之，深心体会，不可言说故。

为建立此种彻底平等哲学，须经历三大重要步骤。

第一，“自我”一辞，其意指之暧昧性必须澄清之，始能决定何者当丧，何者当复。

第二，语言之为用，固在于借以探究表相与真实之确定，故必须洞识其性质及其限制。

第三，实质相待性之理论结构必须安立而说明，借以解决哲学之中诸多根本争论。

自余观之，“自我”一词，由庄子用来，含五义。有“躯壳之我”，吾人借以从事物理及生物性质之诸活动，得与外在物质世界相与而交通者也。此肉身躯体之我，乃吾人之大患（老子曰：“吾之所以有大患者，为吾有身。”），为一切诱惑之渊薮，诱至种种欲得与享受，使吾人贪婪无厌，丧尽独立，依赖成性，不可自拔，陷于奴隶悲惨之境。此外，尚有“心理之我”，化成意识之种种分殊经验状态，其作用在于对心理兼物理环境之各方面起被动反应。吾人为诸意识状态而析为种种认知兴趣；由之而判为种种经验点滴；更因之而裂为粉碎，无从弥合，复成一完整之人格整体。此外，更有所谓古怪之“心机”（心机之我）——所择对象，范围一定——

化作小知间间与俗情泛滥，处处误推真假，作茧自缚，妄议是非，纠缠不清，谬执得失，不能自拔。凡此一切，皆集结而成为“妄我”。“妄我”丧尽，乃登智境。

除上述三义之外，“自我”或指自发精神之本性，是即理性之大用；或指永恒临在之“常心”，冥同无际大道之本体。前者庄子谓之“灵台”或“灵府”，章太炎《齐物论释》则谓同阿赖耶识或阿陀那（Ālaya Ād ā na），末那识（Klista—manovija ā na）依之为内在真己——阿陀那本身则否。后者庄子或谓之“真宰”或“真君”，是乃绝对之心体，至高无上，支配知识界中万物一切者也，或谓之“常心”，是乃永恒之精神本体……在道家系统中则显指广大无限之道性。除非在前三义下“妄我”舍尽，无上真已即无从实现。自庄子看来，吾人之尽丧小我妄我，乃所以能复大我真已也。大我真已非也，道本是也。

……

真我之深为妄我所斫伤，盖亦明矣。其唯一补救之道，即求诸心之健在，心之理性大用在于能使人人洞见自我中心之陷阱，而免于形成对是非标准之误断也。是故吾人但凡具有一颗能思之心者，即应当下了悟万物相待性之重要意涵。作为一大哲学基本原理，此种相待观便有化除一切自我中心偏见、意执、我执之威力，而化为相互了解，通彼我，齐是非也。

相待观之要义，庄子发之如下：

第一，在全部自然界中，自是观之，则物物皆是也；自彼观之，则物物皆彼也。故彼也是也，俱是相待而成，是也因彼，彼也因是，彼是相因故。就彼是相辅相成性而言，则是即彼也；同理，彼亦即是。

第二，在人际关系之领域中，凡自个人范围观之，则人人皆是一我，盖人人皆以“我”自称；然同一之人，自他人观之，则人人皆是一他我，而称之为“尔”“他”，微他我，则此我焉得有？微此我，则他我为子虚。故我也，他我也，在本质上乃存在一种相待而有之关系。

第三，在知识之领域中，我之所言，自我观之，则可谓之曰真；同理，尔他之所言，自尔他观之，亦施加压力之曰真。故真理固基于变异之立场，语其性质，则为相对，而非绝对。我所谓之真者，其理能识之；尔所谓之真者，其理尔亦能识之；于他人亦然。尔所言之当否，我固可以疑之；反之，我所言之是否，尔亦有权质问。一旦观点改变，立场更迭，则昔之一度为真者，可以变假；昔之一度为假者，可以变真。真也假也，但表程度等别，而非种类不同。

至于如何力求融会一切局部相待真理，冥同于一广大悉备之相辅相成系统，而表征于大道无限，庄子曾出之以种种论证，其谛听之：

> 既使我与若辩矣，若胜我，我不胜若，若果是也，我果非也邪？我胜若，若不吾胜，我果是也，而若果非也邪？其或是也，其或非也邪？其俱是也，其俱非也邪？我与若俱不能相知也，则人固受其黮暗。
>
> 吾谁使正之？使同乎若者正之？既同乎若矣，恶能正之？使同乎我者正之？既同乎我矣，恶能正之？使异乎我与若者正之？既异乎我与若矣，恶能正之？使同乎我与若者正之？既同乎我与若矣，恶能正之？然则我与若与人俱不能相知也，而待也邪？
>
> 化身之相待，若其不相待，和之以天倪，因之以曼衍。所以穷年也。
>
> 何谓和之以天倪？曰：是不是，然不然。是若果是也，则是之异乎不是也，亦无辩；然若果然也，则然之异乎不然也，亦无辩。
>
> 忘年志义，振于无竟，故寓诸无竟。

职是之故，实质相待性系统乃一包举万有、涵盖一切之广大悉备系统，其间万物各适其性，各得其所，绝无凌越其他任何存在者。同时，此实质相待性系统复为一交融互摄系统，其中一切存在及性相皆彼是相需，互摄交融，绝无孤零零、赤裸裸，而可以完全单独存在者。复次，此实质相待性系统更为一相依互涵系统，其间万物存在均各有其内在之重要性，足以产生有相当价值之效果，而影响及于他物，对其性相之形成而有独特之贡献者。抑有进者，在此系统之中，达道无限，即用显体，而其作用之本身则绝一切对待与条件限制，尽摄一切因缘条件至于纤微而无憾，然却初非此系统之外、之上之任何个体所能操纵左右也。尤其人类个体生命，在未进入此无限系列之前，必先备偿种种之限制、束缚、与桎梏。今妄我既丧，并其在思想方式与语言使用方面之种种偏见妄执而超脱之，更藉参与此达道之无限性，吾人自可当下重新发现圣我之本真面目，于是豁然了悟此不可言说、不可究诘之根本原理在无限界中巍然屹立，唯其无限，故能完全摆脱一切循环定义与条件语句之虚妄构划及其限制。

由此实质相待性系统所表现之诸特色，吾人遂迳可契会庄子“万物与我为一”之最后结论。

故其好之一也，其弗好之一也。其一也一，其不一也一。其一与天为徒（天之为言，犹斯宾诺所谓创造、能生之自然界 Natura Naturans）；其不一与人为徒。天与人不相胜，是之谓真人。

真人者，

与造物者为人，游乎天地之一气。

且夫庄子之欲令孔子大弟子颜回改宗真正道家，岂戏言哉！——着回曰：

堕枝体，黜聪明，离形去名，同于天道。

最后，庄子终于完成其道齐万物之宏图，使无生物、有生物、人类、心灵、精神等一是皆同于无限，——无限者，即天道，弥贯万有，无乎不在，——于是揭示一大真理：万般个性彻底一往平等，乃自发性之自由所锡至福也。庄子第十七章《秋水篇》发挥一套形上学理论，藉明万物如小大、有积无积、内外、心物、彼我等，一往平等，终无差别。其论平等性，实彻底之至。将举凡一切基本差别，如变常、时间永恒、善恶、贵贱、正谬、有为无为、有无、死生……统化为“休乎天钧”，“道统为一”。此种齐万物之方式乃是一椿齐同万物于精神升扬之伟大运动，神乎其技，表演于神化莫测之玄境者也。自余观之，斯乃精神民主之形上义涵，举凡其他一切方式之民主，其丰富之意蕴，胥出乎是。

（《中国哲学之精神及其发展》，第 183—203 页）

4. 宋明清新儒家哲学

我们把宋明清儒家的思想，分做几个大派。共有三个段落：从北宋五子到南宋的朱子，我称之为“Neo—Confucianism of the realistic type”（唯实论形式的新儒学）；然后从南宋的陆象山到明代——尤其是王阳明同他的学派，我称之为“Neo—Confucianism of the idealistic type”（唯心论形式的新儒学）；然后从明代中叶之后，尤其是王阳明学派以后，王学普遍流行，也显现了很多的弊端，因为产生了一种反响，这种反响，我称之为“Neo—Confucianism of the matteralistic type”（自然主义的新儒学）。

（《新儒学哲学十八讲》，黎明文化事业公司 1983 年版，第 100—101 页）

……新儒诸子心态气质各异，约可分为三派：唯实主义，唯心主义，与自然主义。三派理路虽殊，然其大要仍以归趣孔、孟、荀之古典传承为主旨，则其致一也。

……各派差异，溯其原因，约有下列数端可言者：

（一）粤在远古，尚书洪范篇所含藏之永恒哲学与周易生生不已之根本义尚未调和。

（二）新儒各家皆多少受过老庄道家以及禅宗之影响。

（三）新儒立身处世，道德态度至为严肃（可譬诸道德上之清教徒），而因所处时代殊异，对于指陈时弊及挽散人心之主张见解，兀自不同。

三派旨趣虽殊，然其立论亦自有同点，如下所述：

（一）于宇宙万物感应天理——秉天持理，稽赞万物，观察人性，体常尽变，浃化宇宙，感应自然。

（二）思想结构庞杂不纯——宋以后儒者承先秦两汉魏晋六朝隋唐中华文化各方面，因之在思想结构上颇难全盘摆脱旧说，独创新义，时或不免援道证佛，变乱孔孟儒家宗旨。

（三）精神物质合一，人为宇宙枢纽——大宇长宙中，物质精神两相结合，一体融贯，人处其中，悠然为之枢纽，妙能浃洽自然，参赞化育。

（四）秉持人性至善理想，发挥哲学人性论——人类对越在天，升中进德，化性起伪，企图止于至善。

……

周敦颐（濂溪）首倡太极图说，开新儒学之先河。太极图说之真伪，已引起后人纷纷怀疑，并予以不同评价。周氏此图，得自道教中人，已成定案。观其据以化为宇宙发生论，采取道家先天向下流行说，便兀自与儒家向前创造之程序形态截然不同。濂溪真正哲学要义，通书实首发之。观其自价值中心本体论及人性论之观点，对上古永恒哲学及动态变易哲学间之冲通，力求其融会贯通，且更据以阐明“圣人诚几”之神妙，足见其真正之哲学造诣乃在此而不在彼也。邵雍倡大心体物，自是不难拓展知识领域，囊括自然天地之种种层界。其哲学体系，可依下列诸原理阐释之：

（一）有限变异性。

（二）交替律动性。

（三）变化感应性。

（四）蕲向圆满性——形体性情，尽变浃化，蕲向美满。

（五）人心合德太极性——人心之灵，备天地，兼万物，合德乎太极。

（六）知识规准客观性——真知诚明，以物观物，备极客观。

（七）时分相对性。

张载承受孔孟真传，倡言“天地之塞，吾其体；天地之帅，吾其性，民吾同胞，物吾与也”。横渠以此种与天地万物同体之襟怀，发挥民胞物与之生命胜性，而建立其哲学体系，旨在“为天地立心，为生民立命，为往圣继绝学，为万世开太平”。其形上学处处充满此种精神之使命感，其志宏，其愿伟矣。

程颢机体一元论之要点，厥为人与宇宙同体，故广大生命旁通统贯，由是而领悟人心之灵无乎不在，而性情亦随宜发展，祷和浃洽，适应万变而不穷。即此一层言之，一代儒宗，其所受老庄道家及大乘佛学之精神感召，亦云大矣。

程颢所崇信者，乃弟程颐亦举莫能外，惟程颐秉性执拗，又过度笃信抽象理性之作用，往往陷于逻辑困惑而不自知。程颐自谓深通易经微言大义，然其因受新道家王弼贵无论之影响而误解易理处，亦所在多有。程颐亦又改变其同时哲匠所崇信之“格物的本体论”，而为“人的本体论”，并据以结合周易之变易哲学与尚书洪范篇之永恒哲学。其衔接点关键在于密察情所未发时吾人秉性之“中”，嗣又将此一深心内证之“中”，化作与大道或天理同体。依据此义，程颐深入人类如能将自身与宇宙浑化泯同，便自不难完成人性。惜其所谓完成之人性者，依旧未能免于善恶二元论之困惑，斯可憾耳。

朱熹哲学乃系汇聚众说之集合论，而非独自创获之一贯系统。其所凭藉者，乃采自周敦颐、张载、二程、李侗等诸前辈。总而言之，贯乎其形上学理论者，约有五大基本概念：

（一）天道之体统。

（二）歧义之理性。

（三）人性之生成。

（四）“中”之内省体验。

（五）心灵之主宰。

朱熹漫将此五大概念合冶一炉，使之纵横贯穿，而视作可以辗转交替之同一体，因之时时陷于逻辑矛盾性。……

……陆象山及王阳明之唯心主义派新儒学，陆王两氏同以心体为万物之支点，视一切知识、存在、与价值等概属心灵真相之展现。象山思想可以下列诸原理摄之：

（一）万有同心论。

（二）人性平等论。

（三）人心上跻天道论。

（四）仁义彰显心性论。

（五）理想价值超越论。

阳明据价值统一原理为主赞，而着手建立人与万物同体之机体主义哲学系统。复据以申论身、心、意、知、物（知之对境）元是一件，层层相互连锁，一体融通，而不可分割者。并将象山之“理想超越性原理”化作“理想内在性原理”。盖以广大心体普在万物，为人人物物之所同具，而当下悉成现实矣。《大学问》一篇畅论斯旨，显示天地万物一体之仁，乃以圣贤之人格生命为其表征。据此立论，阳明复进而发挥“二元统一原理”，以存在与价值、心智与物象、知识与行动、人心与人性、人性与天道，两相浃化，一体不分。其究也，阳明乃侦知朱子所运用之哲学语言与朱子所信守之哲学理论处处扞格不通，违碍理体矣。

……

自然主义型态之新儒学。唯心主义新儒学发展臻于巅峰之际，王廷相乃倡唯气论及唯物论作为反动。一方面反对阳明心学，另一方面亦反对朱子及其学派。洎乎十七、十八两世纪，自然主义派赓续发展，终乃形成王夫之之功能派自然主义；颜元、李塨等人之实用派自然主义；及戴震之物理派自然主义。之数派者，其主要兴趣乃在宇宙论及哲学人性论上，且以种种论证，证明人性纯善，复据宇宙论及人性论之观点，大声疾呼：一切哲学家均须自天上回到人间！努力以求人性之充分发展，藉使至善之理想得以完成实现。惟中西自然主义彼此之间显有一大差异：后者恒标榜价值中立；而中国哲人则于宇宙观及人性观上无不系以价值为枢纽。盖违此理想，即成智障！

（《中国哲学之精神及其发展》，第 13—18 页）

宋学的开端，有所谓“北宋三先生”——孙复、胡瑗、石介。他们在树立一代的学风及人格的榜样上，确实产生很大的影响。但是在学术思想上却无多大的贡献。而真正在“北宋五子”中，首先受到推崇的儒家是周濂溪。而周濂溪据云有两部主要的著作：一是《太极图》，而《太极图》，显然是一幅伪托的图。为什么说是伪托的图呢？因程颢、程颐都是周濂溪的及门弟子，但二程子终身没有提到关于《太极图》的一个字。同时，再就宋初的开国历史来看：种放、李之才都是受学于道士陈抟。而所谓《太极图》，实际上是道教炼丹时的丹鼎之法。从前的道藏是不易得的，现在考察道藏之“上方大洞真元妙经品图”中，就是《太极先天之图》，完全是一个道教的东西。再就宋代一部样合揉的易书，朱震的《汉上易解》，也明白地说周子的《太极图》出自种放、穆修，而最早可溯至道士陈抟。因而清初的胡渭著《易图明辨》，把周子的《太极图》和道藏的《先天太极图》一起划出来，结果几乎完全一样。于是，宋代号称儒家的周濂溪的《太极图》竟全然是道家的东西。而且这幅《太极图》经过朱熹二十多年的研究，却认定出自儒家，是周濂溪的创作。

我们再从周易本身来看，周易守“乾”、“坤”。“乾元”是一个创造的权力，“坤元”是蕴育的权力，在时间上，它完全是一个向前、向上创造的过程。但是《太极图》，上面一个圈是“无极而太极”；下面是“阴静阳动”；再下面是“五行”，再底下就是“乾道成男，坤道成女”；终于“万物化生”。这个图式，从哲学方面看起来，根本不是创造！如果就西洋哲学来看，它是一个“The theory of cmanation”——新柏拉图学派的“万物流出说”。是从上面最完满的境界，一层层地莫名其妙地堕落下来的。根本不是周易的“Evolutional theory”（进化说），也不是“Creational theory”（创造说）。这种道教的东西，朱子竟然称为最得周易本旨，但是却与周易无关。即使《太极图说》的解释，可用隋朝的萧吉所著《五行大义》完全解说清楚，但这依然不是儒家的思想，而是阴阳五行家的思想。

其实，周濂溪确是北宋一个重要的哲学家，但是他的哲学精义不在《太极图说》，而是在《通书》。《通书》是一部了不起的哲学著作，其渊源于周易者惟在此书。所以从这一点来看，我们设若不了解道家与宋儒的关系，宋儒的许多学说不能了解。……

依据学统之观念，中国经学之流传，大致可分下列几个时期：在孔子以前之成周时代为“儒氏”之道——所谓“师以贤得民，儒以道得名”。孔子而后为孔门六艺之教。嗣后，六经之学转传播，遂有南北之传，齐鲁之分。因地缘之不同，人格之差异，乃沾染杂学，以掺杂了阴阳家、五行家，乃至方士神仙术数之思想为尤甚。两汉之际，号称经学时代。经有今古文之分，而鲁学中衰，齐学盛行；经学难传而楚学渐兴。齐学富方士术数之色彩，楚学有道家老庄之思想。汉末以至魏晋，楚学独秀，相率以子解经。换言之，是依据子学为中心、为枢纽，而形成了另外一个传统，替代了北方严守师法、守法的经学。隋唐时代，经学止于注疏，佛学盛行海内。五代乱后，宋儒做人方面在建立道德人格，以挽人伦隳丧之弊；于为学方面在恢复学术正统，企求衔接先秦之儒家思想，成立所谓“道统之传”，即所谓“新儒家哲学”。

然而，所谓宋代之“新儒家哲学”——道学、理学、性理学，企图绍承先秦儒家思想，限于时代的限制，必须要以南方的经学为媒介，也就是透过老庄道家的子学来了解经学。这种情形可见于以下数端：

首先，宋明儒家，在哲学方面有一个共同的主张：实现“以天地万物为一体之仁”。这个“仁”道的精神，不是像礼记中所述的，只是以“仁”为宇宙的中心。因为这样的“仁”道，还不足以发皇其真精神、真价值。而是要把“仁”的精神扩大了，深透到宇宙万物的全体里面；然后再回转向内，把宇宙万物摄取回来，在自己的心性上面来观照、来体现。这就是道家俯天地、备万物的一种精神，以之为引导，再进一步接受先秦儒家“天人合德”的主张，或是汉人“天人合一”的主张，即宋儒所谓“天人不二”。

但是，宋儒要实现这种根本精神，感受到很大的困难。因为宋代是承接五代之衰世，也就是……继唐代女祸、藩镇之乱、黄巢之乱等动乱之后的一个社会秩序崩溃、道德生活解体的黑暗时代。……由此看来新建的宋朝，宋人继此衰世何以自处？参照宋代正史及野史来看，宋代的开国的太祖、太宗虽不是以篡夺得天下，也是以权术得天下。而指点权术，幕后策划的人物是谁呢？那是道教中人。道教所信奉的虽不是纯正的老庄哲学，而且从汉初即流行的黄老之术。但是黄老之术对汉初的政治也发生了很大的作用，使动乱不安的社会产生休养生息的效果。所以在宋初，这个变相的道教——黄老之术，依然在宋开国之初产生了作用！……这在中国历代政治中，宋代是一个特例——为学人存人格，为学术留尊严——这些是受道家思想余波影响而生的。

再从学问这方面来看，我刚才说过了：宋儒发挥“备天地，府万物”的精神，而把它在生命上面表达出来，成为所谓“以天地万物为一体之仁”。这是儒家的根本精神——是从“天人合德”、“天人合一”、“天人不二”等观念中产生出来的。但是儒家尽管有很崇高的学术精神，很纯洁的道德人格，但是他面对如五代般的罪大恶极的世界，在态度上很难容忍。一旦他与此罪恶世界接触，则极易愤世嫉俗，而思想与他对抗，誓不共存。现在，道家思想发挥很大的助力了。

……

宋代的儒家思想与老庄思想，也有一个基本的不同点，那就是宋儒的思想着重于把握理性。不论这个理性是“Speculative Reason”（思索的理性）、“Transcendental Reason”（超越的理性），或者是“Devine Reason”（神圣理性），甚或是“Natural Reason”（自然理性）、“Human Reason”（人类理性），总之，宋儒的传统都是一个大的理性主义者。他们上天下地一直到内心，都是一个通上下、彻内外的“理性”。这种思想的传统和道家的思想一比较起来，马上就显出一个很大的缺陷——在情绪、情感、情操生活方面很贫乏。也就是宋儒坚持理性的结果，对于人类的欲望、情绪、情感这方面都不敢沾染。于是乎他们的生命不是开放性的，而是萎缩性的。假使这种萎缩的生命情调持续不开展的话，那么，孔子所谓的“意、必、固、我”样样都沾上了！这就很容易构成一个理性上的偏见了。

……这个弱点，合宋儒的生命精神是收敛的、退缩的，而不是开拓的、发扬的。疗治这个文化的弊病，最好是借重道家的精神。如果有的宋儒不愿承认这个病态的话，清代新儒家也是汉学家的戴东原说得好：“宋儒以理杀人，死矣，不可救矣！”虽然戴东原这句话说得过火，却是针对宋儒偏执理性的症候而发，可以令人深省。

宋儒过分执着于偏颇的理性，而对于人类具有善良的欲望、情绪，以及具有善性的情感、情操，都一概抹煞了。这是一个偏颇的哲学，它不能够同文学、诗歌、艺术以及一般的开阔的文化精神结合起来。这样一来，很容易造成一种萎缩的哲学思想体系，如果再还要在心中执着一个道统的观念，这是一个哲学思想上很大的致命伤。所以，我认为道家的哲学精神在这一点上应与儒家的哲学精神，像先秦时代一样深深的结合起来，那么儒家要讲“备天地，府万物”，讲“天人合德”。道家庄子也说“天地与我并生，万物与我为一”。儒道两家在春秋战国时代，都是“显学”，并不发生“道统”的问题。在这方面可说是不谋而合。但是后来汉儒因受阴阳家、五行家，以及所谓杂家的思想的影响，而把宇宙中所谓积极的艺术价值、道德价值，及宗教的神圣价值，把它们贬低了。贬低以后的自然界，是阴阳家、五行家所讲的物质体系。当然若干宝贵的价值要被忽略了。宋儒在表面上虽然反对汉儒，但是对于汉儒阴阳五行之说，仍旧采取。因此，渐渐把宇宙中间的价值体系变成了非价值的领域。然后再加上魏晋时代社会的崩溃，唐末五代的社会上充满了罪恶，由此引起了宋儒愤世嫉俗的偏狭的心情。

（《新儒家哲学十八讲》，第 64—78 页）

据宋史道学传，周濂溪的为人，可说是品德高尚、富于道德通气而不畏强暴。关于他的品格，我可说是没有半点批评。但是就学问而言，一部太极图及太极图说，再加上朱子给它许多曲解，对这么一个学问上本来也可以站得住脚的人，就不免有些瑕疵了，这是很可惜的一件事。

我上次说过，周濂溪留传下来的两部著作，是不能相提并论的。一部是太极图及太极图说，那是一位伪书，是抄袭了道藏中的“先天太极图”，是把方士修炼的丹鼎要诀转变成为一种“宇宙开辟论”（Cosmogony）……关于它的价值，清代的胡渭、毛奇龄、王宗炎、李塨，都充分的证明这是一部伪书；即使在思想上也有不可掩饰的错误。在理论上，与儒家的正统思想完全不相应。

……

至于周濂溪的第二部书——《易通》，后来叫做《通书》，易通者，贯通周易之谓也。里面一共有四十章简短的文字，所以我说它的结构好像是汉代杨雄的《法言》，又像是隋代王通的《文中子》。而它的根本来源是什么呢？是受到论语的激发而生的。因为在五代之后，在社会方面、政治方面，乃至于学术方面，可以说是中国民族最堕落的一个时代。但是自从北宋建立之后，就把那个堕落的时代，先透过艺术上本来具有的艺术天才——这在五代很是富有，然后发挥这种天才而转移到道德方面，以及文化思想各方面。……《通书》这本书也反映这个时代的特色。它一共有四十篇，从哲学观点看起来，这四十篇并没有同等的价值，其中最重要的是“诚”，共分上、下两篇；而后有“诚几德第三”这一篇。其余的都可以说是在他的高尚的人格方面，产生了道德的体验，把这种体验的结果，用论语这一种格言的方式表达出来。所以这一部书，与其把它当作纯哲学的著作，还不如当作是“格言学”。

……

如果就“格言学”的标准来看，《通书》四十篇是一部水准很高的著作。但是从哲学说理的标准来衡量，就嫌不足了。其不足之处，乃是从批评的眼光来看，既然这《通书》是“易通”，它就要真正的把周易里面所谓彖传、象传、文言传、系辞大传、说卦传中根本的哲理加以发挥。但是他却发挥得不够。假使借用朱子以及后来朱子学派的赞词，说他已得孔孟之真传。我认为这是溢美之词。充其量，周濂溪只得孔孟的一半的真传，而大部分是得了荀子的真传。

何以说，周濂溪是大部分得了荀子的真传呢？我们不妨引用荀子天论中的一段话。荀子说：

> ……不为而成，不求而得，夫是之谓天职。……万物各得其和以生，各得其养以成，不见其事而见其功，夫是之谓神。皆知其所以成，莫知其无形，夫是之谓天。

假如要把荀子天论篇这几句话了解了，那末你也能了解《通书》中第一篇“诚”的这个道理了。因为周濂溪说：

“诚者，圣人之本。”

这一句话假使要从礼记中庸篇看来，只说到一半。因为中庸讲“诚”，其意义是从开宗明义第一句话来的：“天命之谓性，率性之谓道。”这句话才可以说是“诚”的本源。但是，从人的这一方面而言，在中庸里面不能率尔称之为“诚”，应当称之为“诚之”，那就是把“天命”这种神圣的价值，作为理想；然后贯注在生命之中，以生命的动力、一生的历程，把那个价值理想实现了而成为“人的成就”（Human achievement）。这个“人的成就”，不能是“诚”，而是“诚之”，即是中庸所谓“诚者，天之道也；诚之者，人之道也”。现在周濂溪却说“诚者，圣人之本”，只说着这句话的半句，而这半句是就人的这方面而言，没有就“诚”的本源来说。虽然这半句话在下面他补足了，他说：

“大哉乾元，万物资始，诚之源也。”

他在这句话中，是补足了上句话中的意义不足处，而找出“诚”的根源了。不过其补足的方式又有商榷。

我们晓得，后来王船山讲易，是乾坤相聚并生。但这是王船山个人的见解。在事实上我们谈周易，“周易”与“连山”、“归藏”根本不同之处，就在它是首乾。假使周易从社会发展史来看，它一定发生殷商以前，是母系社会发展为父系社会之后。……所以它着重宇宙里面最大的创造权力在天而不在地。所谓“大哉乾元，万物资始”。这是乾卦彖辞的本文。周濂溪拿来补足上面“诚者圣人之本”这一句话，当做“诚”的来源。但是这个补足却要加以限制。因为在周易里面从彖传、象传、文言传、系辞大传中，是以乾元为宇宙的根本创造权力，产生天地万物。这是周易的“本体论”（Ontology），有周易的“本体论系统”（Systen of ontology）。但是，《通书》一上来就讲“诚”，这不是从“宇宙论”方面来讲，而是从价值学（Axiology）方面来讲。假使你要是懂得柏拉图的“Theaeterus”中的知识论，“Philebus”以及“Timoeus”中的宇宙论，然后再回到柏拉图中期的“Phoedrus”，以及晚年写的第十三封信里面，你就可以知道，一定要把一套完整的本体论讲完了以后，才可以进一步把宇宙万有落到价值学最高的统一里面去。……

而现在周濂溪，他的人格虽然高尚，但是他的哲学修养方面，不但在中国不能同孔孟比，也不能同西方的柏拉图比。……因为要讲“诚”这最高的价值，这可说是活活泼泼的宇宙大生机。这一定要从“天”讲起。但是他不从“天”讲，而从“人”讲。他说“诚者，圣人之本”，但是“诚之者，人之道也”。中庸所云：

> 唯天下至诚，为能尽其性。能尽其性，则能尽人之性；能尽人之性，则能尽物之性；能尽物之性，则可以赞天地之化育，则可以与天地参矣！

这就是“圣人之本”，不是很轻易的在表面上有所谓圣人气象就成了圣人。圣人必要真正的做一番确实的工夫。这一番确实的工夫如何呢？首先，要把他自己生命一切可能的理想实现；再扩而充之，也使其他的一切生命理想实现；然后再以极大的同情，兼天地，备万物，假使一切宇宙的存在有其生命的话，也要使其生命理想完全实现。这样一来，才可以在人的这一方面，真正根据天命表现人的至诚。但是关于这一点，周濂溪学力不够，谈不到。为什么他谈不到，就是因为他打着孔孟的招牌，而实际上谈荀子的学说。

……

荀子的儒家哲学，再同大小戴礼中所谓后期儒家——邹鲁缙绅之士的思想结合起来，就如同司马谈《论六家要指》中所批评的，他们只晓得讲六艺，只晓得讲仁义礼智信的五常，气魄远不如孔孟之大了。从这一点来看周濂溪，他也不过是个二流的思想家而已，遑论“千圣秘传”、“孔孟之后只此一人”。

（《新儒家哲学十八讲》，第149—155页）

5. 中国佛教哲学

中国佛学之全幅发展，历时七世纪（67—789 年）之久，始臻极盛。斯固有赖于翻译事业之不断进行，与各宗开山著作之次第完成。自纪元 789 年至 960 年，佛学传承乃转趋细密精邃，尤以第六世纪为主，前驱各派系统逐渐完成，逮乎隋唐（581—960），十宗并建。至于各宗派理论系统之纲要，此处不及备述。其教义之复杂深邃，另有专书论列。兹所言者，乃在抉发出若干佛学特色，以示中国哲学心灵之独创力。

佛学东来，唯藉托庇于中国思想主流影响之下，始能深入人心。诚然，中国佛学形上思想所取资于道家精神之激扬与充实者为多，而非道家之仰赖于佛家也，固不待言。道家素倡“本无”，视为其系统中之无上范畴。佛教大师如支娄迦许（179—189 年间留华）、支谦（192—252 年）、唐僧会（死于 280 年）等，一脉相承，皆力倡“本无”，而视之为与“真如”相通。四世纪时，道家思想对般若学之影响，于道安一支及其同时代他人最为显著。

关于“有无”对诤，有六家七宗学说，衍为十二流支流，以区别真俗二谛。……

鸠摩罗什（343—413 年）一派所受庄子影响尤著。什公贡献在于宏扬大乘空宗，以“空”为穷极实在。空也者，空一切偏计妄执，显万物本质；纯净无染，是为真如实相。什公门下高弟，僧肇（384—414 年）、道生（374—434 年），堪称双璧，映辉不绝。

僧肇之卓织高慧，表现于三大玄旨：（1）物不迁论（动静相待观）；（2）不真空论（即有即空，空有不二，体用一如）；（3）般若无知论（知与无知，契合无间，融为无上圣旨）。

（1）关于“物不迁论”方面之精辟论证，此处不遑深论，兹谨提示两点要义作结：（a）世人凡夫迷惘于生灭无常，浮沉于生死海中，直至死亡，人世间一切成就，即可能刹那间化为乌有。生命毫无安全感，顿萌厌世之想，乃响往不可企及之涅槃境界。（b）然智者却能于变中观常，于无常中见永恒，知如何于精神上保持清净无为，复不遗人间世。唯有智者，其精神不朽，故能投身现世间生死海中，而无灭顶之虞。其趋向涅槃途中，得证涅槃，而不住涅槃（生死涅槃，两不住著）。

（2)道安与其徒侣过于偏重本无，或肯定本(体虚)空，或物空，或心幻。僧肇则与此大异其趣。概言之，藉使用文字言说或假名，吾人得以论及其“物象”或“对境”，该对象本身非有非空：非有者，以假定于有界故；非空者，以否定于无界故。同时，该“物象”或“对境”，可有可空，既有且空。自“中观论”观之，空耶？有耶？存耶？亡耶？（To be or to be？)乃是个半边问题。唯上上圣者始能于有中观空，于空中观有。性体与性智不二，折碎不成片断。

（3）僧肇之形上学乃是讨论究极本体、涅槃、法身、真如、法性等之“般若哲学”也。自僧肇视之，凡此等等，皆名异实同。然未避免误会计，般若上智与方便巧，宜加以区别。前者之功用在于洞观本体法相；后者则在于方便应机，适时处世。藉般若上智，吾人得以明空；藉方便善巧，吾人得以适有。为适应存有大全，吾人不当于空性有所黏执。如果，即可入有而不执有；证空而不滞空。吾人遍历世相，体验所得，终可证人精神上大自在解脱之境，浑然无知。盖吾人之知苟仅局限于某特殊固定事物或对象，则必于其他无数事物一无所知。上圣神智无特殊固定之对象。（庄子曰：“至人之用心若镜。”）唯其如此，故能遍历一切，虚灵不昧，极空灵、极透脱之至。故般若无知之物，乃平等性智，周遍含容，普应一切，无所不至。此义乍闻之下，颇玄奥难解。……

“无知之知”，其目的在回眸内注，凝聚于精神灵府，其神凝，致虚极，绝尘虑牵挂，无烦扰相，故可谓之“一无所知”。此种“无知”，不同于一般所谓关于“空”、“无”之知，“无”也者，乃是有之化而为无。是以远超乎对应于种种有限界之小知戋戋，其为物也，绝一切愚昧迷暗，夫迷暗，直无知耳。一言以蔽之，斯乃菩提与正觉融而为一，谓之“觉慧一如”。菩提与正觉，绝去一切外缘牵挂，灵明内照，现为无知；而般若深慧，则灵明外铄，扫尽尘世间一切虚妄幻想。

适才我尝论及僧肇、道生，喻为高悬中国佛学思想苍穹一对朗星或双璧。但两者成就，各有千秋：僧肇形成一套原理系统，以阐明智性；而道生则将大乘佛学理论化为一种精神生活方式，循之以行，借使人性充分彰现，直参佛性，造登佛境。

先是中国佛学家皆视实界、人间世为痛苦烦恼之境，视现实界个人生命存在，为过失咎戾之渊薮。（老子曰："吾所以有大患者，为吾有身。"）凡依虚妄表相而接受现实界者，以及但就人生种种昏念妄动而肯定个人真实存在者，概属荒谬。慧远（334—416 年）之看法则异乎是。世界可依永恒法相而存在，寓变于常，便可参与求真。人类常亲世尊，即可常具真我。此种思想，对于道生之"佛性哲学"具有极大感发与影响力。简言之，道生立论之根本要义可缕述于次：

（1）般若起用，广大无边，与涅槃实性不可划分，共参真如本体，而真如本体含法界与圆成佛性，是谓"佛、法一如"。

（2）涅槃理想境界可于现实界、生死海中实现之，即生死即涅槃；如来净土不离人间世，即烦恼即菩提。借道德精神修养之净化超脱作用，染界一切有漏众生，均可重登庄严法界，为理智（性智）显用故。常住佛智慧光之中，借正眼法藏，可使人人洞见大千世界，诸法本来面目，清净无染，玲珑剔透，一一如如朗现。

（3）借正理显用，克制迷暗，乃唯一解脱道。为达到解脱，必由正心（正念）功夫，然后真我当下呈现。正心功夫，依理起用，即是复性返初，亦谓之"见性"（得见自家本来面目）。一切有情众生，理性具足，良知内蕴，佛慧外发，虽一阐提，亦不例外。以此观之，普天之下，人人皆为精神同道，一往平等，众生皆可成佛。

（4）借上智灵光，直证内慧，人人皆可当下顿悟成佛。顿悟成佛者，顿悟其内在佛性俱足，不假外求，而当下立地成佛是也（靠自力，不靠他力）。斯乃大乘佛学之要旨也。

道生之"佛性哲学"具有极大之重要性，其理由如下：（甲）于五六世纪之间，引发出多种关于佛性之解释与学说；（乙）着重人性之"可使之完美性"，以佛性为典范，与儒家"人性纯善"之说，若合符节。诗人谢灵运（385—433 年）深借道生"顿悟"之说，为之撰文畅论孔子与佛陀成就之比较。（丙）道生之"顿悟"说，主张一切返诸内在本心，开禅宗之先河。（丁）重视现性之足以见体，开宋代（960—1276年）新儒学“穷理尽性”之先河。总之，道生一方面代表佛道融会之巅峰；另一方面，为儒佛结合之桥梁，使佛家各宗与儒家诸派思想潮流相结合，而长足进展。

隋唐时期（581—960年），中华佛教十宗并建。限于时间，仅特举“华严”一宗为代表，其主要理论系统极能显扬中国人在哲学智慧上所发挥之广大和谐性。至少就理论上言之（历史上或未必尽然），华严哲学可视为集中国佛学思想发展之大成，宛若百川汇海，万流归宗。

华严要义，首在融合宇宙间万法一切差别境界，人世间一切高尚业力，与过、现、未三世诸佛一切功德成就之总汇，一举而统摄之于“一真法界”，视为无上圆满，意在阐示人人内具圣德，足以自发佛性，顿悟圆成，自在无碍。此一真法界，不离人世间，端赖人人彻悟如何身体力行，依智慧行，参佛本智耳。佛性自体可全部渗入人性，以形成其永恒精神，圆满具足。是谓法界圆满，一往平等，成“平等性智”。此精神界之太阳，辉丽万有，而为一切众生，有情无情，所普遍摄受，交彻互融，一一独昭异彩，而又彼此相映成趣。是以理性之当体起用，变化无穷，普遍具现于一切人生活动，而与广大悉备，一往平等之“一真法界”，共演圆音。佛放真光，显真如理，灿丽万千，为一切有情众生之所公同参证，使诸差别心法，差别境界，一体俱化，显现为无差别境界之本体真如，圆满具足，是成菩提正觉，为万法同具，而交彻互融者。

就其旁通统贯性而言，此“一真法界”（或“一真心法界”），足征“本心”之遍在与万能，形成一切诸现象（无常）界中之本体界（永恒法相）。其为用也，退藏于密，放之则弥于六合，遍在于：（甲）差别的事法界；（乙）统贯的理法界；（丙）交融亘彻的理事无碍法界；（丁）密集连锁的事事无碍法界。

华严要义，及其理论条贯系统，首创杜顺（557—640年），踵事增华于智俨（602—663年），深入发挥于法藏（643—720年），宏扬光大于澄观（760—820年）与宗密（卒于841年）。其法界观含三重观门：（1）真空观；（2）理事无碍观；（3）周遍含容观。

第一，“真空观”含四义：（甲）会色归空观——色界诸法，可摄归性空，一若事法界之可摄归理法界然；（2）明空即色观——遮诸色相，以成空理，空不离色，色不异空，故曰“即有明空”；（丙）空色无碍观——空色契合，融贯无间；（丁）泯灭无寄观——色界诸法，其质阻（或隋性），经心能起用，精神超化，性体实相点化，泯绝涤尽，超越一切空有边见，铸成中道理境。

第二，“理事无碍观”谓观诸法（事）与真如（理），炳然双融，理事相即相入，熔融无碍。真如理体，当体显用，重重无尽，佛遍在万法故。此义可申之如下：（甲）理法界者，平等之理体（真如理体），性本空寂，顿绝诸相，而遍在万差诸法，法性显现，无穷尽故。一一纤尘，理皆圆足；（乙）万差诸法，必借性体起用，始一一摄归真如（一如），譬如大海众沤，波波相续，其冲量渐远渐微，必摄归大海，始得其济（是谓“性海圆明”）。故曰：事揽理成；理由事显。理事相融相即，非异非一：事外无理，理外无事，即事即理，故曰“非异”；然真理非事，事能隐理；事法非理，以理夺事，故曰“非一”。

第三，周遍含容观，谓观万差诸法，相融相即，以显真如理体，周遍含容，事事无碍。此义可申之如下：（1）理由事起，凡万差诸法，其存在法式，质量差别，与变易迁化过程等等，皆理所致然，故理之为用，在使一切万法诸差别境界，一一摄归真实理体；（2）事揽理成，万差诸法，虽变动不居，为道屡迁，然不失其永恒常相者，为摄理固；（3）诸法既为理摄，其摄相有六：（甲）一法摄一法；（乙）一法摄诸他法；（丙）一法摄一切法；（丁）一切法摄一法；（戊）一切法摄诸他法；（己）一切法摄一切法。准此类推，部分与全体、一与多、普遍与特殊，无不相摄互涵。

以上所论，显示三大原理：一、相摄原理；二、互依原理；三、周遍含容原理。总而言之，此诸原理，所以彰明法界缘起，重重无尽，而一体圆融之旨趣也。就相摄（相入）原理言，一法摄一法入一法；一法摄一切法入一法；一切法摄一切法入一切法。互依原理毋待深论。复次，周遍含容原理依下列诸条件成立：（甲）一法摄一法入一法；（乙）一法摄一切法入一法；（丙）一法摄一法入一切法；（丁）一法摄一切法入一切法；（戊）

一切法摄一法入一法；（己）一切法摄一切法入一法；（庚）一切法摄一法入一切法；（辛）一切法摄一切法入一切法。万法一切，熔融浃化，一体周匝，当此时也，是即法界全体之无上功德圆满（法满境界）。如上述诸条件因缘一一实现，则十玄门，六相圆融等妙义，皆可一一了然于心，无待深论矣。自此派哲学观之，吾人凡欲晋位于此一真法界者，必须生活体验于此无限之精神领域。

（《生生之德》，第305—314页）

所以，从宗教这一方面来看，譬如在华严经里面，讲这个世界是色世（physical universe），一个物质世界。而在物质世界里面，仍有不同的层次，连地狱都不是一个平面，地狱下面还有地狱，计有十八层地狱。假使以地面上的全部看起来，这就叫做色界。……

若从佛教的领域看起来，在物质世界，即在色界里面，它有立体的层次，叫做三十三天，至少有三十几种不同的层次。显然我们凭借感性的知识，不能够认识物质世界有这些不同层次，还要凭借理智、理性，创造出许多有系统的计划，创造出许多精细的工具，然后物质世界上的各种现象，才能透过知性、理性而加以了解。……

所以我们用华严经的名词来说，除了色界的物质世界以外，尚有个有情世界。这个有情世界是什么东西呢？它是 biological realm（生物学上的领域），是生命的种种领域（realms of life）。这个生命的种种领域，从单细胞的生命，一直发展到低级生物，到高级生物，到脊椎动物，一直到人类为止。这样子一来，从复杂的生命组织中，再凭借这些条件，引伸出一种高级的生命。但是自从高级的生命出现以后，我们又可以看见另外一个基本条件，即从 creative evolution（创造的进化）里面产生心理现象，心灵现象。而由这个心灵现象构成所谓的 mental owrld（心灵的世界），spirtual world（精神的世界），psychological world（心理的世界），world of life（生命的世界）。这种世界若用华严经的名词，就叫做“有情世间”。……

在这么一个情形之下，我们来看所谓高级的生物，可以拿他的生命，去构成一个生命的领域，再由他生命的创造活动，开拓出许多广大的心灵境界。所以这个世界，显然不是封闭的世界，而是一个从有限到无穷的开放世界。然而这个开放的境界，却是安放在物质世界里面，而这个物质世界，到处也可能产生阻力，可以威胁到生命，可以威胁到心灵。所以在生命领域里的最大问题，是生命既被安抚在物质世界上面，我们该如何来克服物质世界加之于生命的威胁及阻力。尤其是在根据生命的创造活动，转变出心理的领域、精神的领域之后，我们该用什么办法，用什么样的思想方法、心理的观念及精神的作用来解决物质世界加之于人类生命、心灵、精神的种种干扰、种种威胁、种种阻碍等？这一切，我们都应想办法来克服。换句话说，在整个大乘佛学的般若经中，就用一套五蕴，把物质的组合化成生理与心理的组合，然后拿生命来支配生理的组织，拿心灵来支配心理的活动。也就是将物质界化成了非物质界中的条件。这用华严经的名词来说，叫做“调伏界”。调伏界调伏什么呢？就是当人的生命、心理、精神面临物质的引诱，遭遇到众多的阻难、威胁及障碍时，我们应该如何将它化除掉？这样一来，我们面对着物质世界，并不是受它的支配，而是要把它转变成为生理组织，成为生命组织，成为心理状态，然后再去克服它，这就叫做“调伏界”。

至于所谓的调伏界，我们并不是拿它来作为生命的资格、心理的资格，而处处与物质世界的物质力量作对，而是把物质点化之后，使它能取得生命的重要性，也取得心理的意义及精神的价值，使我们能在华严经里面，除了接受色界以外，还具有心灵上层意义的重要性。只要我们能透过种种实践修行的方法，将物质世界点化成为心灵境界或精神境界，然后再施展生命的远大计划，对于这一种生命的远大计划，它所支配的生命，绝非个人的渺小生命，也许在宇宙的里面，是 Cosmic Power（宇宙威力）在那里帮助人类转变整个的世界。这样子一来，就可以把调伏界转变而成为“调伏方便界”。什么叫做调伏方便界呢？也就是把下层污染的世界，转化成上层清净的领域。在上层清净的领域中去安排生命，安排有意思的生命，有情绪的生命，有意义的生命，换言之，是有精神的生命，有精神性的意义。然后由那个精神的意义构成新世界，用华严经的名词叫做“正觉世间”。

在这个正觉世间中，已不再是黑暗的世界，而是一个光明的世界；已不是迷惘颠倒的世界，而是充满了真理的世界。在那个世界没有丑陋，没有罪恶，因为一切已经转化成最高的精神价值，有如最高的艺术理想，最高的道德理想，最高科学哲学的思想。在正觉世间里面都透过智慧的方式，使所有玄想领域的种种价值均被显现出来，这就叫做“正觉世间”。

我们若从这一个观点看起来，始知华严经里面的宗教境界，乃是对整个现实世界彰显出一个极大的愿望。这个愿望是什么呢？在它认为，这个世界不仅仅是一个低层的物质结构，它已经把所有的物质结构，都提升到生命存在的层面。等到一肯定生命存在的层面之后，便能彰显甚多的神妙智用，也就是可以从心理状态与心灵的状态，向外不断的启发，则一切艺术上面对美的追求也来了，在道德上面对于善的追求也来了，在宗教上面对于神圣的信仰也来了。然后，这就等于说整个的 World is basically transformed into complete universality（世界根本超化为大自在大解脱之境）……

倘若我们从华严经的宗教领域去看，则它的平面世界一下子便展开而成为一个立体的结构。在这个立体的结构中，物质界是一个低层，在物质世界上面可以建立起生命领域；在生命的基层上面，又可以建立心理世界；在心理世界上面，又可以建立精神领域。这样子一来，在下层世界里面我们所梦想不到的价值，就一起会在上层世界里面显现出其重要性。所以在近代的物质科学上，我们对于价值可以采取中立，但是对于那具有艺术情操、道德理念及宗教信仰的人，绝不会仅满足于物质世界的领域，他一定要把这个世界加以改造，从改造色界成为有情世间，有情世间在克服其间的种种困难，产生调伏界，再从调伏界提升到能符合最高的理想，叫调伏方便界。我记得数十年前同熊子贞（十力）先生通信的时候，我画了一个表：说最高世界里面都是精神的光明，透过这个精神的光明照射下来，可以把下层世界里面的黑暗都驱遣掉，而均变成光明面。但是这要有个条件，就是在我们所生活的世界里面充满智慧才行，而这种智慧有很多种类，在三论宗与法相唯识宗里面的智慧就有十种不同的意义。而且，当各种不同的智慧向上面提升时，都有一种目的，其目的就是每个人在不同世界层次里面所启发出来的智慧，要同宇宙里面的最高智慧相符合。这个最高的智慧，同佛教的名词来说，不论在华严经里面，或大般若经里面，都叫做“菩提”，也就是“般若”与“菩提”相应。于是，人类智慧发展到最高的阶段时，能同宇宙里面的最大光明，划一道等号，便能达到最高的理想，最高的愿望，最高的目的。

（《华严宗哲学》，上册第13—18页）

6. 中国哲学各家之特点

中国四大思想传统：儒家、道家、佛学、新儒家。都有一个共同的预设，就是哲学的智慧是从伟大精神人格中流露出来的。关于这一点，柏拉图在《Phaedrus》中，记载苏格拉底赞美Isoerates时曾说，There is philosophy in the man（此人中有哲学），中国哲学家却要把这句话反过来说，是There is man is Chinese Philosophy（中国哲学中有人）。再看剑桥大学康佛教授（Prof. Cornford）的Prinoipium Sapientiac一书，他由比较民俗学的观点谈到西方思想的缘起，认为哲学家是“先知、诗人、圣贤的综合人格”，这一点从比较文化的观点看来，东西皆然。

所谓先知，就是以现在为其发点，凝视未来，眼光在人类的未来前途、命运、结局，亦即Vista of the future。

所谓诗人，就是以高度的幻想才情将过去的经验投射到未来，而实际上是reverted past，反映过去的经验，由之导引一套幻想，安排生命在时间之流里。

所谓圣贤，就是站在当今的时空阶段，在现实中发挥生命精神，实践理想，落实于行动，再成就一个伟大人格。

哲学的智慧眼光总是要根据过去，启发未来，而对未来的一切理想又能根据现在的生命、行动去创造，才能构成所谓的“先知、诗人、圣贤的综合人格”。在这种情形下，他的精神眼光才可以贯穿过去，透视现在，玄想未来，借用司马迁的名词，一位哲学家应当“究天人之际，通古今之变”，如此成就的系统知识才可以应付这个世界。哲学家应当回想过去，透视现在，制造未来的蓝图，这不是渺茫的幻想，而是以伟大的人格在现实世界里面发扬创造的精神，产生伟大的行动。

这种综合的人格，在中国的各派哲学家有其各自的偏向。佛学不仅是一种哲学，也是一种宗教。他系心于人类的未来命运，所以中国大乘佛学表达其思想应重于先知的性格。道家“原天地之美而达万物之理”，属于艺术家，拿艺术家的才情不受现实世界束缚，而能超脱解放到自由之境，应较重于诗人的性格，但有时超脱之后，会有看不起世界的危险。儒家则不然，“志于道，据于德，依于仁，游于艺”，一方面有高远理想，但又不能悬空停在价值世界的理想中，同时还要“践形”，要把高尚理想拿到现实世界来实现，以成就“正德、利用、厚生”，在人类社会中满全人类生活，才能成就其仁性，所以较重圣贤性格。

中国思想中，主要是儒家指导中国人的生活；至于道家，像 在汉代社会腐化、崩溃之时，也曾出而拯救，使现实可以趋入理想，但真正道家、艺术家却会以此世为无用、为累赘而不愿回顾；魏晋以后，佛学思想进入社会弥补道家之缺陷，但是佛家个人修养到阿罗汉，只是他私人的事，于世界无关。因此许多大菩萨宁可不入涅槃，仍愿回来拯救此世，要把一切一切似是而非的知识系统全部勘破，不受其束缚，然后再可以超脱解放，人于自由领域，也就是透过《真空论》，也就是老子“为道日损”的办法，以否定法把一切宇宙的虚幻假相、痛苦、烦恼、黑暗全部解脱，再以精神来镇压这一切，表现自己的精神自由。在此自由之前，任何黑暗、困惑、烦恼皆奈何不得。一切最高智慧集成大智慧海，成就一切智智。

（1）儒家

由此看来，这种复合的精神人格非常宝贵。但是哲学家毕竟是人，而人之才情总是有所偏，所以佛学家倾向先知、宗教家，道家倾向诗人、艺术家，儒家则倾向圣贤。但是不管怎么说，都可以说：中国哲学家不是平凡人物，都有杰出的精神，不是代表预言家，就是代表艺术家或圣贤。由此再看他们的另一特点：儒家身份不仅是个智者，除了智者之外还有别的特质。我现在想起英国罗素在哲学论文集中有一句话：“了解时间的不重要，是智慧之门”。我想，他这句话只说对了一半，应当再说：“了解时间的重要，才是智慧之门。”因为儒家从传统方面看，由于承受《尚书》思想的启示，他原可以把精神安排在永恒世界里，但是，儒家最重要的哲学宝典是《周易》，而这部书把世界的一切秘密展开在时间的变化历程中，看出它的创造过程。由此看来，儒家若不能把握时间的秘密，把一切世间的真相、人生的真相在时间的历程中展现开来，使它成为一个创造过程，则儒家的精神就没有了。所以，我说儒家由孔子、孟子到荀子，都可称为 Time-man（时际人）。

（2）道家

回过头来看道家，情形就不同了。罗素在中国住了一年，事实上他欣赏的是道家，所以才说了“了解时间的不重要，是智慧之门”。所以他在《The Problem of China》一书中对于中国儒家的精神，处处是误解，正因为他自己是道家的气质。现在，记得我在密西根做访问教授时，曾经问学生：假使老子、庄子的灵魂不灭，再回到现实世界，到了西方，他最欣赏的必然是太空船与太空人。因为庄子说过“北冥有鱼……化而为鸟，其名为鹏……抟扶摇而上者九万里”，要升到高天之上去。所以道家可以称为“太空人”（Space-man），这里的太空，并不是几何学、物理学上有形的空间，而是像德国艺术史家 Wolfflin 所谓的诗的空间。因为如果是物理的空间，则在一层层的空间上仍受障碍，而诗的空间则可一直在上界腾云驾雾，超升而了无障碍。如此一来，庄子乃可达到“廖天一”处，再回头看世界，以地为天，以天为地，必然说“天之苍苍，其正色邪？其远而无所至极邪？其视下也，亦若是则已矣”。以天为地，才能看出本地的妙处，云光灿烂，仿佛太空人在月球上对地球所拍摄之照片，成为极美的领域。所以，道家事实上是艺术幻想中的太空人，因此精神能如此超升，到达高超的境界，再回看世界，对于世间的许多愚蠢、愚昧、错误的地方才可以原谅。如此回到人间世，人间世便不是鄙陋世界。

（3）佛家

佛家的精神就大小乘合而言之，可以称为“交替忘怀的时空人”（Spacetime man with an alternative sense of forgeting）。如果采取小乘佛学，把人的生命投到现实世界，则现实世界一切生命活动，都是昏念妄动，在其中形成贪嗔痴，产生轮回的一大套束缚，使人类永远解放不了。由此看来，小乘佛学里整个世界都是无常，都在时间变化中，看不出其归宿，只能看到轮回中的束缚、烦恼、痛苦。但是，大乘佛学却把人的生命经验，依轮回的圈套顺流，顺流之后，晓得这段时间束缚的构造，然后再反过来，使时间逆流，把时间之流变系统导引到永恒系统。如此一来，大乘佛学将轮回圈套彻底了解后，另外找出一条相反的道路，由时间生灭变化中指引到永恒境界。因此，大乘涅槃经中从不诅咒世界是变化无常的，反而槃经描绘的世界是永恒的。在小乘佛学讲是"忘掉永恒"，只晓得生命在时间之流中轮回；等他超脱解放到大乘的领域时，他又"忘掉变成"，把时间之流弹指间变化了永恒真理。所以，我说佛学家之小乘大乘合而观之，可谓为"交替忘怀的时空人"。

（4）宋明理学家

至于宋明理学家，他们承受了三种传统：第一、儒家；第二、道家兼道教；第三、佛学（大半是禅宗）。所以宋明理学家主张生命与宇宙配合，产生与天地合而为一、因为一体的境界，具有"时空兼综的意义"，可以称之为"兼综的时空人"（Concurrent space-timeman）。从以上几方面看，才能了解这些传统的特别精神。

（《原始儒家道家哲学》，第39—44页）

为便于比较计，余尝谓儒道佛三家之形上学系统宛若对等坐标形态，同时展开，呈对列之局。实则儒道两家早已盛行约五百年，佛家始传入中土，时公元65或67年之事也。佛学全幅发展历时约七世纪之久。是故，上下千载（约自公元前六世纪中叶以迄八世纪中叶），中国第一流之哲学心灵，恒孜孜努力，从事于诸形上学理论体系之宏构，如吾人目下所讨论者。回顾过去，吾人可谓中国形上学之律动发展悉依三节拍而运行。初拍强调儒家，次拍乃重道家，三拍则转入佛家，终乃奏形上学之高潮于新儒家，此世人之公论也。……

……“先知、诗人、圣贤”三重复合之人格类型，实言之有征，衡诸中国，亦不例外。商殷之世（公元前175—1121年），政府施政悉准予“祝氏”之建言——祝者，祭司或精于占术通神之俦。比及周代，郁郁乎大盛，进入文化更高成就阶段。祝氏执掌渐增，转入师儒之手，于京畿太学中心设置师保，以三德六艺施教，掌德教与德行等教化大权，是为“师氏”与“保氏”。公元前八世纪中央政权分散……原属贵族政体结构内之学术中心亦因之而瓦解。民间天才杰特之士遂脱颖而出焉。彼等摇身一变，成为“先知、诗人、圣贤”三重复合型理想人格之代表，为世钦仰，肩负推动学术政教之大责重任而宏扬之。大天才家如老、孔、墨诸贤及其后学等，乃相继出现历史文化舞台，现身说法，取前贤祝氏之术艺而代之。

……古代先哲诚然俱是于此，然其于三重复合之中，间或有特别偏重于某一面性格之倾向。或先知之性格强于其他，或诗人之性格尤著，或圣贤之性格特彰等。此种特殊性格之突出，可借其所侧重之时间段落而得解。盖先知之最大关注恒在于人类之命运及世界未来之归趋；诗人虽响往未来幻境之福祉，然却又往往逆转时间向变，回向过去，于过去黄金时代之画幔上写象其理想梦境，而寄托遥深；圣贤既属高尚道德行动之人，恒欲申展时间之幅度。无论过去或未来，俱纳诸不朽之现在以内，期于当下履践，求其高尚理想之充分实现，或至少力求触及可能实现之边缘。

此点既明，则于下述诸学术史实之意义皆不难一一了然于心矣。道家如老子，尤其庄子，其哲学思想之模式在本质上悉得诸诗意灵感，借资反衬烘托，比较对照，于以洞见猖狂妄行之个人与熙熙扰攘之浊世，皆须超脱点化，使之一一臻于理想之实存境界，方能符合高度之价值准衡。老子曰：

“为学日益，为道日损，损之又损，以至于无为。无为者，无不为也。”是故“反者，道之动”，反之于无，而致乎其极，则于一切有界相对存在之诸般限制悉超脱净尽。就佛家之眼光看来，斯即“涅槃说”之中国原版，同时又兼为对应“真如”本体界之绝妙描绘。唯无此一套道家形上学之基本预设为之铺路，则佛学后来在中国之朝顺大乘方向长足发展，便无可能。

道家观待万物，将举凡局限于特殊条件之中始能生发起用者，一律化之为无。“无”也者，实指自然妙饰之无，为绝对之无限，乃是玄之又玄之玄秘，真而又真之真实，现为一具生发万有之发动机。道家之终，即儒家之始。与道家适成强烈而尖锐之对照者，是儒家之徒往往从天地开合之“无门关”上脱颖而出，而运无入有，以设想万有之灵变生奇，实皆导源于创造赓续、妙用无穷之天道，天德施生，地德化成，非唯不减不灭，而且生生不已，寓诸无意。盖无限之潜能，乃得诸无限之现实。如是则呈现于吾人之面前者，遂为浩瀚无涯，大化流行之全幅生命景，人亦得以参与此悠久无限、生生不已之创化历程，并在此“动而健”之宇宙创化历程中取得中枢之地位。儒家之视宇宙，乃一人格中心之宇宙；儒家之视个人，乃一道宏世界、情顺万物之个人。其与世界之现实，从无扞格；其对个人之现实，亦从无贬抑。抑有进者，儒家意在显扬圣者气象。其为人也，崇信性善，或如孟子所谓，乃与生俱来，或如荀子所倡，乃得诸后天积伪。就儒家之性分言，以之齐家，则举家亲爱融融；以之交友，则友道敦厚笃切；以之应世，则出处有礼，彬彬然，化被八方；以之治国，则志在平天下，协万邦，德贯生灵，醇风俗，美教化，福造群伦。总而言之，儒家之宇宙观恒视世界全体为一创化而健动不息之大天地，宇宙布濩大生机，生存于其间之个人生命，自可有无穷之建树。宇宙之真谛，既然如是，个人之意义亦然。自余观之，儒家思想乃是一大发挥生命创造，阳刚劲健，元气淋漓，生机弥漫，而广大和谐之哲学体系。

试问此种圣贤理想果能一一充分实现否？曰皆有可能。倘使时间之创造化育发展得借人性之创造力而绵延不绝，达乎无限，则其答案即肯定曰能。盖时间之无穷展布，即是至善之铸模。大易哲学固是一部儒家经典，然而时间之化育胎藏另含一面，而为道家所点出，兼为佛家所强调者。时间之本质在于变易，然变易未必尽属变之趋善，辄有变朝反面之可能。儒家之圣贤人格，志在将高尚理想化诸社会及政治实践行动，其怀抱极可能中道受阻而壮志难酬，尤以战乱频仍之际为然。职是，则种种破坏性之灾难遂成为儒家沉重之历史包袱。就历史上言，佛学之得以传入中土，且生根发展，岂偶然哉？

佛学在中国之初期发展，原本觉得儒家此种处处“以人为中心”之宇宙观未免过于牵强。于是，乃转与道家相结合，将人生之目的旨趣导向崭求圆满，求自在之大解脱界。然而，随着时间之进展，不久即看出儒家思想中之种种优点，并发现其中与佛学思想在精神上有高度之契会：儒家当下肯定“人性之可使之完美性”，佛家则谓之“佛性”，而肯定为一切众生所同具者。佛家思想既是一套哲学系统，又是一派宗教教义。佛教之宏法大师皆深具先知之知能才性，而将目光凝注于人类命运最后之归宿处，与夫未来一切有情众生慈航普渡之大解脱上。中华民族笃信之道有三：

（一）笃信过去黄金时代之理想性，吾人自可依之而编织种种生命之美梦。

（二）笃信现在不朽之真实性，其中自可以健动创造之实践界居主导之地位。

（三）笃信未来展望之无妄性，旨在开拓新机，万法平等，为众苦觅求彻底究竟解脱之道。

职是，吾人于全民族之集体智慧（共命慧）实不可须臾离，是即“圣贤、诗人、先知”之三重重合人格所显扬，而分别以儒、道、佛（大乘）三家为表征者也。

综上所言，吾人兹可另采一种说法，借以突出四大人格类型，堪称美饰中国形上慧观之项珠，而晶辉四射。罗素于《神秘主义与逻辑》书中倡言：

“了悟时间之不重要乃是人智慧之门。”余殊不以为然。盖进人智慧之福地乐境岂限一途？不宁唯是，若干优游其间悠然自得之士，抑且大可由出处入，由入处出，犹出入公园然，进出多门，旁皇四达。是故吾人可谓：兼了悟时间之重要性及不重要性，乃是人智慧之门。

在哲学之境趣上，儒家是以一种“时际人”之身份而从事运思者，将举凡一切思议可及之现实界悉投诸时间动态变化之铸模中，而一一贞定之。道家清遥放旷，得天尤厚，其精神自由翱翔，飘然高举，致于“廖天一”之晶天高处，而洒落太清，然后居高临下，提神而俯，将永恒界点化之，陶醉于一片浪漫抒情诗艺之空灵意境。斯后道家遂摇身一变，成为典型之“太空人”矣。

原始佛家直探生灭无常界之无底深渊，忍受万般过失咎戾与辛酸痛苦，视永恒界为空幻，然而一旦遍历染界诸漏之后，却又能尽扫一切，重新透过永恒之光观照法满境界，而忭忻愉悦，证大欢喜。故佛家实可谓之“时空兼综而迭遣”。（小乘遗空，故沾滞时间而迷惘世俗；大乘遣时，故遗忘时间而倾向永恒。时空俱遣，故尚无著与不滞。）

新儒各派，就历史上言，较为晚出，故于原始儒家、原始道家、大乘佛学之哲学造诣及智慧成就，皆能远绍遗绪，广摄众表，其透视人性及宇宙天地之性也，或自时间，或自永恒而观照之，现为不同程度之精神灵昭。故新儒家之造诣，堪称自成统观，是即“时空兼综观”也。

（《中国哲学之精神及其发展》，第 41—49 页）

……我一向认为儒、道、墨三家会通之处，才是中国思想的最高成就；可惜后来的思想家多昧于此意，更可惜的是，儒、道、墨三家自己有时也未觉察到这点，以致于常有无谓的争讼诋毁，自损中国哲学的完满精义。我确信这三家思想系统都在积极肯定生命的价值。由其会通之处，就可看出中国道德生活的共同基础。

像老子就说过：“道生之，德育之，物形之，势成之。是以万物莫不尊道而贵德；道之尊，德之贵，夫莫之命而常自然。故道生之，育之，长之，育之，亭之，毒之，养之，覆之，生而不有，为而不恃，长而不宰，是为玄德。”

若拿此精义与孔子学说相比较，便知“道”与“天”同是生命的本原，“生”与“畜”则是妙道的“运行”，“长”、“育”、“亭”、“毒”、“养”，“覆”是生命之“相”，而“莫之命而常自然”则指生命的“感应”，表示生命本身有莫大的潜力，创造自如，毫无限制。

从这一方面看来，老子对生命的看法，正与易经所称天地之大德曰生的“生”完全相同。当这“生”的元体发而为用，翕含关弘，即能创造化育，完成万物。这天地“大生”与“广生”的完成万物，犹之乎老子以“道”与“德”而完成万物，所以老子说万物尊“道”而贵“德”，正是此意。再说，“生而不有”即是通变化裁，生生不息，“为而不恃”即是劳谦不伐，有功不德，“长而不宰”即是开物成务，创进不息，如此往来通几，唯变所适，正所以体上天好生之德而发为民胞物与之德。要从这种生命之德来看，便知道家与儒家在精神上是完全相通的。

关于这一层，后来的思想家误以为老子的“尊道崇德”是在贬抑儒家的仁义。这可说是完全错误。在解老诸书中，韩非是最早的，他曾引证老子的原文：“失道而后失德，失德而后失仁。失仁而后失义，失义而后失礼”，由此可见，仁义礼是道德的名目，其纲纪应系于“道”与“德”这生命本原。如果是舍本而逐末，或忘原而求流，才是老子所不取。

当儒家提到“生命”时，他们总是追溯到“元”作为根本来源，然后分于命，以言性。如果与道家比较，则两者只是用词不同，意义并无不同，因为“天”与“道”都是代表生命的根本来源。当老庄论“道”时，不只说“无为”，而且说“无不为”，重点在后者，所谓“道无为而无不为”即是此意。也就是说，“道”并不是矫揉造作，率尔盲动，而是周遍贯注，自发完成。

孔子对这一点也是同样了解的，所以在《礼记》鲁哀公问及天道时，他回答说：“……无为而物成，是天道也，已成而明，是天道也。”

……

这在墨子更具体，不像儒道两家那样讲玄理，而是从“天欲其生”说到“兼爱”，又从兼爱说到仁义的德目。基本上，这也是穷源溯流，以“天志”作为人类道德的基石。

综观上面这些讨论，便知儒、道、墨三家中国哲学的主流，不论在方法上、精神上与根本原理上，其道德的形上基础都极其相同。只可惜后来有些哲学家自己未能体会此中一贯精神，以致孟子辟墨，汉儒非老，宋明清儒斥老、墨为异端，都是令人浩叹的事。

（《中国人的人生观》，第 105—108 页）

（二）中西哲学比较

1. 哲学三慧

本篇……所论列者，据实标名哲学三慧：一曰希腊，二曰欧洲，三曰中国。

……

2.1 希腊人以实知照理，起如实慧。

2.2 欧洲人以方便应机，生方便慧。形之于业力又称方便巧。

2.3 中国人以妙性知化，依如实慧，运方便巧，成平等慧。

3. 实智照理，方便应机，妙性知化，三者同属智慧流行，摄持现行更有种子。

3.1 太始有名，名孚于言；太始有思，思融于理，是为希腊智慧种子。

3.2 太始有权，权可兴业；太始有能，能可运力；是谓欧洲智慧种子。

3.3 太始有爱，爱赞化育；太始有悟，悟生妙觉；是谓中国智慧程子。

4. 智慧种子未起现行，寄于民族天才，深藏若虚，是为民族灵魂。种子变现，熏生行相，趣立个人天才各自证立思想系统，创造赓续，革故取新，其势若水，流衍互润，其用如灯，交光相网，融成理论文化结构。

4.1 希腊如实慧演为契理文化，要在援理证真。

4.2 欧洲方便巧演为尚能文化，要在驰情人幻。

4.3 中国平等慧演为妙性文化，要在挈幻归真。

5. 共命慧意义深密，常借具体民族生命精神为之表彰；而民族生命精神之结构又甚复杂，包容许多因素，要而言之，各得三种决定成分。

5.1 希腊民族生命之特征，可以“大安理索斯”、“爱婆罗”、“奥林坪”（Dionysius，Apollo，Olympos）三种精神为代表。大安理索斯象征豪情，爱婆罗象征正理，奥林坪象征理微情亏，虽属生命晚节，犹不失为蔗境。三者之中，以爱婆罗精神为主脑。

5.2 欧洲民族生命之特征，可以“文艺复兴”、“巴镂刻”、“罗考课”（The Baroque，The Rococo）三种精神为代表。文艺复兴以艺术热情胜，巴镂刻以科学奥理彰，罗考课则情理相违，鉴空蹈虚而幻惑。兼此三者为浮士德精神。

5.3 中国民族之生命特征，可以老（兼指庄，汉以后道家趋入邪道，与老庄关系甚微）、孔（兼指孟、荀，汉儒卑不足道，宋明学人非纯儒）、墨（简别墨）为代表。老显道之妙用。孔演易之“元理”。墨申爱之圣情。贯通老墨得中道者厥为孔子。道、元、爱三者难异而不隔。老孔孟而后，杂家（取义极广，非仅歆、固所谓杂家）隳堕，语道趣小不尽妙，谈易入魔而堕障，说爱遗情而无功。

6. 共命慧之圆成，常取适可之形式，以显示体、相、用。体一相三用而用运体相，因应咸宜。

6.1 希腊慧体为一种实质和谐，譬如主音音乐中之主调和谐，慧相为三叠现。慧用为安立各种文化价值之隆正，所谓三叠和谐性。

6.2 欧洲慧体为一种凌空系统，譬如复音音乐中之复调对谐。慧相为多端敌对。慧用为范围各种文化价值之典型，所谓内在矛盾之系统。

6.3 中国慧体为一种充实和谐，交响和谐。慧相为尔我相待，彼是相因，两极相应，内外相孚。慧用为创建各种文化价值之标准，所谓同情交感之中道。道不方不隅，不滞不流，无偏无颇，无障无碍，是故谓之中。

6.11 一种组织，不论体制大小如何，其形式圆满无缺，其内容充实无漏者，名曰实质和谐。此在希腊谓之宇宙（Cosmos），其式如一体三相太极图。希腊人之宇宙取象“太极”，太极含三为一，天苞其外，人居环中，国家社会联系于其间，形成一体三相之和谐。

6.111 希腊世界秩序，形成一种具体有限之大宇宙（Macrocosm），其机构为三相贞夫一体。一体指实质和谐；三相叠现指柏拉图之法相，数理及物质三种境界（……）或至善、主宰、物质三种区域（Timaeus）。新柏拉图学派三分宇宙为神灵、灵魂、物体，取义亦同。

6.112 希腊国家体制形成一种具体有限之政治宇宙（politicosm），理想国家以五〇四〇户人口为最适宜，其机构为三相贞夫一体。一体指正谊之理想；三相叠现指哲王、武士、劳工之功能。

6.113 希腊个人心性之构造，形成一种质实厚重之小宇宙（Microcosm）。

其机构为三相贞夫一体。一体指美满人格；三相叠现指理、情、欲，理为主。所以节制，情为辅，所以制欲。……

6.114 此一体三相之和谐（三叠和谐性）适为希腊文化价值之典型。悲剧诗之纯美表现一宗三统律(……)：一、动作统一律；二、空间统一律；三、时间统一律（Aristotle:Poetics）。建筑之纯美表现三叠和谐性：一、左右之对称；二、上中下之比例；三、前中后之均衡。对称，比例，均衡三者交互和谐。雕刻之纯美表现中分律（……），从头顶画一直线，通过脊骨至立足地，其中分线必须过鼻尖肚脐及两足中间三点，仍现一体三相之和谐。

6.21 一种境界不论范围广狭如何，其性质深密微密。其内容虚妄假立者，名曰凌空系统，此在欧洲之二元或多端敌对系统。……甲乙两方以矛陷盾，锋镝回互，抵触无已。……

6.211 欧洲世界形成真虚妄，假和合，无穷抽象之系统，见之于学理，则有（一）初性次性分别说（Distiction between primary and secondary qualities)；(二)感觉、理性功用刺谬说(Descartes vs Hume)；(三)精神、物质势用相违说（Newton，et al es Hegel et al）；（四）物质、生命理体乖舛说（Vitalism vs Mechanism）；（五）心、身遇合无缘说；（六）现象、物如并行相悖说(Kant)；(七)假相、真相变现破产轮(Hegel, Bradley)；(八)质能、理体矛盾论（古典主义物理学与新兴物理学之对铮）；（九）体空相续，断灭和合论（The wavicle theory of matter）；（十）普遍因果似有还无论（休谟破因果论证及新量子论中之"不确定"原理）。

6.212 欧洲政治之组织形成一种庞大帝国，拓殖膨胀，鄰于无穷。其内在矛盾层出叠现，政府求集权是，人民争自由，双方仇视，引起政治斗争。资产阶级好掠夺，劳工阶级苦困穷，两阵树敌，激发阶级斗争。……无不是由对立矛盾而辗转幻化。欧洲政治沿革直如幻灯流焰，转变无常，怪怪奇奇，闪烁心眼。

6.213 欧洲个人心性之构造，形成两重人格。其普遍典型为解克博士与哈德先生（Dr.Jekyl and Mr.Hyde）两人互变，方生方死，方死方生，一体俱化，两用不穷，或浮士德与魔鬼之寻寻觅觅，戏捉迷藏。如演为学理，则有：（一）身心不相应行法（Spinoza，Descartes）；（二）感觉理智相违论（Descartes，Pascal）；（三）挈身归心论（内省派心理学与唯心论）；（四）灭身归心论（行为派心理学与新唯实论之一部）。

6.214 此内在矛盾之系统，适为欧洲文化价值之权衡。文学无穷心理动机冲突发展之行相，毕竟驰情入幻，如段葵素（Don Quixote）传奇，哈穆勒（Hamlet）名曲，浮士德诗剧，其著例一也。建筑上倾斜倚侧，危微矗立，锥锋凌霄，廊庑空灵之教堂，其著例二也。绘画上之透视，浓淡分层，明暗判影，切线横斜，幻尺幅空间之远近，丰色掩虚，饰瑰奇美感之假有，其著例三也。

6.31 一种意境，不论景象虚实如何，其神韵舒余蕴藉，其生气浑浩流衍者，名曰充量和谐。此在中国谓之同情交感之中道，其意趣空灵，造妙人微，令人兴感，神思醉酡。中道明通周普，其旨易解，交感义稍晦涩，可譬以情词："尔侬，我侬，忒煞情多，情多处热似火，把一块泥捻一个你，塑一个我，将咱们两个一齐打破，用水调和，再捻一个你，再塑一个我，我泥中有你，你泥中有我……"

6.311 中国人之宇宙形成一种□合赅备之格局，苞裹万物，扶持象妙，布运化贷，均调互摄，涬溟而大同。老子冲虚周行之妙道，孔子旁通统贯之大易，墨子尚同一义之兼爱，皆为此谊所摄。自馀百家之言，凡宗老孔墨而得其一面之真者，亦莫不以此为归宿。前称中国慧体为交响和谐，盖寓言也。实则中国宇宙太和之意境，大方无隅，大公无私，尚同无别，质碍都消，形迹不滞，天地为官，万物成材，至人□能，一体俱化，巧运不穷，推于天地，通于万物，施于人群，尽属精神之理序，顿显空灵之妙用矣。

6.312 中国历代圣王明君，建国治人，立政教众，必尚中和。自唐尧以降，内之平章百姓，外之协和万邦，皆以允执厥中，保合大和，顺天应人之道本为桀矱。易所垂诫，诗所歌咏，书所诏诰，礼所敷陈，以及春秋之训示，诸子之阐述，莫不以中和建国者为盛德，其故盖可知矣。

6.313 中国人顶天立地，受中以生，相应为和，必履中蹈和，正己成物，深契"非彼无我，非我无所取"之理，然后乃能尽生灵之本性，合内外之圣道，赞天地之化育，参天地之神工，完成其所以为人之至德。

6.314 此同情交感之中道，正是中国文化价值之模范。周礼六德之教，殿以中和……其著例一也；诗礼乐三科之在六艺，原本不分，故诗为中声之所止，乐乃中和之纪纲，礼是防伪之中教，周礼礼记言之綦祥，其著例二也；中国建筑之山回水抱，得其环中，以应无穷，形成园艺和谐之美，其著例三也；六法境界之分疆叠段，不守透视定则，似是画法之失，然位置，向背，阴阳，远近，浓淡，大小，气脉……无违中道，不失和谐，其著例四也；中国各体文学传心灵之香，写神明之媚，音韵必协，声调务谐，劲气内转，秀势外舒，旋律轻重孚万赖，脉胳往复走元龙，文心开朗如满月，意趣飘扬若天风，一一深回宛转，潜通密贯，妙合中庸和谐之道本，其著例五也。

……

1. 哲学生于智慧，智慧现行又基于智慧种子，故为哲学立义谛，必须穷源返本，以智慧种子为发端。希腊人之名理探，欧洲人之权能欲，中国人之爱悟心，皆为甚深甚奥之哲学源泉。

2. 哲学之成立，其影响布濩弥漫，普及于全民族，决定整个文化之理论结构。希腊文化之契理，欧洲文化之尚能，中国文化之妙性，揆厥缘由，都有的解，譬如观水，溯流可以逢源；譬如升木，循木可以达杪。

3. 三慧之流露，虽各苞举三种决定成分，但决定成分中之最胜决定又贞夫一。此所谓一，俨然形成全民族文化哲学之宗主，继承共命慧之大统。

4. 爱波罗精神，巴镂刻精神（浮士德精神之主脑），原始儒家（宗孔子，简汉以后儒家）精神，横亘奥衍，源远流长，各为希腊人欧洲人中国人文化生活中灵魂之灵魂。此处建立哲学智慧之别义，特以“宗主共命慧”为依据，所以示限制也。

5. 民族之气运有盛衰，哲学之潮流有涨落，盛衰涨落皆非依稀恍惚，出于偶然。当其盛且涨也，人人服膺哲学之胜情至理。当其衰且落也，人人堕入无明之迷途。坐是之故，民族生活可划分哲学鼎盛期与哲学衰微期。复兴民族生命，必自引发哲学智慧始，哲学家不幸生于衰世，其精神必须高瞻远瞩，超越时代以拯救世代之隳堕。

6. 希腊人之智照实境，慧孚名理，依据下列原理：

（1）宇宙之存在是有而非无，社会之幸福是真而非妄，人性之根身是善而非恶。

（2）宇宙、社会、人性三者所含摄之情理，断尽迷障……逐处都是空明境界，晴云缱绻，清辉流照。

（3）天之高明，地之博厚，人之纯笃，各抱至诚，守正谊（Justice）以为式……

（4）心灵精纯，可以阐幽辨微。

（5）知识之在宇宙，能摄一切相及一切相相，性质伟大，价值崇高，莫与伦比（爱波罗精神之优美处）。

（6）万事万物之变现，如其实以求之，是为人类到真理所由之善路。（Parmenides）

（7）心能明理，还须自察；知能烛物，还须自照。夫以察察之心，显昭昭之理，不仅生智，更起智知；不仅成慧，更使慧明，知之为知之，又知知之所以为知之。人各明其理，复以其理之明，回光返照。人各致其知，转以其知之真，凝神内注。故智慧不特是智慧，又为智慧之智慧……

（8）心之所求，神之所守，悉准智慧，归趋幸福。反是则陷入无明，激起祸害。

7. 希腊实智照理之精神，固极优美卓越，令人佩仰，然其哲学无形中亦隐伏一种颓废之弱点。希腊共命慧之成分吾前已列举三项，是三项中，大安理索斯胜于豪情，爱波罗富于正理。希腊先民当纪元前六、五两世纪时代，独能以豪情运正理，故长恢恢旷旷，表现瑰奇伟大智慧，如悲剧诗人之所为者。然自前五世纪以后，雅典文化兴盛，正理荣光昭明至于极度，渐使生命豪情灏气，蔽亏隐匿，趋于消沉。此种思想转变，实以苏格拉底为枢纽。尼采有见于此，尝以苏格拉底为希腊智慧之败坏者，无明之倡导者，其立言虽甚奇，但论据却极确。

8. 苏格拉底之大错，在以知识之唯一标准判断宇宙之真相，分析社会之构造，计量人生之美德。知识诚可以对镜照理，考核智符。但仅凭理智，不能生情，情亏而理亦不得不支离灭裂，渐就枯萎矣。

9. 此种极端唯理主义，一入苏格拉底手中，便把大安理索斯及爱波罗两层伟大精神，转变成为日就颓废之奥林坪精神矣。吾尝称此为奥林坪哲学，其意蕴有可得而言者数端：

（1）现实生存流为罪恶渊薮，不符理想，可能境界含藏美善价值，殊难实现，是现实与可能隔绝，罪恶与价值乖违，人类寄迹现实，如沉地狱，末由游心可能，契会善美，故哲学家之理想，生不如死，常以抵死为全生之途径。

（2）躯体都为物欲所锢蔽，精神却悬真理为鹄的，身蔽不解，心智难生，故哲学家必须滌尽身体溷浊，乃得回向心灵之纯真。

（3）遗弃现实，邻于理想，灭绝身体，迫近神灵，是以现实遮可能，觉此世之虚无，以形骸毁心灵，证此生之幻妄。世宙冥无论，形体非有说，纯属悲观论者之绝命词，哪能准此归趋真理，引发高情，产生智慧？从此可知希腊文化之崩溃，哲学之衰落，实为逻辑之必然结果也。

10. 欧洲人之崇尚权能，熏生业力，虽有精纯智慧，究属方便善巧，其哲学之根基符合下列条件：

（1）宇宙之客体，社会之形式，人性之构造，原极渺渺茫茫，不能遽定为实有，一切存在纯是某种疑似境界。近代欧洲人诚心响往物质大宇宙，而中古传统之态度则指此为莽原。近代欧洲人创建自由新国家，而中古遗留之宗教则召之返天国。近代欧洲人热情启发淳朴之天性，而中古沿袭之学说则目之为宿孽。

（2）宇宙恍如梦境，生命恍若徘优，莎士比亚，言之详矣。当近代之初期，欧洲人寄迹人间世，形同孤儿诞生，一无凭仗，倍觉落莫凄凉，怨愤惨怛。浮士德实为标准欧洲人，目击宇宙之空幻，知识之渺茫，不禁狂吼怒号，感叹身世。“哲学法律余所专精兮，兼医方神理之辨核。竭智尽能昕夕以探其奥兮，怅暗昧之纷陈犹如畴昔。宇宙空幻微茫，疑莫能明兮，揆余中情，恨知识之刺骨。”

（3）希腊人生性酷爱真理，自能欣然引发智慧，照烛世相，如实了解。

欧洲人游心梦境，恨知识之无徵，于是驰情入幻，一往不复，将幻生幻，玩弄知识。此层义为浮士德一语道破：“心所不能知，利用最饶益，心所已知者，弃置无足惜。”

（4）欧洲人最初不能把握世界，稳定脚跟，表面上似无创建伟大知识系统之可能，讵知其实又大谬不然也。正缘世界无定相，知识无法仪，欧洲人乃幻化莫测，毫无拘束，远飘忽之智力，建神变之臆说，玄之又玄，想入非非，造作种种虚立假有之意境，以为哲学证理科学推论之对相。欧洲人之于宇宙，如中狂魔，格物致知，探索奥秘，一境深似一境，一相精似一相，穷极根柢，犹不止息。“知其不可而为之，知其不可得而求之”，曼陀（Mephistopheles）如此赞美浮士德，我亦如此赞美欧洲人。

（5）一种智境如有实理可照，一种慧境如有真情可取，不妨迳据慧眼直观，穷其要眇，无庸预设方法定理，援之求真。但在欧洲，宇宙内容虚妄假合，必依方法始能推证，幻与不幻，等是假设，所不幻者，唯有逻辑。职是之故，欧洲人每一思想体系之成立，逻辑原则乃其先决条件。吾人窥测欧洲智慧，如不学得一套逻辑善巧方便，便于科学哲学格格不入。

（6）培根建议科学大改革，其目的端在理性之完备运用，以拓展心智之权力。揆其用意，盖指逻辑方法确立之后，自然外界始能获得的解。新逻辑之目标，不在树立论证，而在确定方术，不在敷阵疑似理由，而在筹度工作计划。科学即是逻辑，知识厥为权力。知识欲之表现，不外权力欲之发泄。欧洲人戡天役物之精神实寄于此物（Bacon：《The Advancement of Learning》）。

（7）权能为裏，业力为表。欧洲人既已崇权尚能，自然触发慧心，作业用力，启迪广泛文化现象。菲希特（Fichte）所倡言之“业力”（Thathandlung）一词，实是欧洲哲学智慧之中心观念。歌德于此言之，尤详且确：“思想之线索已断，知识之嫌疑未决，且临情欲深渊，优游厌饫怡悦，任万象逞奇，我观摩自得，时间奔腾踊跃于目前，余心之甘苦忧劳成败，川流而不竭，原夫人之所以为人，活动赓续完成其大节。”……

（8）吾人旷观欧洲人之崇尚权能，灵变生奇，启迪智慧，诚应倾倒。

但一穷究竟，觉其哲学核心亦非毫无缺陷者。欧洲共命慧之策动，初以文艺复兴时期艺术热情为发端，挥运灵奇深心感召宇宙幻美。但因心弦脆弱，不能忍受万象之震撼撄刺，终久流为艺术之诞妄，于是辗转推移，折入巴镂刻时代之科学理智，而此种理智又因驰骤空冥，援无证有，百折入迷，自毁其方法标准，毕竟未由契合宇宙之真情实理。自是以后，不得不趋于罗考课时期之幻灭悲剧矣（其详细理由具见于拙著《科学哲学与人生》第六章《生命悲剧之二重奏》一文）……

11. 欧洲哲学智慧之弱点，有可得而言者三端：

（1）一切思想问题之探讨，义取二元或多端树敌，如复音对谱，纷披杂陈，不尚协和。举一内心而有外物与之交迕，立一自我而有他人与之互争，设一假定而有异论与之抵触，建一方法而有隐义与之乖违。内在矛盾不图根本消除，凡所筹度，终难归依真理。

（2）哲学智慧原本心性，必心性笃实，方能思虑入神，论辨造妙。欧洲人深中理智疯狂，劈积细微，每于真实事类掩显标幽，毁坏智相，滋生妄想。观于心性之分析，感觉理量本可趋真，而谓摄幻；理性比量原能证实，而谓起疑。幻想似量究属权宜，而谓妙用。其甚也，人格之统一，后先相承而谓断灭，身心之连谊，彼此互纽而谓离异。内外之界系，尔我交喻而谓悬绝。

（3）遐想境界，透入非非，固是心灵极诣，但情有至真而不可忽玩，理有极确而不能破除。欧洲人以浮士德之灵明，往往听受魔鬼巧诈之诱惑，弄假作真，转真成假，似如曹雪芹所谓“假作真时真亦假，无为有处有还无”也。吾于他文分析欧洲学术文化之转变，究将趋于虚无主义之幻灭，非故好为怪论，盖深有所感慨，遂不觉其言之直截耳。

12. 中国人知生化之无已，体道相而不渝，统元德而一贯，兼爱利而同情，生广大而悉备，道玄妙以周行，元旁通而贞一，爱和顺以神明。其理体湛然合天地之心，秩然配天地之德，故慧成如实。其智相辟宏天下之博，翕含天下之约，故善巧方便。存其心如生，成其德无息，博者因其博，约者应其约，无有偏私隐曲，故运智取境，平等平等，成慧摄相，亦平等平等。准此立论，中国之哲学，可以下列诸义统摄焉：

（1）生之理。生命苞容万类，绵络大道，变通化裁，原始要终。敦仁存爱，继善成性，无方无体，亦刚亦柔，趣时显用，亦动亦静。生含五义：一、育种成性义；二、开物成务义；三、创进不息义；四、变化通几义；五、绵延长存义。故《易》重言之曰生生。

（2）爱之理。生之理，原本于爱，爱之情，取象乎易。故易以道阴阳，建天地人物之情以成其爱。爱者阴阳和会，继善成性之谓，所以合天地，摩刚柔，定人道，类物情，会典礼。爱有五相四义：五相者，一曰雌雄和会，二曰男女構精，三曰日月贞明，四曰天地交泰，五曰乾坤定位。四义者，一曰睽通，睽在易为“二女同居其志不同行”（睽彖），“二女同居其志不相得”（革彖），通在易为“天地睽而其事同，男女睽而其志通，万物睽而其事类”（睽彖）。二曰慕说，慕说在易为“柔进而应乎刚”（兑彖），“二气感以相与，止而说，天地感而万物化生”（咸彖），“刚来而下，柔动而说”（随彖）。三曰交泰，交泰在老子为“天地相合，以降甘露”，在易为“阴阳合德而刚柔有体，以体天地之撰”（击辞下），“男女正，天地之大义”（家人彖）。其他归妹、渐、鼎、升、萃、益、离、临、同人、泰诸赴反复言之綦详。又左传昭公五年正义曰：“阳之所求者阴，阴之所求者阳，阴阳相值为有应。”四曰恒久，在易为“恒与既济定”，恒彖曰：“刚柔皆应、恒；亨，无咎，久于其道也……观其所恒而天地万物之情可见矣。”

（3）化育之理。生为元体，化育乃其行相。元体是一而不局于一，故判为乾坤，一动一静，相并俱生，尽性而万象成焉。元体摄相以显用，故流为阴阳（阴阳者翕辟之势，义非阴阳五行说所摄）。一翕一辟，相薄交会，成和而万类出焉。生者，贯通天、地、人之道也，乾元引发坤元，体天地人之道，摄之以行，动无死地，是乃化育之大义也。

（4）原始统会之理。生之体是一，转而为元。元之行孳多，散为万殊。老子曰：“道生一，一生二，二生三，三生万物。”道乃能生，能生又出所生，所生复是能生，如是生生不已，至于无穷。品类之分歧至于无穷可谓多矣。然穷其究竟，万类含生以相待，浑沦而不离。易大传所谓天下之动贞夫一。道德经所谓抱一为天下式，并属此义。宇宙全局弥漫生命。生命各自得一以为一，一与一相对成多，多与多互摄，复返于一。王弼曰："统之有宗，会之有元，故繁而不乱，众而不惑"，颇得大易妙道之微义也。

（5）中和之理。中和之理实为吾国哲学甚高甚深极广大之妙谛。故易尚中和，诗书礼乐尚中和，修齐治平亦莫不尚中和。不偏为中，相应为和。语其要义，可得五点：一、一往平等性；二、大公无私性；三、忠恕体物性（同情感召性）；四、空灵取象性；五、道通为一性。

（6）旁通之理。大易之用，大道之行，全在旁通。旁通一词统摄四义：一、生生条理性；二、普遍相对性；三、通变不穷性；四、一贯相禅性。易大传剖析旁通之理，最得要领。

易准天地，弥纶大道，范围万化而无过，曲成万物而不遗，故曰广大悉备也。其在易象，六爻发挥旁通之例，虞翻言之而未具，张惠言，焦循阐之极精微。专家之书，彰彰可考，兹从略焉。

（《哲学三慧》，见《中国人生哲学概要》第103—118页）

2. 中西哲学之根本差异

首先我们要弄清楚……形上学的意义。有一种形上学叫做"超自然的形上学"。如果借用康德的术语加以解释，康德本人有时把"超越的"与"超绝的"二词互换通用，我却以为不可。所谓"超绝的"正具有前述"超自然"的意思，而"超越的"则是指它的哲学境界虽然由经验与现实现发，但却不为经验与现实所限制，还能突破一切现实的缺点，超脱到理想的境界；这种理想的境界并不是断线的风筝，由儒家、道家看来，一切理想境界乃是高度真相含藏之高度价值，这种高度价值又可以回向到人间的现实世界中落实，逐渐使理想成为现实，现实成就之后又可能启发新的理想。这是我用"超越形上学"的根据。也就是说，一切超越价值的理想不是只像空气般在太空中流动，而是可以把它拿到现实的世界、现实的社会与现实的人生里，同人性配合起来，以人的努力使它一步步实现。在这种情形下，形上学从不与有形世界或现实世界脱节，也绝不与现实人生脱节，而在现实人生中可以完全实现。如此，"超越形上学"在理想价值的完全实现方面看来，又一变而为“内在形上学”，一切理想价值都内在于世界的实现，人生的实现。

……从某些宗教或希腊哲学或近代西洋哲学来看，这些思想体系中的哲学家有一套本领，这本领可以借希腊神话中的一段故事说明：……有一人出家远游，回家后一看，竟然故乡的房屋、人物都一分为二，他不知该亲近哪一个，于是思想落入二元论的范畴。二元论的本领，是不从全体性来看世界，却总是将完整的世界、完整的人生看出两面来。于是希腊哲学家采取二分法，一边是绝对存有，具有完满价值；另一零配件绝对虚无，就是虚妄假相。如此，希腊哲学在精神上陷入二元论，马上落入下界，产生很大的困难：人类的灵魂要作很大的挣扎，经过灵魂迁升，才能达到很高的境界；达到高境界时，再回头看现实世界，就认定它是个罪恶的场所，所以不愿意下来了。如此一来，希腊人在价值方面，借用柏拉图的话，上界与下界之间有一道鸿沟，一道隔阂。超升到精神领域，则同下界脱节；生活在下界，则又与价值理想远离。由此形成了巴曼尼底斯、苏格拉底、柏拉图的思想体系，甚至亚里士多德也想通两界而无法办到。最后，哲学只有达到宗教，成为神学……

上下悬隔的二元论在希腊哲学上是困惑，绞尽了哲学家的脑汁也无法解决。这种思想也多少影响希伯来宗教，造成了宗教上的困惑。虽然基督教有“天国在地上实现”的理想，但是人类生活在世界上，纵然形成一种智慧，也只是对上帝的伪智。这证明了在超自然的宗教世界与现实的人间世界之间的二元论鸿沟很难消除，而真正的天国如要建立起来，自然界是要干掉大部分的。反观中国，却一向没有现实世界与理想世界的鸿沟，所以很难接受超自然形上学的思想系统。流行在儒、道、佛、新儒家之中的，都是“超越形上学”，承认这个世界可以有价值，而这个价值是由理想世界上流行贯注下来的，连成一系，所以中国思想不可能像近代西洋后期的科学发展那样，产生价值中立主义，以漂白法把价值都漂白了，一旦科学唯物论成立后，再安排宗教生活、艺术生活就相当困难了。

在中国，要成立任何哲学思想体系，总要把形而上、形而下贯穿起来，衔接起来，将超越形上学再点化为内在形上学，儒家中人不管道德上成就多高，还必须“践形”，把价值理想在现实世界、现实人生中完全实现。道家固然非常超越，但是到最高境界时，又以“道”为出发地，向下流注：“道生一，一生二，二生三，三生万物”，道家理想亦须贯注到现实人生中。中国人之所以不同情小乘佛学，就是因为想逃避现实生活，想逃避黑暗、痛苦。而大乘佛学根据高度的般若精神、智慧精神，才晓得最高的宗教意义不是完成个人生活上的快乐，而是追求整个人类、整个生命的精神解放。中国人所以不重小乘而重大乘，就是因为宗教智慧是以拯救众生、拯救世界为目的；应该不逃避人世间一切艰难痛苦，使般若涅槃与尘俗世界结合在一起。最高的智慧是拯救世界，这才是真正的宗教。哲学上的智慧在中国各种思想发展看来，都是要避免“超自然形上学”的缺陷，而发展“超越形上学”，着重价值理想，这种价值理想又当在现实人生之中完全实现，如此方可以拯救世界，拯救人生。

把一套“超越形上学”转变为内在于人类精神、人类生活的“内在形上学”……在思想上要避免两个陷阱：第一是二分法——为了思想便利，采用二分法把宇宙划分为两种境界，人生划分为两种境界，使它们之间脱节，建立不起桥梁。第二是分析法——中国思想外表上看来似乎有缺点，不像近代西方之重分析法；其实中国不是没有，像刑名家、墨家在这方面都有高度发展，但是后来中国人觉得要讲分析就应当彻底，片断的分析是错误的，看了一面就执着了，如此构成边见，而无法透视宇宙人生意义之全体。所以谈分析就应当分析彻底，使宇宙秘密不论上下左右没有一样遗漏，这才是彻底的分析。整个宇宙的全体、整个人生精神的全体，才能都在吾人面前一起透视出来，然后吾人可以针对宇宙人生各方面所形成的旁通统贯的观地，在精神上超越了，提升起来，再发展一个观点，来透视一切透视的系统。如此才知道分析法不到家是虚妄分析，真正彻底的分析才能帮助我们由直觉上把握宇宙人生的全体意义、全体价值、与全体真相。在这个意义下，哲学才可以称为体大思精的思想体系。

……

一提到形上学，就要分清楚：有一种是超绝的形上学（或称为超自然主义形上学），为什么提到这一点呢？我们看，在世界哲学史上，古希腊、中世纪以及近代欧洲，在哲学上都与希伯来宗教有类似的做法，借用怀德海的名词来说，就是运用对比原理的方法，由逻辑看来，这就是以二分法把完整的世界、完整的人生划分为两截。比如希腊，一方面是形而下的物质世界，另一方面是法相世界，即真善美的价值世界！这二分法产生一个问题，就是两层世界隔绝了；在柏拉图哲学上，最严重的问题是“分享”，就是形而上与形而下世界中间，很难建一座桥梁加以沟通。于是，使绝对的真善美的价值很难在这个世界上完全实现。在希腊如此，在中世纪亦复如此，拿宗教上的《启示录》为依据，一方面是真正的宗教领域——天国，另一方面是自然界以及人类寄居的人间世。虽然也有人认为天国的精神价值可以完全在人间实现，但是这种“天国临于人间”的理想如果真正实现，中间要经历许许多多的自然灾难，物质世界要毁掉大部分，然后这种精神才能够完全实现。这其中，也隐含了超自然形上学。关于这点，可以借英国 Julian Huxley 的一段话作简略说明，他说：“今日西方世界正陷于明显的困境，就是两种矛盾的思维方式对立僵持着。其一主张绝对的真、美、义、善皆源于绝对之主，上帝。自然界须由超自然界补足，身体须借灵魂满全，时间则赖永恒成全之。……绝对的纯理性将答复一切可能回答的问题。人在宇宙中的地位，是上帝所造的永恒灵魂地位，它将借永恒价值以实现其命运。”……这正是超自然形上学的一个声明。换句话说，近代一方面是宗教以及同宗教连在一起的超绝形上学，另一方面是近代科学所肯定的自然世界，这两者之间形成强烈的对立。

当然，除了希腊、中世纪用二分法把完整的世界分成上层世界（精神领域）与下层世界（物质领域）之外，近代欧洲自笛卡尔以后，用了另外一种二分法，把内在的心灵世界与外在的客观自然界又形成了对立。

由此看来，近代欧洲哲学除了上界与下界对立，还有内界与外界对立，终于产生知识论上的许多困难。大体上说，西方希腊、中世纪一部分乃至近代，尤其自形上学方面看，总是透过二分法把完整的世界割裂成为两部分，产生其中严重的联系问题。

由中国哲学看来，却可以避免这些困难，因为中国哲学纵然为理论方便，也将世界分成许多不同的境界，但是每一境界与每一境界之间都有连锁处，贯穿处，而不是对立、分立的。所以，中国形上学不是超自然形上学或超绝形上学，顶多只是超越形上学。就本体论来看，宇宙真相固然可以划分为各种相对真相，以及相对真相之后的总体——绝对真相。但是，相对之于绝对，不是用二分法割裂开的，而是由许多相对真相集结起来，在一贯之中找一线索，自自然然可以统摄到一最高的真相，以此最高真相是绝对的，并不是与相对系统对立，而是相对系统的贯通。再由价值方面看，不管是艺术价值（美）、道德价值（善）或各种知识体系（真理），从艺术、道德、哲学等方面看，各种价值各有其领域与境界，但是每一种都不是孤立系统，而是要与别的美善真的领域之价值，由下面发展上去，一层层向上提升，提高的价值，可以回顾贯穿下面的价值，不遗弃它。

比方，懂画的人就知道：就西洋方面来看，每一张画幅之形成，一定要选择一个观点，透过那个观点采取透视法，才能形成一个画幅；但透视总是相对的，由不同的透视角度可以形成不同的画面，所以由左、由右、由近、由远、由中间，都可以形成许多相对的画面。但是，在中国方面，画家却具备一种才能：大的可以画成小，小的可以画成大，因为他并不局限在一特定的观点，只有一个透视境界，而是由地面上的不同观地，把精神提升到很高的境界，然后“提其神于太虚而俯之”，产生一个总透视法，透高其他许多相对的透视境界。由此看来，中国所谓的不同哲学境界，最主要须能使之融合贯通，使上下层、内外层的隔阂消除，这才是超越形上学。我们要成立一种哲学思想体系时，不会把精神局限在下层世界，也不会局限在内在主观的心灵境界，总是要突破内界达于外界，突破下层透过中层达于上层。如此，虽然生活于现实世界中，还是可以超脱解放，把精神向上提升，并且就像飞机一般的上升，仿佛与地面脱节了，但是飞机未曾不下来着地的。升到很高的境界——理想之后，还是必须落下来在现实世界中兑现，在现实生活中完成。所以超越的形上学体系完全实现时，必定转变为内在形上学，超越的理想要在现实世界中完成、实现。

中国哲学一向不用二分法以形成对立矛盾，却总是要透视一切境界，求里面广大的纵之而通、横之而通，借周易的名词，就是要造成一个“旁通的系统”。这是中国哲学与其他哲学最大的差异。由于这点差系，中国哲学家在建立思想体系时，有如建筑师之于大厦，其中有各种结构和材料，也有完整的统一性，所以任何建筑，无论它在美的理想上如何超越，所用的材料总是地面上的泥沙、木材、钢筋、水泥等物质条件，将这些材料置于建筑的形式中，便立刻由杂乱进入对称和谐，成为一完整的建筑。

现在有许多研究中国哲学的青年，往往在接受训练时，先透过西洋哲学，这一点固然没有错；因为西方对于每一思想进程，都有一个方法学的程序，这是很好的训练；但由于近代哲学深受科学的影响，一次解决一个问题，因而对于哲学里面重要的因素总是采用分析的方式。它的优点是不含混，不笼统，但是其中也有危机：因为使用分析法每次只能处理一个问题，所以对与此问题有关的其他问题，就无法兼顾了，那末他透过分析法所了解的对象很容易形成一个孤立系统，他的思想也很容易局限在这个孤立系统中，无法兼顾与此问题有关的重要问题，甚至与解决此问题有关的重要因素。如此 形成的思想成为孤立系统，在这系统之外的都不兼顾，这样使得丰富的系统成为贫乏的系统。所以学西洋哲学一方面要学它的好处，另方面要避免孤立系统、形成偏见的危机。

在中国，不但要使超形上学由理想阶段搬到现实世界与人生社会中来完成实现，同时更要放大眼光，透视宇宙的全体、人类生命的方面，形成一种价值与别种价值相互之联系。中国形上学可以称之为机体形上学，注重机体的统一、思想的博大精深的各方面，而中间还求其会通、求其综合。这样才能避免思想孤立主义所造成的弊端，就是：抽象的分析法只就一边的分析、表层片面的分析，而产生偏颇思想，把丰富复杂的哲学问题、世界系统、人生经验只采几个要素，其余都排除不去理会。

比如近代的科学唯物论就是现成的例子，假使由西方各种哲学与宗教看来，显然在宇宙中仍有许多不同的精神领域，如道德、艺术、宗教的领域，而构成这些领域的主要因素也都是精神现象。然而由近代的物质科学看来，其方法不是数学抽象法，就是物理实验法，由之而来的结果是：构成宇宙之基本条件都是数量现象，甚至把性质数量化之后，再化为单纯系统，已有的 given data 不够，则设法产生新的 data，透过冷板的实验在原有事实外，追求新事实，在构成的新事实中追求新条件，这新条件又必须是科学仪器、科学心灵所能把握的物质事实。于是形成近代科学的偏见，好像他们所把握的自然理性，就是超然的主宰理性，拿这自然理性就可以把握一切事件的真相，凡不能由此把握的便视之为幻相：一切性质不能化为数量的，就视为幻相；一切价值不能根据近代科学方法处理的，也视为幻相。于是乎近代的物质科学思想一转变到抽象精确的阶段时，马上产生思想上的严重错误，他们还要美其名曰："价值中立"。于是像宗教不能化成数量条件，他就要否定；艺术上的美亦不能化成数量条件（近代的抽象画并不代表一切艺术），他们就要回过头到自己主观的心理状态里面去追求，结果把真正多在自然界的美或超自然界的美抹煞掉了；也有许多谈伦理学的，把伦理学中善的动机根本去掉，化成一堆现象，而这堆现象可以透过分析的文字、中立的文字来加以描绘，可惜那已经不是善了，而是中性的事实。在这种情形下，近代科学之长足进步，应用到哲学上采取的是部分分析而非彻底分析，抽象的分析而非具体的了解，再加上透过错误的态度，就是对一切神圣的价值、真善美的价值都采取中立主义，结果一切价值几乎都不能谈。如此，除了走向极端的科学唯物主义这条路去，在思想上是完全不能展开新的局面的。

现在，假使我们中国形上学要采取机体形上学的立场，首先对于宇宙应当了解为一整体，然后在宇宙里谈本体论、谈宇宙的真相，就要谈整体的实有界，如果我们认为宇宙真相还可以透过艺术、宗教、哲学、科学，看出它的艺术理想、道德理想、真理理想，然后就可以把真善美的最高标准同宇宙真相串起来，使得宇宙不但不贫乏，反而可以成为更丰富的真相系统、更丰富的价值系统。如果以这种哲学作背景来建立人生的哲学，那么人生决非贫乏的活动，而是可以把一切价值贯通起来，达到儒家在《大学》里面所说的要求——"止于至善"，把一切价值完全实现之后，才能完成最高理想的统一标准。由此看来，如果我们拿这种形上学思想体系来描绘宇宙，而其中又贯穿了极丰富的价值，进而以此思想为背景所形成的生命活动更是一种价值构造，在其中处处可以把握美、善、真，更可以体验到宗教中很高的精神价值。所以，中国的思想不会变成抽象体系，更不会因了抽象而贫乏，不会像近代罗素或穆尔对许多哲学问题不能谈，因为他们在价值方面中立了，无法欣赏美，美在他们的哲学中并无地位；也无法成就美的理想，他们的伦理哲学中只是说空话，而不能谈价值；一提到宗教，他除了一个无神论者之外，别无办法，因为宗教的神圣价值已被他中立化了，排斥了！

在这种情形下，现在有许多研究当代西洋哲学的人，不能够活泼地将西洋哲学从希腊源头，再从宗教方面之希伯来的源头，一直贯穿过中世纪，到近代第一流的思想家；他们不知道这些背景，而只知道近代变成了逻辑实证论或语言分析学，除此之外，一概不知。如此，事实上他面临了哲学的死亡，再去研究哲学，自然是极大的危机。在这一点上，如果透过中国哲学，就不会盲目地接受现代西洋哲学上的许多危机。因为哲学中有许多极其重要的问题，在研究时不能用单纯的抽象法、孤立系统，或在价值中立的前提下去面临这些重要的哲学问题。……这些都是近代西方思想发展到了末流所产生的种种危机，如果不知道这些危机，对西方哲学也就一定产生误解，更无法再回头拿中国人的心灵去体会中国人在哲学上所建立的哲学思想体系，所表达的高度的人生智慧。

（《原始儒家道家哲学》，第16—26页）

三、中西文化之比较

（一）中国文化的特性

1. 中国文化是早熟文化

殷周之际的大革命，一切都往道德、往开明的教育与文化走，就是向理想发展。但是成周之后，春秋到战国，社会纷乱，民不聊生，终至逼出秦始皇的暴政；秦始皇是个有极大能力的人，又得商鞅等法家学者的辅佐，首先在政治上使纷乱的战国定于一尊，但是统一之后立刻化为暴力的政权，人民纷纷起来革命，最后汉高祖革命成功除去暴秦。汉代虽然成功，但并未消除秦代一切专智陋习，所以司马迁以极高的历史智慧和眼光说“汉承秦弊”，以这四个字将后代一切历史演变的枢纽把握住，就是：不但“汉承秦弊”，王莽、曹操之篡汉亦多 Change for the worse（每况五更上）。接着唐承隋弊，宋承唐弊，元承宋沿江，明承元弊，到清承明弊，都未能扭转局势，使中国历史之演变都是“每况愈下”。历代之君主在当时，无一不被歌颂为圣明天子，但究竟是真是假，实为中国历史上的大问题。

中国政治，从夏商时代的 Theocracy，到周代的 Fthiocracy，主要是以宗教精神来引发或实现道德革命，以开明的道德威权代替神权，并符合民心的根本要求，使能造福人民。到了后代的天子，反而“替天行暴”。所以，宗教精神衰退时，尼采要说 God is dead！而道德精神亦随之衰退，但是尼采还是追问 Who killed God？就是人类自己，把真实的宗教精神变为虚妄的信念，就道德方面看，也是满口仁义道德而不能实现。像这样，宗教与道德两方面的革命都失败，才是根本的危机。Eliad 在他的名著《Myth and Reality，Sacred and profane》中谈到，当宗教情操兴发时，可以贯注于一切事务，甚至影响帝王，成为政权的推动力；然而帝王若变为宗教的叛徒，则他亦可以借上帝之名为非作歹，如希特勒的一切暴行皆是“in the name of God”，此时的上帝只好认为人心败坏不堪闻问，而退隐到天国，到宇宙中最崇高的地方，成为 Eclipse of religion，此时他虽为最高精神主宰，也不复过问人间世，成为 God is high in heaven，and all is wrong with the world（神明高居皇天，人间一无是处）。中国古籍经典中亦有此种情形，所以先贤要歌颂古之圣君，因其能遵奉宗教中最高的精神主宰，但是一旦这种精神力量不能支配帝王时，如周之幽王、厉王，便起而暴虐为政，使人民流离失所，于是人民的怨恨由帝王而转移为怨天，认为天命无常，否则何至让政治上的败类窃取政权为害人民。所以《诗经》中的内涵，多由敬天的情绪到怨天、恨天的情绪，认为假使没有宗教的权威让帝王作幌子，不至为恶至此。再看近代民族国家的选举等等，则是由人心腐化到道德崩溃，再到宗教力量衰弱，使得权力政治操纵世界的政坛，一切都步向集体的毁灭。因此，在中国的殷周之际，产生了大的道德革命，才能形成成周的盛世，一个真正幸福的时代，后来西周衰没，入于春秋，东周再衰而亡国。因如中国思想上另一巨大转变，是自西周到东周时之 Change for the worse，宗教力量亦日渐衰微。

……

际此之时，又产生另一种革命，可称之为“哲学的革命”，这就是春秋时代自平民社会（不同贵族社会）兴起的三大思想体系。

（1）儒家思想的革命：

这是以孔孟为代表的。当时的儒家，不能忍耐着春秋以来整个中国精神的衰退，便起而维护古代圣人的理想政治。首先他们把古代散乱的典籍重行整理，成诗三百，尚书百篇，进而述作春秋以挽回古代政治的崩溃命运；然后以唐虞三代之尧舜禹汤文武周公为典型，形成儒家思想之一种伦理文化，以此伦理道德的文化来维系人心，这就是儒家复古的一面。但是光靠复古的一面还不能挽救，于是在精神上重新承受另一种精神传统，即所谓的周易，在周易中发现宇宙一个秘密，即是 Power of Cosmic Creation，自天地说到人，人乃承受了宇宙创造之冲动，再为人类开出一 Creative aspect of life，成为儒家思想中创新的一面。这是儒家孔孟渐由尚书之传统转到周易之传统的情形，但是这创新的一面，后代的中国人看不清其意义，反而将原始儒家误解为董仲舒时代之杂家。

（2）道家自老子的思想起：

一面接受夏商周以来的文化，但是只接受其境界而反对其威权。我们在此可以回想到尚书洪范篇中以屋顶所做的比喻，殷商之际的革命，产生的是“早熟的中国文化”，一切皆透过理性的照耀，显现为典章制度、文化措施；而屋顶后方所代表的，是中国历史自纪元前十二世纪末向前再推一千年，到纪元前二十三世纪那个极为渺茫的时代，近代的考古对它所知的只是一鳞半爪而已。因此，商周之际的革命很显然成了一个分水岭：以纪元前十二世纪为分期，往后是一个变化的世界，时间现象的世界；往前是一渺茫未清的世界，最后是一切变化皆不可见，为一永恒的世界。

由此看来，商周之际的革命，影响到春秋战国时代，结果产生了两大思想体系：一方面，儒家设法制定一切范畴来把握“时间生灭变化的世界”，以时间之创化过程来描绘人类生活的世界；另一方面，道家老子则不满意春秋时代的演变——顺着时间之流而愈变愈坏，而要透过时间之幻想，将世界向高处、向过去推，推到人类无法根据时间生灭变化的事实以推测其秘密，而进入一永恒的世界。所以孔子的哲学是“变易之哲学”（Philosophy of Change），老子的哲学是“永恒之哲学”（Philosoyhy of Eterhity）。然而老子的永恒世界，又异于古代宗教上之永恒世界；因为古代宗教上之永恒世界，有一 Supreme God，即“皇矣上帝”，皇天上帝在支配一切。而老子是一个哲学家，他将世界向上推到永恒世界，系非以宗教上之精神权力决定一切，却是以永恒之哲学代替宗教上的永恒观念。

所以在道家中，老子谈哲学不是谈学问——学问是知识的事，知识可随时间之流在量与质方面进步的；若设想人类可根据知识分析、判断、了解宇宙之一切，则一切被看透，宇宙无神秘之处。所以，老子讲哲学要讲智慧。知识固然须分辨正确的、错误的或正错之间的，若全盘接受，则知识中真理固然有，而错误的或真理错误纠缠着也接受了。近代西方哲学就犯了这个毛病，他们善于分析，把知识一日一日堆积起来，终至无所适从，像电脑所大量产生的知识，真理、错误均有。若以此知识来了解与指导人生，必使人生陷于茫无所从的地步。因此，老子讲哲学，主智慧，曰：“反者，道之动。”把握最高的真理标准，而且把一切近似真理的相对知识丢掉，以今天的名词来说，就是把许多知识看成包袱，因为以错误的知识指导人生正是压迫人生，使人生走上迷茫之路，所以必须把一切打着真理招牌之相对的，甚至错误的知识舍弃，才可以遗世独立，这样并不是 Leveling down（向下看齐），而是 Leveling up（向上看齐），以求达到真理的最高标准。近代西方社会所谓的平等，总是 Leveling down，导致无理性的、盲目的 Mass man 来压迫一切、控制一切，取代了所有真理。

所以，当老子处于春秋战国时代，社会逐渐崩溃，知识日渐增加，而错误亦随着增多时，形成时代之大包袱。老子全盘丢下，直接向永恒世界去穿透一层 mystery，二层 mystery，三层……一直向上永无止境："玄之又玄"，呈直到人性寄托在永恒世界的真相价值之最深奥的储藏库中。以这一眼光去读道家哲学，才可以减低知识，增加智慧。所以老子写书不需像现代人，一本书写不成，再写一本等等；他是深之又深的来写，五千言中把哲学的大道理说尽，成就一部智慧的结晶。老子虽然不接受古代宗教的威权，但是他却以哲学的威权取代了宗教的威权，使宗教上的上帝观念，转变为哲学上的至高无上的精神，由 Religious Conception of God，转变为 Philosophical Conception of God，而仍不失为一种宗教。

（3）墨家：

汉代以后，即很少有人谈墨家；而在先秦时代，儒家尚未定于一尊时，道家也只是一家之言，与此二家鼎立的就是墨家，并称为显学。墨家当时反对儒家的礼乐以及一切奢侈的行为，是为宗教上的苦行派，认为奢侈的世界是堕落的世界，使人之高贵的精神贬抑为下贱的、唯利是图的精神。所以墨家要板起脸孔，执训春秋战国以来之社会是没有宗教的社会，上帝被杀掉了，全世界堕落；而他自己则要把将死的上帝背在肩膀上，以其苦行反对世界之堕落、奢侈、浅薄，使将死的上帝能够复活。原始的墨家不仅是哲学家、科学家，同时也是宗教家。其中最重要的篇章为《天志上下》、《法仪上下》、《尚同上下》；墨家应是宗教上之威权学派，而非批评哲学的学派，他们将一切诉诸威权，诉诸道德之最高的威权，叫人本着共同的爱心，去爱世界上的一切人，而不止是爱自己的亲友，所以主张"兼以易别"。思想界中真正的圣人为"兼士"，走偏锋的人则称为"别士"，因此墨子主张"兼以易别"，使人格修养成光明正大的精神人格，以彻底平等的眼光来看人类的一切；然后"尚同一义"。墨子虽可称为守旧的威权主义，但并不是坏的威权主义，而是道德至上的 Ethiocracy，或是古代神权的 Thecracy 时代的帝王，真正的承天之命，为人民造福。因此墨家不提儒家所歌颂之尧舜及文武周公，而特别提出真正为人类经过苦行而造福大众的大禹。

因为大禹是身体力行，透过一切交通的阻碍、困难，察看当时的地势，自地理学上找出水灾之真正原因，以苦行精神消灭人类最大的自然灾异（见《尚书》），所以墨子提出大洪，然后“尚同一义”，乃是“尚同一义”于帝王，但又并非指一切帝王，而是特指“尚同一义”于大禹。从尚书洪范中看，大禹的父亲鲧是水利家，但是他不但不能阻止洪水，反而造成更大的水灾，终至被处死的命运。大禹受命于危难之中，透过坚强的意志和耐心，凭借他的聪明智慧，总算弄清了中国的地势，顺利完成治水的工程，为民造福。如此，方可说大禹的精神上同天志，最后乃“尚同一义于天”；这个天的标准何在呢？就是：天对人类是兼而爱之，兼而食之的，人类的精神生活、物质生活都操在宗教上之精神权力的支配下。如此谓“尚同一义于天志”，然后一切人类之行为皆有一标准，可称为“法仪”、尚同一切人类之行为于“法仪”，人造成其想象中之道德理想世界，最后由一宗教之精神力量来维系一切。总之，墨家与其说是革新，不如说是复古；而中国古代哲学思想中真正的复古者应是墨家，而非儒家。

以上，是根据尚书洪范篇所反映的时代思想，使时间倒流，回到商周之际的早熟文明（Precocious Civilization），使自己成为早熟思想家（Precocious Thinker）去设想而成的。但是这个问题仍旧很复杂、很困难。因为宗教问题不使用理性去探索，尤其许多关于宗教的知识是后代所加上的。中西二三千年来，都受理性文化所支配，是理性人（Homo Sapiens）透过自然理性（Natural reason）去主宰的。所以在西方近代像笛卡尔所持的理性主义，使一切智慧，尤其宗教智慧，皆为之变质，到斯宾诺莎更以几何方式将世界展开为理性世界。中国自古多以理性为主，到宋朝则有些回复神奇奥妙的宗教精神之偏向。而外国传教士到中国来大多失败的原因，是因为中国已有极丰富的诗文与艺术，足以表显人类文化，是其他民族难于相比的。在这方面，必须使已有的一切理性价值皆利用发挥完毕，才再根据其缺陷，去发现另一新的领域，否则无法超过中国旧有的文化。真正的宗教必先了解一切理性文化，再看出其弱点，可将其提升到宗教领域，也才可以显现宗教之活力；我们今日对于殷商时期的宗庙祭祀尚可了解一些，但是对上帝之精神、心理则不可得而知。必须从比较人类学、比较考古学中得到线索，才能知此一段神秘的宗教经验。

……

假使我们把尚书洪范篇当作经学的资料来研究，那么洪范九畴具有同等的重要性。但是，我们现在却是把它当作哲学的资料来研究，所以从哲学的眼光看起来，九畴里面有两部分最重要，一是关于五行之说，二是第五项的“皇极”。关于五行之说，上一次已经说明了；我们当时曾经用了一个譬喻：

就“极”这个字的字画意义来看，它是一个建筑最高的栋梁，我们假使站在一个建筑前面向上看时，视线几乎是以屋脊为界限，在面对我们的这一面，什么都显现出来，变成清晰明了的概念。但是假使透过屋脊向后面看，就会被那最高的栋梁遮断视线，屋脊之后的背景就变成渺渺茫茫的，看不清楚。

由这个譬喻来看，所谓五行之说，本来是从纪元前二十三世纪中叶到纪元前十一世纪初期之间，近一千多年流行在古代的一种学说。这学说用近代哲学的名词来说，可以叫作proto cosmology，所谓宇宙论萌芽的思想，这思想由箕子传授给周代人，然后在纪元前九世纪到八世纪末的周人把五行之说当作一个常识的观念来看待，就是金木水火土，完全是维护人生日常应用的器具，这只是常识的意义，没有哲学的意义。但是演变到了春秋时代，我们从管子的四时篇、水地篇、五行篇等资料来看，就可以说它取得了两种意义。一种是把“五行”当作构成物质宇宙的五种质料，从这点看来，这种说法颇为近似希腊奥尼亚学派（Lonian School）里面初期的自然哲学。

第二种意义也可以在管子五行篇或四时篇里看出，就是把本来构成自然现象的资料再向四面追溯，于是在神话的解释上，把自然现象转变为“自然神祇的神话”，这原是很自然的曲折。在远古的帝王，像颛顼时代或少昊时代，所谓五行是代表供给与支配人类生活必具的资料，而“金木水火土”是政治组织上与经济组织上的官职，负责分配人民生活上必需的资料。当执掌这一类的官有功于民时，死后就被神化，把水司、木司变作水神、木神等；这样一来，自然生活里，加上一个神秘经验的、神话的附会，变作“自然宗教”，这种说法在管子四时篇可以见到。

这一变之后，到了战国末年，秦汉之交时，再看礼记月令或吕不韦的吕氏春秋，就把半科学半神话的思想应用到一年四季上。在月令中，四季称为五季，因为夏天最长，所以又分为夏与季夏，如此共成五季，正好与五行之金木水火土相配合；五季是以七十五日为一季，然后把三百六十五日又四分之一的时间分五季。五季不仅应用于天象气候的转变，同时要使人类生活适应气候，所以春天是生命发芽的时候，夏天是生命茂盛的时候，秋天是生命收敛的时候，冬天是生命收藏的时候。如此，五行代表季节之循环，又代表生命之循环。

到了汉代，董仲舒更把五行之转变发展，界定为一原则：“比相生而间相胜也”，然后把生命之循环分成生命的模式（modes of life）。如此看来，五行在整个宇宙中的浑浩流转，代表生命环境的次序，表现生命之丰富状态，像春天发荣、夏天滋长、秋天收敛，冬天则植物枯萎、动物冬眠，即生命力的储备，到第二个春天一来，它又重新发芽。董仲舒之后，到汉代班固在汉书律历志、五行志中把五行合拼起来，变作生命在创造前进时所表达的“生命之韵律”（rhythms of life）；五行之说经此解释，成为生命哲学。这一生命哲学与汉代流行的另一部古书《周易》的思想结合起来，就不仅具备宇宙论上的意义，同时还成为生命哲学，变作生命哲学上的生命韵律，生命姿态。

就五行这方面说，它最初是从纪元前 11 世纪追溯到纪元前 23 世纪，这一千多年之间的思想，然后历经周代，成周时代，春秋时代，战国时代，秦汉的层层演变。尤其在战国时代，与当时流行的所谓阴阳家结合之后，阴阳家的哲学思想逐渐渗透到儒家的哲学思想里，结果把儒家思想的真面目变换了，形成汉代阳儒阴杂这么一种复杂的哲学状态。以上这一段是简短的说明，五行之说如何从西周演变到秦汉时，最后被阴阳家的思想渗透到儒家的思想里面去腐蚀儒家的思想。这是一方面。

了解这一段之后，我们再回到刚才的譬喻。在屋脊面对我们的这一面，我们发现五行之说逐渐在萌芽的科学思想上、哲学的宇宙论方面 ，乃至于生命哲学方面显现出来；好像一切都在自然性之光的照耀之下。这思想许多地方很像近代思想的萌芽，所以从这方面看起来，我们认为在纪元前十一世纪的商周之际，就显现出一个中国理性文化的初期，我们称之为“早熟的中国文化”，宇宙的秘密，好像都在理性之光下被揭开来了。

（《原始儒家道家哲学》，第 80—90 页）

2. 中国文化是伦理文化、妙性文化

就我的观点看，易是儒家极重要的文献，尚书也是极重要的文献！论语在传记、行谊这一方面是一部很好的书，但是就思想这一方面的价值来看，它是要靠读通各经之后，才能真正了解论语中“言”、“行”后面那个根本道理与力量之所在。譬如论语主要的观点是“仁”，可是怎么样叫做“仁”？爱人要怎么样爱法呢？再有“仁者，其言也讱”的所谓说话要怎么说才叫做“仁”呢？论语并没有透彻的解释！如果“仁”是“爱”的话，我们不仅仅只读论语，最好要贯通礼记大学篇所谓“絜矩之道”；这是消极地对于“仁”的纠正。因为人类最大的问题，就是把自己的幸福建立在别人的痛苦上面，这是古往今来人类最大的毛病。但是，“絜矩之道”如何纠正呢？“所恶于上，毋以使下；所恶于下，毋以事上；所恶于前，毋以先后；所恶于后，毋以从前；所恶于右，毋以交于左；所恶于左，毋以交于右”。这才可以说是真正的同情，不会害人！这是爱人的消极措施；从积极方面了解论语中的“仁”，在论语里面没有透彻解释“仁”，幸好在礼记中庸篇说：“天地之道，可一言而尽也，其为物不贰，则其生物不测。”生物不测，就是天地仁心的表现，正是解释易辞大传所谓“夫乾，其静也专，其动也直，是以大生焉；夫坤，其静也翕，其动也辟，是以广生焉”，大生之德与广生之德，正是代表天地生物不测 后来朱子接受王弼易注，他不从“乾坤”这一方面讲，而从“复”（　　）卦这一方面讲“复其见天地之心乎”。这也就是生物不测之仁。如此一了解了之后，在中庸第二十二章，说得更清楚：“惟天下至诚，为能尽其性；能尽其性，则能尽人之性；能尽人之性，则能尽物之性，能尽物之性，则可以赞天地之化育；可以赞天地之化育，则可以与天地参。”如此，因为自己宝贵生命，重视生命，对于别人的生命也尊重，推及一切人，再对于万物中的生命也尊重，惟有这样才能够圆满完足地发展他的生命。这样子讲“仁”，讲“爱”，为论语中的解释所没有，而在中庸篇中一度两度解释得清清楚楚！……

……在春秋时代到战国时代，儒家不谈五行，只是荀子说子思、孟轲谈五行，但是那是误解，那个只是后汉郑康成注中庸“天命之谓性”这一段，小注子里面提到子思、孟轲谈五行，但这个五行根本不是金木水火土，它是仁义礼智信，是五常道德的项目。……

尚书洪范篇九畴中，第二个重要的概念，就是“皇极”。皇极非常之难以解释，汉儒都是解释为“大中”。“皇”解作“大”，如“皇矣上帝”很容易了解。所谓“极”解作“中”，这就很难了解。本来是建筑正中央的房梁叫做“极”；但是那一个“极”，看你从什么地方看，中国古代人懂得力学，一栋房子，梁树立起来，在屋脊，才可以叫做“中”。……这一种解释，一直传到宋代陆象山，他接受了汉儒的说法——“皇极”是“大中”。但是朱子就歪了，朱子说“皇”一定是“皇帝”，“极”是最高的标准。朱子这一种说法，把皇帝作一切标准，这对于尧、舜、禹、汤，可以这样子说，可是对于桀、纣怎么样子说法呢？那岂非变做“逢君之恶”呢！这与汉代的儒生逢君之恶要保障他的利禄，同出一辙，不惜故意把皇极抬得高高的，然后即使不对也是对，这是汉儒之陋。因此，对于尚书洪范篇有一段叫做“惟辟作福，惟辟作威，惟辟玉食”，从汉儒到宋儒都解释错了。汉儒号称讲训诂，却不晓得假借，有人旁的邪僻之“僻”，同代表君主之“辟”，有时可以省写。因此他就说只有皇帝一个人可以作威作福，可以玉食，这在中国古代开明的帝王从来没有这样子荒唐的，这将置尧、舜、汤武于何地？连汉高祖在阿房宫一毁了之后，人家要给他建大殿未央宫，他就说民生凋敝，绝对不能够。汉高祖不奢侈，古代的帝王总是土阶茅茨，怎么可以玉食？

只有从“汉承秦弊”以后，一切邪僻的行为都被认为正常，于是乎在洪范篇这一段的底下，所谓“人用侧颇僻”，这明明是告诫——不管是君，或人，假使是邪僻的话，那么“其害于而家，凶于而国”，可见这是一个不好的名词，但是汉儒竟不知“辟”是邪僻之意，只是一味逢君之恶在作祟，以后朱子的说法，也是屈服于皇权的说法！

……尚书洪范篇皇极这一方面，在古代中国的文化史是一个纵横线。殷以前各种历史的器物文献，从前大家不知道。现在因为钟鼎彝器以及甲文大量出土以后，大家知道得多一点。但是，事实上还有许多地方，我们还不清楚。不过，据已有的材料，推知殷人尚鬼。殷人的宗教情绪非常浓，不仅仅要祭“皇矣上帝”，甚至不断地在宗庙里面家祭他的祖先，可见殷人宗教的情绪，非常之丰富。至于周代制礼作乐，事实上文王来不及；至于武王，在克殷三年之后也就死掉了，也来不及制礼作乐，一直要到周公辅佐成王的时代才开始；在内容上，周礼是袭殷礼，周礼大司徒有许许多多的祭礼，大神祇，就是诗经的“皇矣上帝”，祭礼有郊祭，再有宗庙之祭。但是，宗庙之祭，总是一方面要祭祖，连带要祭天。或者祭天的时候，在家庙里面要连带祭祖，除掉天地之外，还有日月星辰山川大地，这个就是在舜典里面所谓“禋于六宗”，这还是中祭；再有小祭——祭祀“百物之魅”——凡是与人类生活有关系，不管是有益的或者是有害的，都要祭祀它，拿小祭来安慰它，使坏的鬼魅不作怪，好的可以辅助人类的生活，这是“百物之魅”。由此看起来，周代的这一种宗教的礼节，正是因袭殷代的故事。这证明殷人尚鬼，其宗教情绪极为浓厚；但是在一切宗教的里面，对于神的崇拜，总是把它从现实推到理想，从时间流变的世界推到永恒；一下子推到最后的秘密之后，变作“不可知，不可知”，那才是真正的宗教领域。它不是世俗界，它是一个神圣界——超越时间，成为永恒，而永恒是藏在最高最后，变成不可知的秘密。但是，我们把尚书洪范篇对照其他周书里的各篇，可以看出在周公的时代，已经起了一个很大的革命。周公在整个的生命里面，把握一个遍及宇宙一切人类的理性，而形成一个划时代的革命。原来古代的宗教秘密，它是“敬鬼神而远之”，神处在很高而永恒的世界，同人类不亲切。假使把它的那一个神秘力量，一下在理性之光展示开来，那么宗教马上就变质，皇矣上帝这一个神秘的本体变成人类的理性所能够观照的对象，神圣的宗教领域变作理性的道德领域。一切的世界里面，都变做一个道德普遍的力量。皇矣上帝只好退隐，其神秘的宗教性，显现到人类的世界变成道德的力量：由是，尚书洪范篇讲的道德，有两种讲法：在洪范篇里面，是夏殷时代的道德，它都是就人类身体的健康、行动、能力启示出来的；我们可以借德国哲学家黑格尔（G·W·F·Hegel）的名词叫做“自然灵魂的道德”（Morality of the Natural Soul），就是身体隐藏了一种精神作用，借身体行动把那个美德表现出来，那是身体性的。但是在周诰、康诰里面，周公所谈的德，与周礼所谈的六德，完全处处都是赤白之心的道德；这个不是生理的健康美德表现出来的，而是心灵的精神作用透过理性的思想考虑产生出来的要求，这是反省的道德。所以，周公在整个的世界史上面，正是像希腊柏拉图Republic里面处处萦回响往的“哲王”，拿最高的哲学智慧，来把人类生命之后隐藏的神秘力量，借这个普遍的理性之光，从最高的道德原因、道德理想、道德灵光、道德标准显示其秘密。因此，周公在殷周之际，是个大革命家，根据人类的普遍理性，把宗教化成道德。宗教的美德，乃至人类生理上面的美德，都要化成心理同精神上面反省的道德理想。因之，从孔子以后追想周公，好像是复古，却是复到了一个古代的大天才家、大思想家、大政治家，这不仅仅是中国人应当佩服的，就像德国的社会哲学家Marx Weber，就把中国古代的帝王安上了一个名词叫做“天纵之智”（Charismatic Wisdom）；就拉丁文的意思说，就是上天启示的，叫做Charismatic；上天启示的一个极大的天才所加的才能智慧，就是Charismatic Wisdom。因此，在古代中国的政治，多多少少受宗教的影响，形成神权政治；在神权政治里面，并不是人人可以做皇帝；天子是秉赋有Charismatic Wisdom，然后根据那一个最高的智慧，修养一个最高的品德——正德，以高尚的精神人格，了解人类、了解人性，晓得人性在生活上面需要些什么东西，然后，满足人类生活方面的生活资具、资料与利用；他这样做的目的，全然是“为人民谋福利”（for the wellbeing of the people），然后再为人类在生活上面谋普遍的幸福。凡是都要能够做到了“正德”的功夫，实行了“利用”的计划，保障了人类生活的幸福。如此，在这个天地才可以做皇帝。这一个皇帝，在每一个开明盛世的朝代都曾经出现过；但是，一等到开明的贤君衰退下来了，再下去的帝王，往往既不能够“利用”，也不能够“厚生”，更不能“正德”了；就像诗经处处不满周幽王、厉王的残酷暴虐，因此引起了老百姓的抱怨，抱怨“天命没常”，愤怒那一些作威作福的帝王不能够再为人民谋利用厚生；在这一种情形之下，那个残暴的政权根本没有存在的理由。所以人民奋起抗暴，发动革命，或者是天降灾难，夺他的皇位。因此，在尚书这一部书要揭橥一个理想原则，借理性揭开秘密的宗教领域，形成广大的道德价值的标准。哲学在这个时代，再表现一种心灵，假使要是上帝，已不是真正宗教上面的上帝，借英国的 Professor F.M.Cornford 的名词来说，叫做“哲学的上帝”（Philosophical God）。这哲学的上帝，就是道家所谓道，儒家的三极之道，墨子之天志。因之，从春秋时代以后，代替宗教的是哲学——都是根据理性的智慧来说明宇宙人生最高的理想。从此以后，宗教力量衰微，代之而起的是伦理文化，道德理想支配中国人。这是周公时代的一个大的革命，而这一个革命，以后从成周传到春秋时代而到战国，再传到以后历代的儒家，都是遵守了这一种理想原则。

由此可见，上古的宗教秘密退隐，显现出来道德的价值理想，而道德的价值理想要根据人性来发挥人类的善性，才可以推广道德价值，变成了广大的人群之中为人人共同遵守的理想标准。所以，中国的文化，在整个的世界上面，平常叫做“伦理的文化”（Ethical Culture）。

（《方东美先生演讲集》，第 169—175 页）

……诚然，科学在中国文化并不像珍珠般灿烂发光，或像神明般受到膜拜崇敬，此中自有遗憾，然而即使在我国发展科学思想，也不会陷入这种困境，导致人性被贬抑，机趣所斫丧。因为我们充分相信人的生命及工作与外在世界必须和谐一致，内外相孚，所以我们中国文化可称为“妙性文化”(《中国人的人生观》中译者冯滬祥译注:“方先生在《哲学三慧》中,亦曾比喻希腊文化为‘契理文化’,要在援理证真;欧洲文化为‘尚能文化’,要在驰情入幻;中国文化则为‘妙性文化’,要在契幻归真,值得深思。”),贵在契幻归真,人与自然彼此相因,流衍互润,蔚成同情交感之中道,只有在这大方无隅大道不滞之中,始能淋漓宣畅生命的灿溢精神。

这种人我两志、物我均调的“妙性文化”在西方很难找到,但在中国却是个特色,如前所说,这是因为西方有个恶性二分法,对万物的整合性与活跃性斫丧太甚。在西方,全体宇宙被强辟为自然与超自然,便很难重新融合,整体自然界又被割裂成初性与次性,也很难再一体统贯,而整合性的人格再被分化成两橛,更是只有不断交战,永难和谐一致。

……

在这种情况之下,如果我们说中国文化乃是唯一不曾受此恶魔吞噬的文化生命,或许听来奇怪,然而这却是一个历史上的事实,它往后能否再保持下去是另一个问题。然而中国的民族文化,确是一向充满了“如实慧”,此乃因为中国人深悟大化流衍生生不息,宇宙全局弥漫生命,故能顶天立地,受“中”以生,然后履中蹈和,正己成物,完成中国人之所以为“中”国人之至德!

换言之,我们深知如何浃化于大道的生意,浑然一体,浩然同流,正如老子所说“大道汜矣,其可左右,万物恃之,生而不辞,功成而不有,衣养万物而不为主,常无欲,可名为小,万物归焉而不为主,可名为大”,“持大象天下往。往而不害、安平太。”(《老子》,第三十四、三十五章)

“有物混成,先天地生,寂兮廖兮,独立不改,周衍而不殆,可以为天下母,吾不知其名,强字之曰道”,“故道大,天大,地大,人亦大,域中有四大,而人居其一焉,人法地,地法天,天法道,道法自然。”(《老子》,第二十五章)

“上士闻道,勤而行之……夫唯道,善贷且成。”(《老子》,第四十一章,另参第七十六章)

“天地长久,天地所以能长久者,以其不自生,故能长生”,“无狎

其所居，无厌其所生，夫唯不厌，是以不厌。”（《老子》，第七章）

“知和曰常，知常曰明，益生曰祥”（《老子》，七十二章），“载营魄抱一能无离乎，专气致守，能婴儿乎”（《老子》，第五十五章），“含德之厚，比于赤子”（《老子》，第十章）……

孔子的卓越看法，更值得重视：“鬼神之为德，其盛矣乎，视之而弗见，听之而弗闻，体物而不少易。”“天命之谓性，率性之谓道，修道之谓教。”

“如天地之无不持载，无不复帱……万物并育而不相害，道并行而不相悖，小德渊流，大德教化，此天地之所以为大也。”

“博厚所以载物也，高明所以复物也，悠久所以成物也。”

“大哉圣人之道，洋洋乎发育万物，峻极于天。”（参阅《中庸》）

我上面引述了很多老子与孔子的话，以显示在各种文化发展中，中国哲学的智慧乃在允持厥中，保全大和，故能尽生灵之本性，合内外之圣道，赞天地之化育，参天地之神工，充分完成道德自我的最高境界！在比较研究其他文化类型之后，我们更可看出这种伦理文化最具积健为雄的精神，对追求人生幸福之途实有莫大的重要性。总括此中的根本精神，千言万语一句话，便是“广大和谐”的基本原则，在这种广大和谐的光照之下，普遍流行于其他文化的邪恶力量终将被完全克服。因为在此同情交感之中，一切万物毫无仇隙，所有矛盾的偏见、所有割裂的昏念、所有杀戳的狞态、所有死亡的悲慨——要之，所有破坏性的诡诈——都会在此穆穆雍雍之中化为太和意境，一体俱融。

以前孔子欲居九夷，有人问：“陋，如之何？”孔子回答：“君子居之，何陋之有。”（参阅《论语·子罕》篇）同样的信心也可用于此地，当创造性超越破坏性时，和谐也同时盖过了纷争，那时所存的，乃是根据高贵人性而完成生命理想的精神大凯旋。

（《中国人的人生观》，第 21—25 页）

（二）中西文化的类型

1.　“融贯型”文化与“分离型”文化

说起来也奇怪，中国在遥远的古代，在对外隔绝，未曾受到一点外来文化的影响下，早就发展了一种中国文化最大的特色，就是能观照在人和世界中生命的全面。古代的三大哲学传统，儒、道、墨三家，可说都是致力于人和自然的合一。这种我国民族天才所孕育的智慧力量，到了汉唐时期更发挥了它的影响，使以后好几个世纪中，从咸海到太平洋沿岸的广阔土地，成为一优美的文化区，表彰在艺术创造史里。接着，又注入了外来的印度佛学，使得中国文化更臻于完美，也使得中国人很自然地负起了领导东亚各民族去接受高度文化洗礼的神圣任务。……

……我们可以用“逻辑化清晰的分离型”（Logically articulate segregation）作为西方思想的特性。在西方，人们为了经验上的方便起见，常采取分离的方式，把那些似乎是不相融贯的活动事项加以分割。他们对每一件事物都仔细观察，看看它们是不自然的不可分呢？或是互不相干，或是相互排斥呢？苏格拉底是西方思想的创造者，他的理论体系对以后欧洲思想的发展，也具有决定性的影响。……由于他擅长分析，因此习惯性的喜欢把所有的事物放在手术台上解剖，所以结果使得他这一和谐整体的想法，成为理论的虚构。试看，他为了不断的追求智慧，却又不得不把精神从肉体中；把伟大的理性作用从愚妄的感觉亲知中；把另一世界的至善从此一感染罪恶的现实世界中分离出来。再看，他一方面在精神生活在奋斗，在灌溉培植真正的哲学，在以唯一活着的雅典政治家自期；但另一方面，他却时常要去“实践死亡”，为他日后的守死善道作准备。（译者按：苏格拉底所谓死亡，是把心灵从身体、精神从躯壳中解放出来。）

这种奇特的哲学风格，对以后欧洲哲学思想的发展，有了持久的影响。首先柏拉图深感“分离”（chorismos）问题的困惑，在逻辑上提出所谓“第三者的论辩”（argument of the third man），以求此难题的解决，但实际上却并不能解决。因为各种事物彼此对立，各种范畴失却连贯，需要第三者为桥梁去沟通，而此第三者与前两方面又各形成了对立，需要另外的第三者来做桥梁。这样下去，永远需要一个第三者为桥梁，也永远无法解决。因此要达到一个具有永恒的理性和理想价值的超越世界，便必须扬弃现象界的这种流变无已的对立性。……

柏拉图和亚里士多德共同的努力，终于使西方思想也接受了把超自然界和素朴的自然分开的希伯来的宗教思想。现在的智慧对上帝来说是愚昧的。在基督教的思想中，天国是超自然的，正如《启示录》里所说，是经过一连串的劫难才来临的，虽然麦克·奥里（Marcus Aurelius）也强调宇宙和谐统一的理论，但他却无法阻止其后继者在扩充罗马霸权时，又实行分割而后统御的策略了。

这种分离型的思想遍布在西方近代的科学、哲学、宗教、文艺，及日常生活上。如笛卡尔的二元论，古典科学上二分法的运用所形成的物质的初性和次性之分别的学说。康德在现象和本体之间彻底运用理性方法而产生的矛盾割裂，导引出黑格尔那种贯穿一切的辩证逻辑和本体论。在实际生活上，也有很多例子，如许多不只是限于心理变态的人格分裂，家不齐所造成的许多家庭破裂，代沟问题，政争厌恶，阶级仇恨，种族歧视，以及国家间的铁幕紧锁，宗教团体的对诤等等不胜枚举。

我以为西方思想充满了这种分歧性，使得所有的事物含有敌意。宇宙好像是战场，在这个大战场中，实体和现象怒目相视。由于魔鬼和上帝对立，因此就一个人来说，丑恶的一面往往破坏了善良的一面。由于自然和超自然的对立，因此就自然来说，表相和实相不能一致。由于人和自然的对立，因此就个人自己来说，受拘束的自我无法和超越的真我合一。这种相反对的例子，真是不胜枚举。推求其原因，主要是因为西方人不是忽视，便是误解了这种理性的和谐。虽然，很难得的，像大诗人莎士比亚、华滋华士、歌德和雪莱等人，才智的奔放，已臻于美妙的和谐之境，但这种和谐之境，多存于诗般的梦幻中，与现实的世界正好相反。

……

为了避免掉入形而上矛盾的无底坑，我将提供有关人和世界的另一张完全不同的图片。这一张图片中所画的，是我所谓的广大悉备的和谐。由于这种和谐，人和世界上的一切生命结成一体，而享受到和平、安宁的妙乐。要把这个理想化为事实，唯一的条件就是我们要确信人和自然（也即是宇宙），都是生元所发，都是中和的，这样，才能从根本上拔除矛盾及不幸。

最近，我曾论到西方这种分离性的思想形式，以为假如西方人执着这种形式，那么会把东方，尤其是中国的思想形式看成为没有智性的。因为形成中国人的观念型式和西方人的完全不同。这也就是西方学者对于中国人的心境常常格格不入的原因。他们所注意的，只是外表，而文化的生命和价值却必须从文物的内部才能透显，才能洞悉。西方的观念是条理清晰的，中国的观念却是浑融一片的。关于这点，康纳教授的话极为扼要，他说：

> 在亚洲，他们文化的各方面都是汇入整个生命之流中。他们离开宗教的情愫，不能谈艺术；离开了理性的思辨，不能谈宗教；离开了玄秘的感受，不能谈思想；同时，离开了道德，和政治的智慧，也没有玄秘的感受可言。（Kroner：《Culture and Faith》，P73.）

这段话所指，对西方人来说，在逻辑上是欠通的；但对中国人来说，却是一种深彻的智见。“非全即无”（All or none），这是中国人的至理名言。在西方人分离性的心态来看，中国的这种思想路子，借用凯萨林（Hermann Keyserling）的话来描写，乃是“使事物意义艰深的文化”。的确如此！我们以综合的眼光来看，外表复杂的事物，在艺术的境界上，又都是和谐相融的。一个中国的学者，如果他没有超然的思想，没有宗教的至诚，没有生命实证的道德意识，将不会被尊敬为一位纯正的“雅儒”。中国人评定文化价值时，常是一个融贯主义者，而绝不是一个分离主义者。

在这里，我必须先辨正名词的意义，才能探讨人与自然的问题。人与自然两者含义复杂，不能牵强剪裁，以求套入分离型思想的模式中。因为这种思想模式是人为的，与深微奥妙的人性及大自然完全不能对应契合的。

以科学的分类来看，人可分为以下几种情形：

（1）自然人：完全表现于行动操作的人。

（2）符号人：用符号语言表达不同意境的人。

（3）有情人：依据卢梭和乌纳门（Unamuno）所说是一种有感情的动物。

（4）理性人：一种永远依照理性而生存的动物。

（5）神性人：深藏若虚，本为神人，但由于被谬妄的知识所污染而下坠为寻常人。

自第一点来看，人只是和其他动物一样具有本能、冲动、习性、知觉的一种自然的存在。他如果剥去了人性上特有的价值，所剩的，和其他生物一样，只是物质界的一员而已。这是现代生物科学、自然科学、和心理科学所描绘的人。当然，中国哲学家也不能否认这种实际的存在，但中国哲学家称这一类的人，只是小人。所谓小人，是指在理智和道德方面有问题的人，为什么呢？按照荀子的意见，人如果在物质缺乏的情况下，他将为了争取食物，及其他的物质资具，而不顾羞耻，不讲道义，甚至不怕死亡……

接着再看着第二种人，他们是以符号的运用，渴望能寻求本性以外更高的东西。在西方，科学、哲学、纯艺术都是以各种符号——如姿态、颜色、线条、声调、指标、文字、公式、具体和抽象的语言、概念、原则、知识体系等——来创作的。但这些符合象征的是什么？象征的主体又是谁？

要回答以上的问题，必须先确定一个基本的假设，就是说：主观的分离型思想，必须趋向客观的分离型的实在，而且是不可避免的需要客观化。符号只是一些标志，经由一连串象征的历程，蕲求表达它们所要表达的对象。符号的运作者只是一个主体，即使竭尽所能，也只是响往于一种从未曾知，而且是不可知的对象，依据二分法及内在的二元对立性，透过辩证逻辑的运用，其势不能不陷于矛盾，这样一来，那个符号的运作者，也即是符号人，最多只是表现一种浮士德的精神，追求着永远也无法达到的理想而已。他们常因不能把握外物本来的准确性，而落入了客观性的迷惑中，于是只得回过头来，躲在主观的范围内，孤芳自赏……

毕竟，这种空想化符号式的人性，是必须拿理性来纠正的。因此有“人是理性动物”观念的产生。就人是理性动物一层来说，东方人和西方人之间，并没有根本的差别。假如有差别的话，也只是思想模式的不同而已。在西方，科学、哲学、和宗教，常互相限制，形成了分隔。近代科学所发展的自然理性（Nature reason），对于宗教实质却毫无启发；而宗教所依据的神圣理性（Divine reason）反倒轻视科学所最关心的物质世界的一切自然形态。西方哲学则企图用理性来沟通现象界和本体界，却是难关重重。依据康德的看法，这种理性如果超出了它自己的界限，便倾向辩证的矛盾，而失却理性的本真。这种被分离了的理性，是不为中国的心灵所接受的。因为中国哲学所谓的理性之大用，乃是旁通、统贯的精神统一体，虽然中国哲学的发展派别众多，意趣各异。但就理性之大用这点来说，却是一致百虑，殊途而同归的。

老子曾说：

“知常容，容乃公，公乃王，王乃天，天乃道。”（十六章）

荀子也说：

“君子大心则天而道。”（《不苟》篇）

墨子也以宗教的根据和政治的目的，要求所有人的生命、精神、和思想，应取法于最公平的天志。

假定中国古代各派的哲学家们灵魂不朽的话，当他们拜访西方世界，看到西方人所追求的理想是那样的分歧，将会大吃一惊。他们看到西方观念中自然理性和神圣理性之间的绝缘，而哲学的智慧又无法把前两者加以沟通，一定会感觉西哲把人称为理性的动物，实在是名不符实。例如苏格拉底是西方理性的代表，但他为了保持精神的不朽，却必须让自然的肉身死亡。再说西方人大多接受希伯来宗教的主张，认为自然人具有自然理性，引发了自然知识，照理说，一切都顺乎自然的。可是却又相信人有原罪。关于此项严重困难，巴斯卡（Pascal）说得好：

人啊！你将怎么办？你是以自然理性追求你的真际吗？傲慢

的人啊！要知道，那是一个似而非的看法，你要谦逊！你的自性是无能的！……

由巴氏这话中，可以看出他也认为西方人的理性在根本上是矛盾的，我认为中国哲学能救此病，关于这一点，后文将有说明。

首先，按照卢梭的看法，他认为人是充满了热情的动物。这种论调，并不为人所重视，因为卢梭所谓的情感，多少沾染了精神上不正常的病态。其次，由巴斯卡、斯宾诺莎、尼采，和其他神秘哲学家们基于深度的宗教体验所提出的一套理论，认为神性的人，寓其奥妙于神灵中，在自然界上已迷失了。他们只是套着宗教情愫的理性外衣。依照西哲的看法，他们的神圣本性却是理性所无法了解的。这样，岂不是认为理性又丧失其作用了吗？这叫我们怎么办呢？

在这种情形下，中国哲学家们要我们解脱那种因分离性思想所产生的内在矛盾的痛苦的桎梏。他们喜欢去观照所追求理性的全体大用，而不是限于分离型的局部。

……

在中国哲学里，人，源于神性，而此神性乃是无穷的创造力，它范围天地，而且是生生不息的。这种创生的力量，自其崇高辉煌方面看，是天；自其生养万物，为人所禀来看，是道；自其充满了生命，赋予万物以精神来看，是性，性即自然。天是具有无穷的生力，道就是发挥神秘生力的最完美的途径。性是具有无限的潜能，从各种不同的事物上创造价值。由于人参赞天地之化育，所以他能够体验天和道是流行于万物所共禀的性分中。

由中国哲学家看来，人常在创造的过程中，随着宇宙创造的生力浑浩流转而证验其程度，他一方面是创造者，一方面又是旁观者。唯其如此，人的生命时时渗透于宇宙的秘奥中，而显露它神奇的力量。他认清自己受禀于天道。他的自性中含有神性。他更了解，没有任何东西能遮盖由天道所在的神秘的创造力。这种创造力是自生的，也没有任何力量能阻碍它的发展。不仅人是它所创的，人的理性和神性也是它所生的。由于人同具理性和神性，所以他对神和人性的了解是直接的，而非推论的；是亲切的，而非隔膜的；是直觉的，而非分析的。由于直观的体验，中国的哲学家能确知人性至善是源于神性的。人也许会失落，但并非偶然的，而是由于他违离了天道。人的存在之初，并没有离道，因为人的存在，本是天命所生的。庄子以为人如果执著偏蔽自己以为就是人了，那样便会违离天性，被造物者认为是畸人。人不成为人，有两种可能，一是造物者不再创造人，一是人在根源上没有神性。这两种情形都是不可能的。唯一能解释人为什么突然失落的原因，乃是人与天脱节了，而不能照应。这种分离性的思想，产生了反宗教的后果。中国哲学家们认为这是非常危险的。因为人的失落，是由于缺乏知识，人也许无法完全依照理性，因此，他不可能在任何环境中都是合乎理性的。人必须知道违离天，或成为畸人的危险，而尽量使自己不为兽性所掩，不限于自然人，他才能归于理性，成为理性人。

……前面，我们常提到“自然”一字，这字意义混淆，极不适宜。由于西方人的心灵中充满了这种分离性的思想，反而因其过分自然，使人与万物自然的极端发展，而不能自然的融合。这种情形真令人费解。

然而，对中国人的心灵来说，自然是最亲切的，它决不是以下各种西方人观念中的自然：

（1）自然是指在后期希腊哲学中所谓的，一个没有价值意义，或否定价值意义的“物质的素材”（Phusis）

（2）希伯来宗教思想认为，一个堕落的人受虚荣的欲望，自私的恶念，和虚伪的知识等愚妄所迷惑，而一任罪恶所摆布，这就叫作自然。

（3）自然是指整个宇宙的机械秩序，这种秩序依近代科学来说，即是遵从数学、物理定律支配的数量化世界，是纯然中性的，而无任何真善美或神圣价值的意义。

（4）自然是指一切可认识现象的总和。严格遵守先验自我所规定的普遍和必然的法则。这和康德及新康德派中的不可知及不能知的本体正好是一个显明的对照。

假如中国哲学里的自然不是以上各种含义，那么，究竟是什么呢？另外在西方还有二种对自然的看法，与中国哲学的自然稍为接近：

（5）大诗人们常把自然当作拟人化的母亲。

（6）斯宾诺莎所谓的“活的自然”（Natura Naturans），是指具有无限力量的无限本质。在它之下，都充满了创造的性能。

严格说，前面最后两点看法，并非完全是中国哲学的自然的真意。这理由简单易见。就像大诗人歌德也认为“他的心好像是被躲在自然每个角落中的破坏性的力量所损伤，自然力量之所及，足以吞噬一切”。他又说，自然好像是“一个永远吞食亲子的可怕怪物”。这正反映出，在古代，这个自然的母亲，被大家当作可怕怪物般的敬而远之吗？至于其他诗人，如华滋华士、雪莱、和侯德林（Hoderlin）等人所描绘的自然，也许令人感觉得过分浪漫，过分神奇，使人不能相信，尤其接受现代科学洗礼的人，更是如此。

斯宾诺莎理论的困难在于，他所谓的自然被设想为一种永恒的实体，反而使得自然内在的创造力受阻，不能显现出来。这样的自然，在本质上是趋向于静的，而非动的。这和中国思想上把自然当作生生不已的创造力量是不同的。

关于中国的自然思想，我在《中国的人生观》一书中曾说：

> 对我们来说，自然是宇宙生命的流行，以其真机充满了万物之谓。在观念上，自然是无限的，不为任何事物所拘限，也没有什么超自然，凌驾乎自然之上，它本身是无穷无尽的生机。它的真机充满一切，但并不和上帝的神力冲突，因为在它之中正含有神秘的创造力。再说，人和自然也没有任何间隔，因为人的生命和宇宙的生命也是融为一体的。

自然，顾名思义该是指世界的一切。就本体论来说，它是绝对的存有，为一切万象的根本。它是最原始的，是一切存在之所从出。它就是太极，这字首先见之于《易经》一书中，易经上认为太极能生天地，又能递生天地之间的一切的一切。后来到了宋代，由理学家更进一步发展为无限的天理，为万事万物所遵循而成就最完满的秩序。

从宇宙论来看，自然是天地相交，万物生成变化的温床。从价值论来看，自然是一切创造历程递嬗之迹，形成了不同的价值层级，如美的形式，美的品质，以及通过真理的引导，而达于最完美之境。

不论有何困难，中国人都喜欢用“自然”两字远胜过“宇宙”两字，主要的理由有三，第一点在易经中有说明：

“成性存在，道义之门。”

这是因为中国哲学里的自然和性稟是一体的。所以，用“自然”两字可以使天人合一。第二点是由于中国人具有诗的气质，常把自然拟人化。老子有段话说得极为恰当，他说：

“天下有始，以为天下母。既得其母，以知其子，既知其子，复守其母，没身不殆。”

自然和人之间有如母子的亲切关系，这种关系并不因疏远而消灭。第三点是在自然的境界上，把天、地、人合成一片，把万有组成一个和谐的乐曲，共同唱出宇宙美妙的乐章。

由于时间的匆促，我将以中国思想里人和自然的关系作为本文的结语：

（1）关于自然，我们认为它是宇宙普遍生命的大化流行的境域。不能将它宰割而简化为机械物质的场合，以供贪婪的人们作科学智能的征服的对象，或政治、经济权益竞争的战场。自然，对我们而言，是广大悉备、生成变化的境域。在空间中，无一刻不在发育创造；在时间内，无一处不是交彻交融的。它具有无穷的理趣，值得我们欣赏和眷念。

（2）自然是一个和谐的体系。它藉着理性的神奇与热情交织而成的创造力，点化了板滞的物性，使之成为至善至美的自由丰盛的精神作用。仁人志士于此可以戮力厉行，提升品德；高人雅士于此可以优游创作，成就才艺。自然是本体的至真之境，也是万有价值的渊薮。它是纯善、纯美、洁净无疵的。

（3）富有心智的中国人，都认为自然是神圣的、幸福的境域。在那里，圣人贤士都以顺应感召的方法，散布着生命的福音；而不是以恐吓诅咒的手段，斥责人间的罪戾。很多中国的经典古籍里，都充满了这种生命自然的赞歌。

（4）由于心中对这种生命存有神圣的信念，作为一个典型的中国人，他的人格修养不是局限于个人偏颇才能的发展，而是企求懿美品德的完成。我们人类精神的发扬，既然已臻于崇高的境界，那么个人就应以忠恕体物，深觉我之与人，人之与物，一体俱化。我、人、物三者，在思想、情分及行为上，都可以成就相似的价值尊严。我们以平等的心情，待人接物，自不难与天地并生，与万物为一，共证创造生命的神奇。唯有这样，我们在内心深处才能发掘出一种广大的同情心，把它发现出来，才可以布满大千。我们珍惜自己的生命，也当尊重别人的生命，同时更应维护万物的生存。由于这种民胞物与的同情心，使我们能看得出、感得到，而且更相信每个人及每一物的生存价值，和我们自己的成就是一致的。有限和无限在神圣生命妙乐的享受上是合一的。哲学所建立的理想生命，和宗教所启示的神圣生命，是交融互彻、一体不分的。

（5）最后，我们尊敬生命的神圣。我们站在整个宇宙精神之前，呼吁大家本于人性的至善，共同向最高的文化理想迈进。也就是为了这个原因，传统的中国思想不受原罪的干扰，而且相信，凭着我们的纯洁、庄严的本性，可以得到精神的升华。中国人的思想在这方面是独一无二的。绝不会如牛津大学的陶滋（Dodds）教授所说的，像西方人那样，背负着“罪戾的文化”的传统，而感觉命运的沉重。

（《生生之德》，第258—280页）

2. “品德文化”与“能力文化”

德国哲学家凯塞林（Hermann Keyserling）在他所著《创造的理解》那本书上，对目前正在流行的文化表示不满，他把这种文化叫做“能力文化”。“能力”是中材以下的人很容易养成的。这种崇尚能力的文化因为要博很大众的赞许与接受，所以在流行变化中，其意味日趋于庸俗平易。由于这种文化的渗入控人的精神生活中，遂产生了许多堕落的现象。譬如音乐，本来是供人欣赏理解的一种高妙深透的艺术，然而经过演变，人们偏要把它变成歌剧，更进而变成了电影，配合上种种音调与表情，使人没有一点寻思玩味的机会。而且观众所要思想追寻的对象，他们在影剧中已代为表演来说出，也无须再去思想追寻了。在文字方面，他以为希腊文与拉丁文最为完整，不过比较艰深，其次法文也是组织完善的文字，但大家都不去学。对于英文——尤其是殖民地化的英文，反趋之若鹜。凯塞林对于这种西方文化的堕落的趋势表示非常愤慨。

另一方面，凯塞林对于东方文化却推崇备至。他以为中国与印度的文化是世界文化中的智慧之所在。尤其中国的文字最值得赞扬。它不仅象形、象声，而且象意。在这种文化本身，便蕴藏着对人生伟大的理想。中国文字最能运载精神文化的奥义，它好像是一种含义深刻的艺术品，高标在摩天的层楼上，平地视之殊难尽其超妙，非提神仰望不足以语其崇高。像这样的文化，可以说是“品德文化”。生活在这种文化中的人，必须有高深的修养，才能领略到其中的真义与优美。他说世界上的智慧都来自东方，由于东方崇高文化的陶镕，所以历代不断产生哲人与圣人。我们从这些论调中，可以想见凯塞林对东方文化是如何的倾慕崇敬了。

凯塞林在第一次世界大战以后，因身感西方文化日趋堕落的痛苦，故转而仰望崇拜东方的文化。但处在世界第二次大战的今天，当侵略的势力到处横行的时候，我们从敌人的暴力下醒悟过来，我们对东方与西方文化的感觉，已经与凯塞林不同了。我们面对着西方的物质文明，感觉瞠乎其后，无论科学、工业、经济、军事……西方都跑在前面，而我们落了后。于是有心人士喊出迎头赶上的口号，拼命提倡研究科学，希望从科学中产生技术，并借科学技术来赶上西方高度的工业化。

讲到高度工业化问题……我想提出几个问题和几位讨论。

一、近代西洋的工业技术产生于科学，这是彰明较著的史实。但是我们要问：科学思想之在中国人心中是否已经根深蒂固了？如曰未也，我们应如何孕育科学思想？更如何利用科学，产生技术，以促进工业化的程度？这实是当前的迫切的问题。西洋文化所产生的科学，略可分为两部分：一部分是文化科学如历史学、心理学、哲学等，这几种科学是人类内心生活体验的结果；其成因，为反省的活动，其对象，为丰富的价值。另一部分较具体较实用的科学则产生于人类对自然缜密的观察与长期的实验，得到确果以后，便加以控制和利用；其对象完全是自然界。说到这里，中国人与西洋人对自然界的态度，便不同定的结了（编者按：原文如此，见《方东美先生演讲集》第 191 页。因不便臆断，姑实录）。我们的哲学思想是“天人合一”，“天人无间”，把全部生命都投放于自然界中，一切思想情绪都长养在自然界的怀抱里，对自然界并不感觉生疏：我就是自然界，自然界就是我，我与自然界水乳交融，合而为一。所以对自然界只有欣赏与同情，而不肯有丝毫的破坏或渎犯。但西洋人对自然界的态度便不如此。他们科学的前身是中世纪一般人所谓的神灵，那时他们把自己的理想寄托于自然界之上的天国，把整个的自然界当作物质下界，当作罪恶的渊薮。他们的理想是寄托于超自然界的，那一个时代的人是“超自然人”。迄后才慢慢地由超自然人解放为“近代人”。

有人说，近代人就是“自然人”。其实不然，当近代人初次由超自然人中解放出来的时候，成了一种上不在天、下不在田的形势，既不是超自然人，也不是近代人。就好像一个人孤悬在一只气球上，凿空蹈虚而无所归宿。然而不久他们为好奇心所驱使，便踏进了自然界，而成为自然人。本来按他们的传统，是看不起自然界的，但既已身处其境，同时为好奇心所驱使，便开始在自然界中活动。活动的结果，逐渐认识、了解了自然界，对自然界的形成找出许多分析解剖的原理，这在初期好像对自然界很客气，到后来经过不断的实验，对自然界已逐渐认识清楚，便想利用它了。一面彻服它、把握它，一面对它发下许多律令，叫它遵守。从此自然科学变成了实用科学。自然科学变成实用科学以后，就如一只猛虎雄踞在悬岩，悬岩前面是无垠的平原，平原上无论飞禽走兽，甚至我们人类，都在它的势力范围之中，都要受它的控制。

……我们今天的活动，无论是艺术、文学，尤其是科学，对自然界是否已从根本上改变了过去的看法？假使还没有采取这种态度，所谓高度工业化的进展，必将因之而迟缓，在思想上这个态度的转变是非常重要的，否则，西洋科学思想和勘天役物的精神，便与中国人的心性格格不入。凯卜洛、伽利略、牛顿以及许多大科学家，次第发现了自然界的基本定律以后，便用这些简单的定律把整个的自然界概括起来。近代许多科学家，因为要追求方法学的便利，便把宇宙劈作两橛：一是真相的自然界，一是假相的自然界。真实的自然界中含藏着时空、物质、运动、数量等属性。这些他们都唤作初性或第一性质，并且视为客观宇宙中的真实存在。至于假相的自然界中，仅有色声香味触等次性或第二性质。这些次性只从人类心理反应中挟带而起，在客观宇宙中原无确实的地位。此中理论便是第十七世纪科学家所主张的初性次性分别说。在哲学上斯宾诺萨（Spinoza）竟把自然界化作两方面看，也多少受了这种理论的影响。依斯宾诺萨看来，自然界有两种：一是伦理的、宗教的、活泼的自然界；一是科学的、机械的自然界。后者在时空中可以表现出各种的动静，却无真善美的价值。近来英哲罗素更引申这种理论的效果，直谓科学对宇宙因为要坚持客观的态度，所以谨守伦理的或价值学的中立。

综上所述，我们追溯西洋文化的流变，便可察觉下列几个特点：（一）中古西洋人游心尘外，倾向天国，自然界只是人类升祭天国的一种踏脚石，除此之外，更无什么积极的价值。（二）近代西洋人回向自然，处心积虑要了解自然界的秘密，始而虚心观察，继而耐心沿验，终于发现精确定律以说明客观的程序。（三）科学思想系统确立之后，近代西洋人更据以发挥权能，产生技术，控制自然界之质力以为人用，于是工业文明的成就因之而大显。这二、三两点，都是我们今日应当诚心响往的。但是此中亦有根本困难我们不能置而不辩。近代科学因为要确守逻辑的谨严，追求方法的利便，重视客观的真实，乃遂剥削自然界之内容，只承认时空数量物质之存在，而抹煞人类心理属性之重要；因此艺术才情所欣赏之美，道德品格所珍重之善，哲学宗教所覃思之真，以及其他种种价值，都失其根据而流为主观的幻想。这却是文化发展上一种极大的危机。

从我们中国固有的文化来看，宇宙看实存在常是负荷着真善美的价值；所以我们把握存在，同时便能欣赏价值。近代西洋人割裂自然界，漫将客观的存在与宝贵的价值区分为二而断其连贯；揆其究竟，宇宙的终极目的，人生的至善理想往往浮游无据，濒于幻灭，所以哲学家如康德其人，如欲建立美善价值境界，便须在理论上另起炉灶。今日文化价值之黯然日消，功利主义之普遍流行，其原因正在乎此。我们今日要效法西洋工业文化，不能不溯源西洋科学，而西洋科学思想中竟潜伏着如此重大的危机。试问各位先生对于此种危机之克服有何亮见？方不致遗忘中国固有文化之优点而轻率蹈陷于西洋浅薄的利用主义？

三、近代整个文化有一种趋势，就是人在自然界中的地位如一粒尘埃，掉落于无底深渊，感不到不可言喻的渺小（德国哲学家尼采对于此层曾痛切言之）。假使以纯物质的观点来分析解剖人的构成，而把人的视听嗅觉除掉，试问人类对于世界还有什么兴趣呢？再进一步说，连人类文化中哲学上的真，道德上的善，艺术上的美也给剥夺掉，那么人能还有什么价值？生活还有什么意义呢？所以今天的所谓科学，如不更从积极方面重新予以估价，将日趋于虚无诞妄的境界。把人类变成宇宙间极渺小的一种物质，从大的一方面说，人类不如自然；从小的一方面说，人类不如一架机器。机器本来是人类创造出来，供人类使用的工具，然而现在，人反而小心翼翼站在旁边服侍机器。再如狂妄的纳粹主义希特勒与法西斯主义墨索里尼，简直把机器当作上帝，不惜跪在它的面前馨香祷祝，多多赐给他们以飞机大炮。结果是促成整个人类的文化的毁灭，狂妄的侵略主义者也同归于尽。记得在斯宾格勒（Spengler）的巨著——《西方之没落》——的封面上，曾画了一幅世界地图，上面没有了美洲、欧洲、和亚洲的大部分，只剩下一个非洲了。意思就是说具有近代文化（飞机、大炮）的欧、美、亚洲，都被近代文化所毁灭了。所以世界上的一切活动，如果只以物质来衡量，无异替人类降下了无穷的灾难。我们现在正准备尽量接受西方的文化，将如何避免恶果的产生，这是我要请各位解答的第三点。

四、近代工业发展的结果，人类社会产生了新的组织和制度，社会的组织制度影响了整个人类的生活。我们今天所有的工业文化，都取自西方，我们不能仅接受其文化的本身，更要注意他们工业文化所产生的客观制度，是否有招来文化毁灭的危机。西方自从工业革命以后，工业革命所产生的客观制度已经三度变化：第一，把它说得好听一点，叫作“个人主义的民主制度”。这种制度建立的结果，把原有的封建制度予以破坏，把旧社会的佃户农奴解放出来，成为独立的自由人，同时成为一个国家的国民。他们被解放出来，对于自由非常重视，喊出了保障自由的口号。自由得到了保障，又继续要求平等，得到了平等，个人主义者便进到经济界里面去。个人主义者的本性原如一张白纸，自投到经济境界以后，在种种的护符下，要用最小的代价获取最大的利益。于是他们便变成了极端自私的“经济人”，整个的生活都投入了经济的氛围。他们所企求的只是货物与金钱，货物与金钱之储蓄既已丰富，于是摇身一变而为资本家。资本家要大规模的生产，要增加工作的效率，同时要求有组织，要求国家的保护，并要用国家的力量代他们倾销货物。个人主义的民主制度社会，至此乃变为资本主义制度的社会了。迄后资本主义者更大显神威，运用金钱夺取政权。借国家的武力，向外抢夺殖民地和市场，资本主义至此又摇身一变而成为侵略的帝国主义者。欧洲近二百年的政治史，都是帝国主义者写下来的。由此可知，资本主义乃产生于高度工业化的经济制度。我们今天高呼工业化，努力于工业建设的时候，绝不容许经济人的任意发展，否则难免蹈资本主义的覆辙。

第二，资本主义变成了帝国主义的经过略如上述。另一部分的近代人，因痛恨资本主义之积弊，又用革命手段扭转社会的制度，变成了古典的社会主义或史太林的共产主义。因为资本主义的社会，权利为少数人所享有，大多数人成为这少数特殊阶级的工具。所以古典的社会主义或史太林的共产主义，便形成了另一种阶级，实行这种制度的结果，国家便要被消灭了。因为只有放弃国家的利益，才能保持阶级的利益。然而我们今天高呼工业化的目的在建国，与共产主义者工业化的目的不要国家，是完全两样的。依一部分人的眼光看来，我国过去可能实行古典的社会主义，但这种可能如果成为现实，也必须是高度工业化的结果。我们将来的建设是否要走上这条道路？假使走上了这条道路，我们今天高呼要建设的“国家”，那时又将到什么地方去了呢？

第三，是纳粹或法西斯的制度。纳粹主义是需要国家的，他们在很久以前便高呼德意志民族高于一切。走了这一条路，国家可以不牺牲，经济效力也需要，于是产生了自给自足主义，他们的国家超越一切。这种制度实行以后，人类将遭受最大的灾祸，因为国家虽然存在，而操纵国家的只有希特勒自己。那时人民没有了自由，没有了平等，只有希特勒唯我独尊，希特勒是“神”的代表，可以暴戾恣睢猖狂妄行。一切古典主义的文化、艺术、文学、哲学都要完全毁灭。在科学技术方面说，德意志人民不愧是二十世纪的一条好汉，实行他们的制度，国家也可以保存，但一切国民，以及国民千百年后子子孙孙的幸福，便都葬送无遗，人类的价值也无法实现了。我们将来的工业建设是否可能走上这一条危险的道路？这也是我今天要向各位请问的。

至于我们中国的传统思想，是天下为公。礼记礼运篇上说：“大道之行也，天下为公”，直到“是谓大同”这一段话中有许多宝贵的道理，彼此都有关系，如果能设法使其和谐，人民的生活便可得到安定的保障。“天下为公”这四个字，可以代表人本主义者极高度的政治理想。后段有“货恶其弃于地也，不必藏于己；力恶其不出于身也，不必为己”，这几句话就是说：牺牲自私自利的心理，完成恢宏阔大的个人，建设理想的国家，再扩而充之，创造大同的世界。这种伟大的理想，是我们民族精神的生命线。试问今天世界上有哪一个国家的主义或制度具有这种崇高的理想呢？现在欧洲虽然已经有了不少的组织与制度，但这些组织或制度究竟是善呢？还是恶呢？如何避免这种恶的组织或制度呢？我国现在还没有近代的组织和制度，势必要效法西方。在效法西方中，必须注意避免恶的组织和制度，否则，要建立符合我国传统的理想社会势不可能。

记得有一位丹麦哲学家兼文学家 Kierkegaard（齐克果），把人类生活之进展分为三个阶级；科学的、首先的、宗教的；也可以说是技术的、道德的、宗教的。这种说法，可以引来说明人类文明化生活发展的路径。西方技术工业化，最初脱胎于科学，科学上有了充量尽类的发展，近代西洋人乃遂据以养成勘天役物的技术，结果又运用这些技术，来支配人类社会生活，形成了种种制度与组织。中间只因科学思想中潜付理论的破绽，技术的运用上也缺乏崇高的理想，终乃引起工业组织及制度的罪恶。我们现在努力促进高度工业化，先须正本清源，挽救科学理论的破绽，更须高瞻远瞩，确立伟大的理想，广使科学技术发而为用，如此才可以消极地避免组织与制度上种种恶果，积极地增进国民福利。要达到这种目的，只靠接受西洋科学技术是不够的，必须启发我们固有的人本主义的伦理思想，及东方圣哲（如释迦牟尼……）苦心救世的宗教热诚，于事始克有济。

（《方东美先生演讲集》，第189—197页）

其　他：

论方东美哲学

——余秉颐、梁燕城的对话

余秉颐（安徽省社会科学院研究员）

梁燕城（《文化中国》总编辑）

梁：余教授您好。您是对方东美哲学有过深入研究的，中国大陆这方面的学者并不是很多。我最有兴趣的是，方东美代表了二十世纪中国哲学的一个大家，也是一个大的系统。方东美的系统具有一种很特别的不同的情调，我中学时曾看到他的一本书叫《科学哲学与人生》，有一种对希腊文化很浪漫的情怀，也有一种宇宙情怀。他对宇宙的美、和谐，总是有一种很大的感觉，他连理性的希腊都能看出宇宙的和谐。到他晚年研究华严宗，更是一种广大的宇宙和谐观。他自己也重视宇宙是充满生命的，写了《生生之德》这本书。现在成中英哲学也具有这种广大和谐、宇宙无所不包、生生不息的创造性，也是不断创造性的人生。方东美宇宙的广大情怀，跟唐君毅、牟宗三等的新儒学有些不同。牟宗三是从康德来开展他的直接推论并讲到道德形而上学，从那里转出儒家思想，以康德思想为本，慢慢把中国哲学的心性论，放在一个主体的架构里面，他的思想还是以人的主体为本，从心性论开出对宇宙人生的看法。唐君毅是从不同境界的系统尝试对客观、主观及宇宙的不同方面的超越，以及内在的不同境界的理解，但是唐先生还是从道德心开始的，道德的自我建立里面，在《道德的自我建立》这本书中，到《文化意识和道德理性》一书，讲整个文化世界，再展开人生不同境界，基本上还是以道德为本的。而牟宗三是从认识心的批判到知识心，再开出道德心，也是新儒学的传统。但方东美有些不同，宇宙反省是他思想的重点，不是以“我”为本，而是以宇宙为本，这大概是我对他们不同的理解。

余：正如您所说，方东美先生有一种博大的广阔的宇宙情怀，而牟宗三先生主要是从“理”的角度来阐述宇宙和人生意义。当然，牟先生对中国文化和哲学有很大研究，对西方文化和康德哲学也有很大研究。牟先生把康德的“理”和自己的“理”结合起来，推出了以“理”为核心的新儒家的哲学系统，应该说是很有贡献的。但方先生的最大特点，正如他自己曾经说过的，任何研究哲学的人，如果仅仅抓着“理”，而把“情”疏忽了不去发挥，那就是哲学上的一个极大失误。所以，方先生从他的生命本体论出发，认为哲学就是生命精神的表现，生命精神才叫哲学。生命精神表现出来是什么呢？方先生讲了两个方面：一方面是要契合宇宙之理；二方面是发抒人生情蕴。人不能把宇宙看成一个机械的物质活动的场所，而要看成一个有情的天下，更不能像西方现代哲学某些流派那样把人的生命看成一束原子组成的结合体，把人的生命活动看成机械的物质活动。宇宙本体是一个生命的本体。生命的本体在方先生看来，就是处于“情”的不断推动之下向前发展的。方先生的哲学基于生命精神，表现出来的是一种生命情怀。这种生命情怀，向外可以与天地万物融为一体、浃而俱化，人可以参赞天地之化育。当然，方先生不否认作为哲学思维必然要去追求“理”；他讲的这个情，也是以理智为依托的。他讲到“哲学”的定义时，认为哲学的功能是两个：一是“纵览宇宙理境”，在事理上要对客观宇宙有一个真切的了解；二是“发舒人生情蕴”，在生命精神上要有主体的不断地向更高境界追求。他说“哲学的建筑”有两大支柱：一是“客观的世界”；一是“主体的人类生命精神”。哲学思想从理论上看，起于境（宇宙理境）的认识；而从实践看，则起于情的蕴发。关于如何理解方先生所说的这个“情”，学术界有不同看法。方先生一再申明，他所说的这个情是广义的，不等同于我们平时所说的七情六欲的情，当然，二者之间有联系，不能说不相干，但方先生一再强调“情”是对人生真善美的一种价值的追求。所以我认为，如果要给方先生所说的“情”作一个简略的界定，那么可以说，所谓“情”是指人们对于宇宙人生的价值化的追求。当“情”内敛于人们心中时，是一种价值意识；它抒发出来，就是方先生所说的“价值化的态度和活动”，就表现为对天下万物的博大情怀。我感到这种对于“情”的注重与推崇，确实是方先生哲学的一个极大的特点。正如您刚才所说，他和唐君毅先生在这方面有共同之处，唐先生也不是用冷漠的思维去认识这个世界的，虽然他的哲学根基是道德理性，以道德理性作为整个主体和客体的基本支撑。但尽管如此，唐先生也具有一种浪漫的博大的宇宙情怀。而方先生更加突出的，就是很明确地定义了哲学是人的生命精神的体现。所以方先生虽说是一个新儒家，但他很有道家那种超脱的精神和情怀。他这方面在新儒家中是很突出的。方先生提出，人的生命精神总是要从物质文化向着精神文化追求，从精神文化的形而下层次向着形而上层次追求。科学属于精神文化的形而下层面，因为科学是解决物质方面的问题、技术方面的问题，即人生形而下方面的问题。形而上的文化则有艺术、哲学和宗教，它们体现了人类对真善美的价值理想的向往和追求。方先生对天下有一种不泯的情怀，他在论诗词的意义时说过，“生命的现实就是苦难”，诗词的意义则在于通过艺术的想象，让人们在思想中冲出现实的苦难，而得到一种真善美的享受，或者追求一种真善美的价值的满足。唐君毅先生也具有这种情怀和理想。例如他说的“心灵九境”就体现了这种情怀和理想。但相比来说，方先生在这方面可能表现得更强烈，人生对真善美价值的向往在他的哲学中表现得很鲜明，可以说，方东美的哲学是一种真善美的价值的结合体。

梁：到牟宗三那儿，就不太讲境界。虽然他也讲境界的形而上学，但境界在他那儿不作为人生意义，而是提到佛道儒境界时解决康德哲学的一种说法。牟宗三可以说是从“理”出发，非常理性地一步一步研究，从康德那儿最后提到道德和上帝只是一个预设，他觉得是不满足，而且人在知识上只看到现象的物质性，也觉得不够。所以要解决这个问题，他提出假设人跟上帝一样，因为上帝可以看到物质性，人只要通过中国形态的修养功夫，只有预设人是有限的和无限的，通过修养功夫而呈现一种无限性的时候，那就可以看到物质性了。所以从某种意义上说，人心到最高境界时差不多变成上帝一样无限性了。这是很理性的慢慢推出中国哲学方向。牟宗三的理性推理很美，而像方东美那样比较浪漫的美的情怀，却是很少的。

余：两位先生在气度上的不同，我认为方东美更多的富有诗人气质，而牟宗三则更为冷峻。牟先生的很多研究成果，以及牟先生的一些行迹传记，都表明他的思维是非常具有思辨性的。他对问题想得很细，很深入，很深沉，而且推理也很严密，许多命题是推出来的。他有严谨的依据和概念，包括中国哲学和康德的概念，从中推出他的理论框架。方先生的理论有时看来不是那么严谨，包括他对中国古代某些典籍的看法，对孔子哲学的一些看法。例如他反对以《论语》作为研究孔子思想的主要依据，认为孔子思想主要体现在《周易》里面，而不是体现在“格言体”的《论语》里面，《论语》固然是宝贵的“人生经验的结晶”，但它“没有论及宇宙全体”，因此远不如说明宇宙人生是“时间创造、时间变化”的《周易》能够代表孔子和儒家的真精神。严格说来，这种见解在学术界是引起争议的。这不像牟先生的见解，从理论上看都很有理据。方先生不一定去追求学理的一步一步怎样的推演、怎样的严谨，在他身上是更多体现了中国传统哲学的某种特点，有些时候比较直观，而不要求这些观点得到严格的论证。这可能是治学方法上的一个区别。

梁：牟宗三是以推论来论证的，没有那种很感人的写法，方东美讲课肯定是很感人的。唐君毅也是很感人的，牟先生只是追着自己的理路推下去，他讲课时总是把康德的话一句句写在黑板上，这是非常不同的。唐先生讲课时总是想感动那些同学，方东美讲课时应该也是很有感人气质的。方东美出了一个大弟子成中英，算是一个大师形态的哲学家了。成中英继承方东美那种广大和谐的心态，同时受到西方很好的训练，这点很重要，因为无论如何，上面三位元老先生在那时因为语言和文字等原因，受西方的训练还是有限的。成中英那个时代好一些。他留学时，有一段通过分析哲学从奎因那儿找到比较本体论的分析哲学，最后接上伽达默尔的诠释学这样一条路。对西方有很好的基本理解之后，再转回中国哲学，方东美那种广大和谐的精神，就变成成中英的本体诠释学带来的一种同西方对话而产生中国哲学的特别系统。这个系统就是以为本体跟方法是不分开的，本体具有方法意义，方法具有本体意义，这是非常奇特的，跟西方不一样的，真的是体用无二了。他把价值论、本体论、伦理学每一方面都结合在同一系统中，这个基本上也是方东美精神发展出来的，然后，华严宗大和谐精神，到成中英有下有上有内有外的一个整体的统合，而形成一个可以跟西方对话的系统。方先生和唐先生，外国人看可能不能完全明白他们的进路，不明白他们所谓的境界是什么，牟先生外国人有些明白，但觉得他是一条线的解释，而且对康德的解释外国人不一定完全同意，所以牟先生会引起争论。到成中英外国人可能明白他的进路了，可以说是对中国哲学的一个新的突破性的发展。

余：我同意您的看法。成中英先生在二十世纪八十年代出版了一本名为《中国文化的现代化与世界化》的书，里面就谈到了这个问题，他说面对近代以来西方文化的冲击，老一辈的哲学家熊十力、梁漱溟等人，他们所从事的工作主要是不遗余力地为中国哲学进行了辩解，因为一些西方哲学家总认为中国哲学不是哲学，不过是“一套道德信条”，他们从来没有将中国哲学认可为一种独立的学术。到了方东美、唐君毅、牟宗三、徐复观等“新一代的哲学家”，就能够凭着他们在这方面高出前辈的能力，通过对西方文化与哲学更深切的了解，对西方哲学与中国哲学真正深入的比较，终于“将中国哲学以哲学面目示人”。

梁：这里面有一些中国哲学“反攻”西方的味道。

余：是的。到了成中英先生这一辈中国哲学家，就有了更大的进展。他们的外文到了熟练、精深的程度。他们对西方文化有着深切的了解和体验，不仅能更好地解读西方文化，同时对中国哲学所作的诠释，更能够为西方人所理解。接受不接受姑且不论，但至少觉得比较理解了。以前在很大程度上只是一个辩解，不要说第一代新儒家熊十力、梁漱溟他们，就是方东美，他所写的《中国哲学之精神及其发展》，起因就是抗战时期在重庆，印度哲学家拉达克利斯南到中央大学访问，他问方东美：我们印度人不满意西方对印度哲学的介绍，所以我们自己用英文向西方介绍印度哲学，你们中国人满意不满意西方人对中国哲学的介绍呢？方东美认为这是印度哲学家对中国哲学家的“挑战”，想看看中国哲学家能不能也用西方的语言向西方人介绍中国的哲学。为了让西方人正确地理解中国哲学，方东美下决心用英文来写中国哲学著作，其中最重要的一部，就是《Chinese Philosophy: Its Spirt and Its Development》（《中国哲学之精神及其发展》），用流畅、典雅的英文，向西方人介绍中国哲学。

梁：方东美用英文写的书，在西方人看来，是诗多过哲学的。严格说来，他们不是把它看成哲学著作，而是用哲学描述了中国哲学和文化的美，可以感受到一些好的东西，但不够哲学的严谨。当然，反而唯一严谨的应该是牟宗三的了，这也引起争论的。到了成中英，则不但是用西方的英语，而且是西方的学术语言。我们讲到西方文化的时候，还要讲到它的最高的精神文明，即基督教文明，方先生好像没怎么提，唐先生对基督教很尊重，他的"最高境界"第二个就列入了基督教。牟先生对基督教好像有意见，他大概那时遇到的是天主教的士林哲学，不同意他们对康德的说法。当时台湾《哲学与文化》与唐、牟支持的《鹅湖》发生争论，可能对牟先生有些批评，牟先生很不高兴，认为基督教是要偷梁换柱，把基督教的上帝同中国古代上帝联起来才算正统，牟先生对基督教有很多批评，其实天主教也没有这个意思。天主教训练也出了不少人，像辅仁大学是很有学统的，出了像沈清松、傅佩荣等人，这批学者都是经过天主教士林哲学的整套哲学训练的，大主教罗光还写了一本中国哲学史，他对中国哲学的解释就比较是用西方天主教士林哲学的方法来进行的，跟儒学整个讲法也不同。但他们有时会抬出方东美来同牟先生比对，牟先生当然很不高兴，毕竟方先生也是一个大师，这也引起很大争论。到成中英就不一样了，成中英希望从本体诠释学发展出一种神学的反省，希望基督教的神学能通过中国化的过程来重建，这又不一样了，不只是反映一个外来文化的冲击。对此，唐君毅是同情，牟宗三是反对。而对成中英来说，不是外来不外来的问题，基督教作为一个庞大的精神文化来到中国，能不能通过中国文化的洗礼，把基督教精神重新讲出来而变成中国的基督教，这也变成一个有趣的话题。

余：从历史来看，不同时期外来的文明包括宗教，进入中国以后，它们在这块土壤的存在、发展，是要符合中国社会的需要，并且与中国本土文化相适应、相结合的。比如说佛教传入中国时，之前中国本身的主要思想体系还是儒家和道家的，佛教传进之后，可能确实是符合了当时中国思想文化领域的某种需要，带来了一种精神上的补充。例如儒家讲修身齐家治国平天下，道家追求精神上的超脱、逍遥，而对于人的生命的终极的关怀，对于人生的必然归宿，似乎缺少一种精神上的安顿。佛家“知生死流转之故，立不生不灭之本”，启发人思考生死问题，从精神上给人以慰藉。这也可以说是对于当时的儒家、道家思想的一种补充，是符合当时中国思想文化发展的某种需要的。

梁：特别是生死和苦这些问题，都可以从中得到一些启发和思考。

余：是的。孔子说“未知生，焉知死”，儒家基本不谈死的问题。道家追求长生久视，也不正视死的问题。其实，这个生死观不仅是现代人面临的，古代人也是面临的。佛家正视生死苦灭，把生死问题明确提了出来，目的是让人在精神上对于生死有一种安顿。上面说的，是外来的文明要在中国存在发展必须符合中国社会、文化的某种需要。同时。外来文明进入中国之后，还必须与中国文明相适应、相结合。还以佛教为例，佛教传入中国之后，很注意同中国的思想靠近，特别是刚传入时，与道家思想的靠近。那时佛经的翻译，一种重要的方法叫叫做“格义”，主要是用道家的概念来解释佛教，例如用《道德经》里面的“无”解释佛教的“真如”，说明“真如”是“本无品”，这对于人们理解佛教产生了作用。佛教就是在这一片土壤经受了中国文明的洗礼，成为了中国人的佛教。至于基督教文明，要做到这一点还是很不容易。今天基督教在人们的心目中和在现实生活中，是很受尊重的。信仰它的人绝大多数都是很善良、很真诚的，他们有爱心，热心于社会公益，这对于构建和谐社会，建设精神文明，对于人的素质的提高，是很有益的。至于基督教是否能像佛教那样经过中国文化的洗礼，成为中国人的一种宗教，目前还看不出。但是，它确实可以成为在我们社会上很有影响力的宗教信仰之一，积极地在中国人的社会生活中产生良好的作用。

梁：这是很有意思的，反而是中国学者希望基督教有一种中国化的过程。基督教也可以说是发展越来越快，人数越来越多，按有系统的研究来说，在中国基督教是第一大教。佛教人数当然很多，但比较散漫，信徒没有系统。在这种情况下，许多学者就认为受西方影响较大的基督教具有排他性，或者信了基督教以后对中国传统文化有一种不重视的态度，排他性成了被排斥的一个原因。非常有趣的是，呼吁基督教中国化的还是中国文化的学者。成中英是比较早地提出这个想法的学者。基督教要同儒家沟通，沟通点其实很多，只差几个重点而已，儒家不否定神，不否定上帝，不过上帝没有那么重要，因为上帝没有救赎，上帝只是一个天在那里，赋予人道德，人只要行出道德，就符合天命的要求了。没有原罪的观念，大概是儒家同基督教的最大冲突。原罪问题处理并不难，关键是在基督教讲的原罪不是原恶，一般人以为原罪就是原恶，但从神学来说，上帝是不可能创造恶的。所以，恶的存在根本不是一个本体，也不是一个实体，恶是一种善的实体的亏损，或是善的实体的扭曲，同孟子“陷溺其心”的意思差不多。我二十多岁写的第一本书就是用了“陷溺”的观念解释罪，这跟儒家的冲突已经很少了。当然，基督教有救赎，儒家没有救赎，这是很关键的一个差别。但是信仰儒家的人要接受救赎的观念，我认为也不是一个大的难题，因为很多基本的冲突已经没有了，所以儒家的人可以同时成为基督徒，基督徒可以同时成为儒家，这个并不难。跟着来的，方东美的易经和华严宗的系统，是一个大和谐的宇宙观，成中英也是这样一种宇宙观。儒家所说的人与人的关系，人与天的关系，易经的天、地、人的关系，都是关系的本体论。佛家更是明显讲关系本体论，讲因缘起灭，法界缘起，都是彼此相关而不是单独存在的。到道家显天地万物，庄子用“幻化”这个概念，不是万有万物，而是“幻化”，事物彼此在变化和相映之中，这也是一种关系本体论。这样一说，基督教也是一种关系本体论。

那么，基督教如何可以成为一种关系本体论，传统基督教不是如此，现在西方基督教为什么排他性比较重呢？首先，这同柏拉图以来整个西方文化的二分法即二元思维有关。到亚历斯多德，总是主客对立，天人对立，从这个对立形态看，真理就是真理，是根本不能比的，自己就是启示真理，其他什么都不是了。这在希腊、罗马文化中比较明显，这是主流。但西方的基督教并不排他，例如印度的基督教、埃及的基督教、波斯的基督教，都有不同的传统，还有东正教也不一样。其次，这同希腊、罗马文化的扩张性有关。亚历山大要把自己的文化推到全世界去。这本来与基督教无关，但基督教从中东地区进入西方以后，就有了类似西方征服其他文化的精神。并且当西方强大时，英国、美国等帝国主义的强国就有一种文化的征服性。所以我们要把基督教非希腊化，非西方化，这是我三十岁左右就提出的，当时我同儒家掌门、大师兄蔡仁厚进行对话。蔡仁厚提出很多难题要基督教响应，我就写书谈从中国思维来重新整理基督教的一些想法。那本书已经成为讨论基督教和儒家对话的经典了。只要把希腊形态的概念去掉，以中国形态的概念来讲，基督教就有可能产生不同的后果。不过要产生一种大和谐系统，就需要从关系本体论来建立。关系本体论不以西方的实体观或逻各斯的理性系统来讲，而改从基督教的神秘性和吊诡性讲。基督教最吊诡的就是三位一体论，上帝是三而一，耶稣是神又是人，不从本性的直线性来讲，而是从曲折的吊诡性来讲，三和一是一种关系，父子灵也是一种关系，所以上帝本身就是一种关系本体，而不是三个实体。假如是一个实体，就很难说，是三个实体又不行，而从关系本体就可以解决它自己的神学难题。从三一关系本体论来讲到上帝创造的人，也是彼此相关的，万物也是彼此相关的，这样的说法圣经也有类似的推论。这就推出一个相通的感通的宇宙，跟方东美一样的宇宙。不过由于人的犯罪，破了这个人和上帝、人和宇宙的关系。最后，上帝救赎人，重建人和上帝的关系，并且上帝和人立约，而“约”就是一种关系，就是圣经的旧约和新约。所以，如果以关系本体来重造基督教的理论，就可以跟方东美系统结合了，跟唐君毅的结合也可以（当然牟宗三有些困难）。这里我就想出一个可能，在中西文明的结合点上，找到一个以中国文化为本的本体论根据，来讲西方神学，就变成中国的神学。

余：这有一定道理。方东美把哲学的核心看成是生命精神的体现，他所说的“生命”是指“宇宙的普遍生命”，不是指一个人的小我的生命。宇宙是这个普遍生命大化流行的境界。那么，在这个大化流行的境界中，每一个小我的生命，都要和其他的万事万物发生关系。从这个角度讲，人这个本体也是关系本体，是体现主体与客体以及其他各种关系的本体。方东美先生批评西方哲学的二分法，说从柏拉图开始，西方哲学传统将人与客观世界割裂开来，以主客二分、天人对立的思维看待人与世界的关系，将人的世俗生活与真善美的价值世界割裂开来，认为人只有脱离世俗世界这个“罪恶的渊薮”，才能实现真善美的价值理想，因此西方的哲学形上学是一种“超绝”的形上学。而中国哲学的形上学则是一种“超越”的形上学，以主客一如、天人合一的思维看待人与世界的关系，主张人与客观世界不可分割、世俗生领域活与真善美的价值世界不可分割，人们正是在世俗生活中实现真善美的价值理想，也就是“极高明而道中庸”。所以西方哲学与文化，包括基督教文明，如果“去希腊化”，去掉希腊、罗马文化在历史上的一些不好的内容，例如二元对立的思维方式，然后再结合中国哲学所说的这种关系本体，并且将这种关系本体最终落实到追求万事万物的和谐，那么从这个角度理解基督教文明的精神，它就有可能成为我们中国文化的一种有机成分。

梁：是的，我们用中国思维来讲基督教文明，它就变成中国的了。比如要跟西方辩论，牟宗三总是用西方思维来讲中国，但是他跟现在的基督教也格格不入。用中国思维讲基督教，不但是因为中国面对西方时要用西方的思维，而且西方也要用中国方法，才能跟中国进行沟通。现在美国同中国沟通较难，就是因为它不懂中国的思维方法，它以为世界只有一个共同标准，就是美国，这就会产生问题，基督教也是同样的问题。美国思维就是这样：我是最强的，最好的，跟我一样就是最好的。这同基督教一样。

余：这是于无形之中把自己看成唯一的标准，包括思维也是唯一的标准。

梁：我们再回到方东美哲学。您研究方东美哲学，最初是从什么个人经验开始的？

余：在中国大陆改革开放之前，方东美虽然是一代哲学大师，但即使在他的故乡安徽桐城，也几乎很少有人知道他。因为他在台湾，而那时两岸是隔绝的。二十世纪八十年代中期，随着思想解放运动的开展，学术研究的一些禁区就冲破了，方东美研究才可能进入大陆学术界的视野。1987

年，全国“现代新儒学思潮课题组”成立了，这个课题被列为全国哲学社会科学规划重点课题。这在当时是一个很大胆的突破，此前新儒家的研究在“左”的路线下是不可能开展的，特别是新儒家几位重要人物都在港台，更是一个问题。著名哲学家方克立、李锦全教授担任这个课题组的主持人。我们安徽社科院哲学所蒋国保先生和我接受了研究方东美思想的任务，当然这也与方东美是我们安徽先贤有关。那时起步很艰难，大陆上难得读到海外图书，当时可以找到方东美著作全集的地方，就是北京图书馆（国家图书馆）。国保先生和我就在中国人民大学招待所的地下室住了一个多月（当时课题经费极为有限，而地下室那层比较便宜），每天跑到国家图书馆，从早到晚在那里查阅方东美的著作，中午买面包或盒饭吃。当时国家图书馆的这类书不让借出来，我们就一本一本地复印了方先生的全部著作。复印的书篇幅比原著多，等我们返回合肥时，每个人都提着一纸箱复印资料上火车。回到安徽，我们就开始“啃”这些书，方东美研究就这么起步了。方东美文思敏捷，思维富于跳跃性，有时像天马行空，而且他的诗人气质也在文字中屡屡展现出来，因此读他的书一开始不太好把握，慢慢读到中间才看出他的理路，看出他从青年学生开始做学问的基本进路，越来越感到他的书并不枯燥，因为他不是纯粹的逻辑推演，而是在理论的阐述之间，都有他自己的思想和情怀的表现。尤其是他对于生命精神和生命情调的表现，读来令人感到生气勃发、意趣盎然。在方先生看来，中国哲学的几大派，无论儒家、道家、墨家、佛家以及宋明新儒家，都是以生命为本体的，都是高唱生命礼赞、抒发生命精神的。这种对于生命的肯定，都表现在了他的笔下，所以读他的书很有情趣。方先生学术著作的写法往往也是别具一格，例如他早期的《哲学三慧》，就是用一种戏剧场景式的描绘，分别描绘了中国、希腊、欧洲这三种世界上典型的哲学智慧，读来就感受到那种理和情的交融，是一种享受。

再说说课题组的研究。课题组成员不多，但对于梁漱溟、张君劢、熊十力、马浮、冯友兰、贺麟、钱穆、唐君毅、牟宗三、徐复观、方东美十一位现代新儒家代表人物都展开了研究。当时课题组主持人的思路就是先把这些新儒家代表人物的学术资料系统地、准确地整理出来，因为在长达几十年之间大陆上基本没有他们的资料。这可以说是课题组的第一项工作，这项工作的成果就是中国社会科学出版社 1995 年出版的《现代新儒家学案》，这部书分上、中、下三部，包括十一篇《学案》，分别介绍了这十一位现代新儒家的代表人物。在每位新儒家的《学案》中，前面是一个学术思想评传，后面则是体现他们主要观点的学术资料选编以及主要著作年表。这可能是大陆当时研究现代新儒家的一部标志性的出版物。

梁：据我所知，很多学者就是看这一套书而了解到新儒家大师的主要看法。说起来，我们这二三十年来，能拿出的大师的东西并不多。你们那些年确实是出了不少好东西。

余：从八十年代开始，我们分别发表了一系列研究方东美的学术论文，其中很多被有关刊物转载。海内外第一部研究方东美的学术专著《方东美思想研究》（蒋国保、余秉颐著）先由天津人民出版社出版，并于前两年由北京大学出版社再版。我们所作的研究，有一些书刊也注意到。例如郭齐勇教授的《近二十年中国大陆学人有关当代新儒学研究之述评》、胡治洪教授的《近二十年我国大陆现代新儒家研究的回顾与展望》、颜玉科教授的《方东美哲学思想研究简述》等文章，都介绍了我们的研究。颜玉科的文章（见《孔子研究》2005 年第三期）还介绍、评论了我对于方东美所说的“情”的理解，学术界对于方东美的“情”有不同的理解，我认为方东美所谓“情”指的是对于人生真善美的价值的向往和追求。

梁：这种追求是一种对真理追求的情，也是一种灵性的追求。

余：您这个提法很好，方东美的“情”不是一种纯理性的、纯逻辑的，而是一种内心向善、向真、向美的情怀，是为了提升人的生命价值。

梁：是一种灵魂里面的追求，中国大陆比较喜欢用“精神”这个词，海外喜欢用“灵性”这个词。

余：我们的研究范围，还从方东美哲学的个案研究扩展到现代新儒家哲学的整体研究，特别是现代新儒家文化哲学的整体研究。蒋国保先生出版了有关著作，台湾学生书局出版了我的《认识新儒家——以价值观为核心的文化哲学》，拙著探讨的是现代新儒家三代人的文化价值观，是专门从文化哲学这个角度研究现代新儒家的。

梁：您对方东美的文化哲学如何看?

余：首先他认为哲学的一个基本功能就是“批导文化生态”。文化可以说是很抽象的，很玄很高，但文化也很现实，就在我们的生活中间。方东美认为哲学思维就是要关注这个文化生态，文化中最核心的东西就是哲学，这是文化的精神核心，指导文化的演变、发展。所以方东美从事哲学研究，一直是同文化紧密联系在一起。方先生还有一个很有名的观点是：任何一种哲学研究不与文化联系在一起，那就不是真正的哲学；所以他最后的概括是：任何一种哲学都不能不是文化的哲学。

我基本上将方东美的文化哲学分成两大部分，第一部分是以哲学为核心的文化价值观，探讨的是如何看待某种文化的价值的问题。方东美批导文化生态，首先就是看它的核心即哲学价值，方东美的文化哲学是以哲学为核心的文化哲学。他比较不同民族之间的文化，也是从哲学的角度来进行的。方东美把哲学和文化是看作融会一体的，当然，这融会一体的核心还是哲学，还是人的生命精神的表现。

梁：这么说来，方东美把文化看成一种宇宙的生命力的表现，宇宙的生命力表现在人性，人性表现在文化，这样就推出来了。

余：您概括得对。人性也就是人的生命精神，而在方东美看来，不同民族的生命精神在价值取向上是有区别的。因此，方东美文化哲学的第二部分，就是注重民族生命精神的比较文化学，其特点是注重民族生命精神的价值取向。他比较不同民族的文化，不是过于注重具体的、技节的、外在的东西，而是抓着最核心的东西，就是民族生命精神。他认为在每一个民族中，都有一种共同的哲学智慧，他称之为“共命慧”。同时，每个民族中的杰出哲学家又具有他自己的哲学智慧，他称之为“自证慧”，老子、孔子、栢拉图、苏格拉底等哲人都具有这种“自证慧”，这是他们个人的哲学智慧。但在任何一个民族里面，“共命慧”是基本的。不同的民族有不同的生命精神，不同的生命精神决定了不同的哲学“共命慧”，不同的哲学“共命慧”又决定了不同的民族文化形态。方先生说，希腊文化注重求真，因为希腊民族的哲学“共命慧”是如实慧，它决定了希腊文化的核心是求真，最后演变成一种契理文化，就是契合事物之理的文化。由于要“求真”、要“如实”，所以这个“理”就很重要。西方科学技术就是起源于希腊文化的求真精神。而近代欧洲民族文化的“共命慧”被方东美称为“方便巧”，这是一种给欧洲人带来很多物质享受、生活便利的机巧。“方便巧”决定了近代以来的欧洲文化是一种“尚能”文化，就是崇尚能力的文化，近代科学技术正是这种“尚能”的体现。方东美对近代欧洲文化的批评比较多，认为它在精神追求上不如希腊文化。至于中国民族文化的哲学“共命慧”，方东美把它称为“平等慧”。所谓“平等”指的是万事万物的平等与和谐，这是一种天人合一的“广大悉备的和谐”。这种“平等慧”决定了中国文化是“妙性文化”，它追求人性的高尚、美妙，追求真善美的价值理想。上面的内容用方先生的话来概括，就是“希腊如实慧演为契理文化，欧洲方便巧演为尚能文化，中国平等慧演为妙性文化”。我把这一部分理论称为方东美的注重民族生命精神的比较文化学，它与方先生以哲学为核心的文化价值观共同构成了方东美文化哲学的基本思想。这种文化哲学引导人们领悟生命的境界和人生的意义就在于生命精神的不断超升，最后落实到一个真善美的价值世界。

（原载安徽省社会科学院网站 2015-9-29）

参考文献

1. 方东美：《中国人的人生观》，台湾幼狮文化事业公司 1984 年版。

2. 方东美：《生生之德》，台湾黎明文化事业公司 1980 年版。

3. 方东美：《原始儒家道家哲学》，台湾黎明文化事业公司 1985 年版。

4. 方东美：《科学哲学与人生》，台湾黎明文化事业公司 1980 年版。

5. 方东美：《新儒家哲学十八讲》，台湾黎明文化事业公司 1983 年版。

6. 方东美：《哲学三慧》，台湾三民书局 1970 年版。

7. 方东美：《方东美先生演讲集》，台湾黎明文化事业公司 1980 年版。

8. 方东美：《华严宗哲学》（上、下册），台湾黎明文化事业公司 1981 年版。

9. 方东美：《中国大乘佛学》，台湾黎明文化公司 1984 年版。

10. 方东美：《中国哲学之精神及其发展》，台湾成均出版社 1984 年版。

11. 梁漱溟：《东西文化及其哲学》，商务印书馆 2005 年版。

12. 梁漱溟：《中国文化要义》，上海人民出版社 2005 年版。

13. 张君劢：《明日之中国文化》，山东人民出版社 1998 年版。

14. 张君劢等：《科学与人生观》（一、二册），辽宁教育出版社 1998 年版。

15. 贺麟：《文化与人生》，商务印书馆 2005 年版。

16. 汤一介、杜维明主编：《百年中国哲学经典・三四十年代卷》，海天出版社 1998 年版。

17. 唐君毅：《文化意识与道德理性》，中国社会科学出版社 2005 年版。

18. 唐君毅：《中国文化之精神价值》，广西师范大学出版社 2005 年版。

19. 牟宗三：《道德的理想主义》，台湾学生书局 1985 年版。

20. 牟宗三：《历史哲学》，台湾学生书局 1984 年版。

21. 徐复观：《徐复观文录选粹》，台湾学生书局 1980 年版。

22. 徐复观：《中国学术精神》，华东师范大学出版社 2004 年版。

23. 胡适：《胡适语萃》，华夏出版社 1993 年版。

24. 熊十力：《十力语要》，上海书店 2007 年版。

25. 熊十力：《返本开新——熊十力文选》，上海远东出版社 1997 年版。

26. 冯友兰：《三松堂学术文集》，北京大学出版社 1984 年版。

27. 冯友兰：《中国哲学之精神》，中国青年出版社 2005 年版。

28. 方克立、李锦全主编：《现代新儒家学案》（上、中、下册），中国社会科学出版社 1995 年版。

29. 方克立：《现代新儒学与中国现代化》，长春出版社 2008 年版。

30. 阿尔贝特·施韦泽:《文化哲学》,陈泽环译,上海人民出版社 2008 年版。

31. 米夏埃尔·兰德曼:《哲学人类学》,张乐天译,上海译文出版社，1988 年版。

32. 杜维明：《人性与自我修养》，中国和平出版社 1988 年版。

33. 杜维明：《现代精神与儒家传统》，三联书店 1997 年版。

34. 成中英：《中国文化的现代化与世界化》，中国和平出版社 1988 年版。

35. 成中英：《中国哲学与中国文化》，台湾三民书局 1979 年版。

36. 成中英：《本体与诠释》，三联书店 2000 年版。

37. 余英时：《从价值系统看中国文化的现代意义》，台湾时报文化出版公司 1984 年版。

38. 辛华、任菁编：《内在超越之路：余英时新儒学论著辑要》，中国广播电视出版社 1992 年版。

39. 刘述先：《文化哲学》，黑龙江教育出版社 1988 年版。

40. 韦政通：《儒家与现代中国》，上海人民出版社 1990 年版。

41. 殷海光：《中国文化的展望》（上、下册），台湾桂冠图书股份有限公司 1988 年版。

42. 封祖盛编：《当代新儒家》，三联书店 1989 年版。

43. 蒋国保、余秉颐：《方东美思想研究》，天津人民出版社 2004 年版。

后 记

1986年，全国哲学社会科学规划工作会议将“现代新儒学思潮研究”列为国家哲学社会科学“七五”规划重点项目。次年，在安徽宣州召开了第一次全国现代新儒学研讨会，确定了十位主要代表人物作为现代新儒学研究的对象，其中包括方东美。此后，随着学术界对方东美学术思想的研究的不断开展和深入，相关的论文和著作日渐增多。2017年，安徽省文化建设重要项目“皖籍思想家文库”的策划者在该丛书中列入《方东美卷》，可谓颇具慧眼。这不仅如实地肯定了方东美作为皖籍思想家的学术地位，而且为方东美研究领域提供了增加新成果的又一机会。

承蒙“皖籍思想家文库”策划和组织者的信赖，笔者承担了《方东美》卷的编撰任务。受命之后，本人即力图编撰出符合“皖籍思想家文库”要求的《方东美卷》，而不受自己三十余年来从事方东美和现代新儒家研究的“思维定式”的约束。本人以此作为撰写《方东美卷》的一条原则。但《文心雕龙》说得好：“方其搦翰，气倍辞前，暨乎篇成，半折心始。”[1]笔者的主观努力，未必能够达到预期的效果，而效果如何，则唯有敬请读者朋友评判、指教！

需要说明的是，本书按照“皖籍思想家文库”对于体例和篇幅的要求，未能对方东美的学术思想展开面面俱到的论述。例如方东美的宗教观（即他关于宗教的基本见解）和他对于中国大乘佛家哲学的论述，本可以作为一个专题——方东美的宗教哲学——在本书中列为一章，但限

① 刘勰：《文心雕龙·神思》。

于篇幅，本书作了如下处理：将方东美的宗教观作为一节，归于第三章“方东美的文化价值观”；将方东美对于中国大乘佛家哲学的论述作为一节，归于第六章“方东美对中国哲学的诠释（下）”。这样的处理有利于减少篇幅，但在论述中可能有“言不尽意”之嫌。类似的处理，书中还有，在此请读者予以理解、原宥。

此外，方东美先生的著述不仅在学术思想上极具特色，而且在语言文字上亦有其独特之处。方东美生活的时代和地区，以及他曾较长时期在西方国家留学和讲学的经历，都对他著述中的文字产生了影响。因此《方东美卷》中的少数词语，与我们今天的用法并不一致。例如本书《方东美文选》中的“流衍”一词，其含义相当于我们今天所说的“流行”，但如果不了解这一点，就会将此误视为编撰或编辑工作中的失误。类似的情况，书中还有，所以笔者在此略作说明。

“皖籍思想家文库”编委会和安徽人民出版社的同仁为这套丛书的出版做了大量工作；责任编辑王世超先生为编辑《方东美卷》付出辛劳，谨此深致谢忱！

余秉颐

2019 年 3 月